Leon TROTSKY & Antonio GRAMSCI

ヘゲモニーと永続革命

トロツキー、グラムシ、現代

森田成也 [著] Seiya Morita

社会評論社

ヘゲモニーと永続革命──トロツキー、グラムシ、現代
＊目次＊

序　文 ………………………………………………………………… 5

第1章　ヘゲモニーと永続革命 ……………………………… 11

1.「ヘゲモニー」概念の起源をめぐる従来の研究の概観　12
2. マルクス主義的ヘゲモニー論の起源としての
　　ロシア・マルクス主義　19
3. 1905年革命とトロツキー永続革命論　27
4. 1905年革命における党とソヴィエト　46
5. 反動期におけるヘゲモニーと陣地戦　55
6. 1917年革命とヘゲモニーの実現　60
7. 10月革命の衰退とスターリニズム　73
8. ヘゲモニー論と革命論の新たな探求へ　80

第2章　トロツキーとグラムシの交差点
　　　　──1923～24年初頭の手紙を中心に ………………… 95

1. はじめに──本稿の課題　95
2. イタリアからモスクワへ　98
3. 前哨戦──1923年5月の手紙　103
4. モスクワからウィーンへ　109
5. ウィーン時代　117
6. グラムシの書簡闘争Ⅰ──1924年1月の手紙　122
7. グラムシの書簡闘争Ⅱ──1924年2月の手紙　134
8. おわりに──交差から再分離へ　155

第3章　グラムシはトロツキーを非難したのか？
　　　　──ある「前書き」の謎 ………………………………… 173

1. グラムシの「前書き」の謎　173
2. グリゴリエヴァ論文と謎の氷解　175
3.「前書き」の具体的検討　178
4. なぜ前半部分は注釈なしにそのまま収録されたのか？　181

第4章　トロツキーの永続革命論とグラムシの受動的革命論 … 185

1. トロツキーの永続革命論の基本性格　*186*
2. 永続革命論の普遍的意義　*191*
3. グラムシの「永続革命」認識　*194*
4. 「獄中ノート」におけるグラムシの受動的革命論　*197*
5. 受動的革命とファシズム　*200*

第5章　ロシア・マルクス主義とヘゲモニーの系譜学
──ある神話への批判　……………… *203*

1. グラムシ『革命論集』におけるある訳注をめぐって　*203*
2. マルクス主義世界における「ヘゲモニー」概念の起源　*205*
3. レーニンにおけるヘゲモニー概念の使用をめぐる誤認　*208*
4. コミンテルンで「ヘゲモニー」概念を普及したのは誰か？　*210*
5. スターリンの『レーニン主義の基礎について』の独自の役割　*212*

第6章　ホブズボームのグラムシ論を批判的に読む
──補助線としてのトロツキーとロシア革命　………… *219*

1. グラムシ思想のイタリア的起源　*220*
2. グラムシの理論的オリジナリティ　*228*

補論1　マルクス・エンゲルスにおける「ヘゲモニー」使用例
　……………………………………… *243*
補論2　レーニンにおける「ヘゲモニー」使用例　………… *257*

序　文

　本書は、私が 1999 年から 2018 年にかけての 20 年間にさまざまな媒体
（主として『トロツキー研究』）に書いたグラムシとトロツキーとの関係に
ついての諸論文を集めたものである。ほとんどは筆名の「西島栄」による
ものである。このテーマで私が書いた論文のすべてを収録したわけではな
いが、主要なものは収録した（その一覧については序文の末尾に掲載）。
　「ヘゲモニー」と「永続革命」という並びは一部の人には奇異に思える
かもしれない。というのも、通常、グラムシを研究している人々、あるい
はその影響を受けている人々の間では、「獄中ノート」におけるグラムシ
自身の叙述に基づいて、次のような一般的イメージが存在するからである。
トロツキーは機動戦の理論家であり、その永続革命論はそれを理論化した
ものであって、市民社会が未成熟で「国家がすべての」後進的な東方およ
び 19 世紀に特有の理論であり、正面攻撃によって権力を獲得しようとす
る。それに対して、グラムシの理論は陣地戦の理論であり、市民社会が高
度に発達した西欧ないし現代（20 世紀）の独自性にもとづいており、下
からのヘゲモニーの獲得にもとづいて社会の変革を展望する、云々と。つ
まり次のような単純な対称性が大なり小なり共有されている。

トロツキー or 永続革命論	グラムシ
東方（後進国）	西方（先進国）
19 世紀	20 世紀
機動戦	陣地戦
正面攻撃	ヘゲモニー
国家	市民社会

　しかし、本書の全体から明らかなように、このような対称性はほとんど
神話である。トロツキーの永続革命論が基本的に後進国における不均等複
合発展の独特の状況にもとづいていたという意味では、それが後進国にお
ける革命的発展の軌跡を理論的に一般化したものであるのはその通りであ

る。しかし、永続革命論がプロレタリア革命の側面を内包するかぎりで、それは単純に機動戦的なものではありえなかった。それは、機動戦を本質とする19世紀的な革命であるブルジョア革命と、陣地戦を核心とする20世紀的な革命であるプロレタリア革命とを複合したものであった。そして、後者の革命においては、プロレタリアートないしその革命政党による「下からのヘゲモニー」のための闘争は、革命そのものを左右する決定的な役割を果たした。トロッキーも「4月テーゼ」以降のレーニンも、永続革命という戦略的展望と、ソヴィエトにおいて下から多数派を形成していくという戦術的路線とを結合したのであり、ここに十月革命の勝利の秘密があった。永続革命論がヘゲモニー論や陣地戦論と対立する関係にあるどころか、むしろこの三者は有機的に連関しており、永続革命論は、プロレタリアートのヘゲモニーにもとづく労農同盟と、党およびソヴィエトにもとづく「下からの陣地戦」とを不可分の構成要素として初めて成り立つものである。

　また、東方一般というよりも、帝政ロシアという特殊な国家体制が市民社会の固有の脆弱さを特徴としていたことは、グラムシの発見でもなんでもなく、逆にトロッキーが明確に明らかにしたことであって、グラムシはむしろそこからこの論点を学んだのである。また、コミンテルンの指導者だったころのトロッキーは、グラムシがまだボルディガに追随して機動戦的立場に立っていたとき（1921〜23年前半）からすでに、レーニンらとともに陣地戦と統一戦線の路線を提唱し、むしろグラムシをヘゲモニーと陣地戦論の側に獲得する上で重要な役割を果たしたのである。

　ところが、スターリニズムの全盛時代、イタリア・ファシストの獄中にあったグラムシは、ファシズムとスターリニズムという二つの絶対的権力のはざまで、どちらからもつぶされないよう「正面攻撃」を回避しつつ、獄中で自己の理論的考察を行なわなければならなかった。ファシズムからもスターリニズムからも攻撃されている理論家たち、すなわちブハーリン、トロッキー、ローザ・ルクセンブルクらを批判対象にして自己の議論を提示することが最も安全な方法だった。こうして、グラムシ「獄中ノート」のあの独特の論理構成が成立した。それは、グラムシ自身の「本来の考え」（それとてスターリニストによる長年のキャンペーンの影響を免れていないのだが）と「戦略的言説」とが複雑に入り混じったものとなった。今さ

らそれを明確に分離することはほぼ不可能である。

　ファシズムから解放された戦後ヨーロッパにおいてコミンテルンの主要な党となったイタリア共産党の指導者トリアッティにとって、「獄中ノート」におけるグラムシのこのような論理構成は実に好都合だった（それでもなお、「獄中ノート」にはトロツキーを評価するわずかな文言が残っていたのだが、トリアッティはそれらを入念に取り除いておいた）。彼は、スターリンの圧倒的権威が存在する当時において、グラムシが何よりもトロツキー（極左日和見主義）とブハーリン（右翼日和見主義）に反対し、両者に自己の理論を対置しながらその創造的な理論を構築したのだと宣伝することで、本来は異端的な内容を持っていたグラムシの「獄中ノート」を国際共産主義運動の中で承認させようとした。そしてそれは一定の成功を収めた。

　1960年代にスターリン批判が国際的に行なわれるようになった後も、ローザ・ルクセンブルクは別にしても、結局トロツキーやブハーリンは名誉回復されることはなかった。それゆえ、グラムシの「獄中ノート」におけるあの独特の論理構成はそのまま通用することになった。やがてグラムシの権威が国際的に承認されるようになり、その研究が国際的に広がったとき、グラムシが「獄中ノート」で行なった一面的なトロツキー評価（機動戦の理論家としてのトロツキー像）は、新たにグラムシの理論的権威にも支えられながら広がっていった。それは、スターリンがその全盛時代に全世界の共産党に浸透させたトロツキーの極左的イメージに合致していたし、また、1960～70年代における一部の「トロツキスト」の振る舞いは、「正面攻撃が敗北の原因でしかない時の正面攻撃の理論家」であるというグラムシが描いたイメージを裏書きするものでしかなかったがゆえに、なおさらであった。

　1970年代後半になってイタリアのヴァレンティノ・ジェルラターナが、トリアッティによる恣意的な編集を排して、より本来の手稿の形に即した批判的・学術的な「獄中ノート」を編集・出版したとき、トリアッティが削除したトロツキーに関する肯定的な評価も復活したが、それらはあまり注目されることはなかったし、すでに十分確立されていた機動戦の理論家、正面攻撃の理論家としてのトロツキーのイメージを覆すものではなかった。この新しい「獄中ノート」にもとづいたペリー・アンダーソンの歴史

的論文「グラムシのアンチノミー」が 1978 年に『ニューレフト・レビュー』に掲載されたとき、それはたしかに一部の理論家に衝撃を与えるものであったし、ヘゲモニーや陣地戦の理論的起源をめぐる多くの神話に重大な打撃を与えるものだったが、それでも決定的なものではなかった。多くのグラムシ研究者はそれを無視したし、とくに日本の研究者はそうだった(今なおこの論文は日本語に訳されていない)。

だがそうした傾向も、21 世紀になってようやく国際的に変わろうとしている。ソ連・東欧の崩壊後の 10 年間に吹き荒れたマルクス主義否定論がしだいに下火になって以降、そして当のイタリア共産党自身が崩壊し消滅してしまって以降、古臭い反トロツキー的偏見に基づくグラムシ研究もまだ残っているとはいえ、そうではない研究もしだいに活発になってきつつある。

とはいえ、日本ではまだまだの感が否めない。私が最初にトロツキーとグラムシの理論的親近性についての論文を書いた 1998 年からちょうど 20 年経ったが、このような認識がグラムシ研究者のあいだで広がりつつあるとはとうてい言うことはできない。日本におけるスターリニスト的偏見の頑強さには驚くばかりである。本書がせめて今後はこうした偏見を克服する一助となり、また、トロツキーとグラムシの理論の相互補完的な検討を通じて、21 世紀における新しい変革の展望を切り開く一助になることを願ってやまない。

■ グラムシとトロツキーに関する私の論文一覧（時系列）

西島栄「トロツキーとグラムシ研究の新しい課題」、『トロツキー研究』第 27 号、1998 年　⇒未収録

西島栄「トロツキーとグラムシの交差点――1923 ～ 24 年初頭の手紙を中心に」、湯川順夫・片桐薫編『トロツキーとグラムシ――歴史と知の交差点』社会評論社、1999 年　⇒本書の第 2 章に収録

西島栄「「トロツキー＝グラムシ関係」についての補論――『トロツキーとグラムシ』の諸論稿に寄せて」、『トロツキー研究』第 31 号、2000 年　⇒未収録

西島栄「トロツキーの永続革命論とグラムシの受動的革命論」、『トロツキー研究』第 51 号、2007 年　⇒本書の第 4 章に収録

西島栄&志田昇「トロツキーとグラムシにおける『分子的』の概念」上下、『トロツキー研究』第52号、53号、2008年　⇒未収録

西島栄「グラムシはトロツキーを非難したのか？──「ボリシェヴィキ革命史をいかに書いてはならないか」への「前書き」の謎」、『葦牙』第34号、2008年　⇒本書の3章に収録

西島栄「ヘゲモニーと永続革命──トロツキーとグラムシ（理論的覚書）」、『トロツキー研究』第58・59合併号、2011年　⇒本書の第1章に収録

西島栄「トロツキー、レーニン、グラムシにおけるヘゲモニー概念の継承関係」上下、『ニューズ・レター』第53＆54合併号、第55号、2012年　⇒未収録、本書の第1章と補論2に部分的に利用

西島栄「マルクスとエンゲルスにおけるヘゲモニー概念」、『トロツキー研究』第64号、2014年　⇒本書の補論1に収録

西島栄「ロシア・マルクス主義とヘゲモニーの系譜学──ある神話への批判」、『情況』2017年秋号　⇒本書の第5章に収録

森田成也「ホブズボームのグラムシ論を批判的に読む──補助線としてのトロツキーとロシア革命」、『葦牙』44号、2018年　⇒本書の第6章に収録

　最後に、マルクス主義的文献の出版がきわめて困難な状況の中で、本書の出版を快く引き受けてくださった社会評論社の松田健二さんに心からの感謝を申し上げる。本書の中で最大の分量を占める第2章はもともと、社会評論社から出版された『トロツキーとグラムシ──歴史と知の交差点』に収録されたものであった。それから20年、世界的なマルクス主義の復活にもかかわらず、日本ではますます厳しさを増す状況の中、こうしてトロツキーとグラムシをめぐる単著を出すことができたことにある種の感慨を覚えないわけにはいかない。

2018年10月27日

10

第1章　ヘゲモニーと永続革命

【解題】本稿はもともと、『トロツキー研究』第58・59合併号（2011年）に掲載されたものであり、当初はもっと簡潔なものであった。この論文を補完するものとしてより文献考証的な論文「トロツキー、レーニン、グラムシにおけるヘゲモニー概念の継承関係」上下（『ニューズ・レター』第53＆54合併号、第55号、2012年）を執筆したからである。だからこの二つの論文は本来はセットになっていたのだが、後者の論文は分量があまりにも膨大になったので、今回は思い切って割愛し、その代わり、その一部を今回の論文の中に取り入れることにした。本稿は、表題からも明らかなように、トロツキーとグラムシとの関係についての総合的な論考であり、本書全体の手がかりを与えるものである。

　本稿の課題は、トロツキーの永続革命論の確立と発展において、ヘゲモニー論が決定的な役割を果たしたことを明らかにし、またそれが、レーニンの党実践としての陣地戦的ヘゲモニー論とあいまって、陣地戦と機動戦との独特の結合である10月革命の成功へといたることを明らかにすることである。一般に、グラムシの名前と結びついている「ヘゲモニー論」は、西方、陣地戦、先進国革命と結びつけられ、一般にトロツキーの名前と結びついている「永続革命論」は、東方、機動戦、後進国革命と結びつけられている。このような機械的対置から、トロツキーの永続革命論はヘゲモニー論とは無縁で、東方の遅れた国家に特有の機動戦の一種であるとする神話（グラムシが「獄中ノート」で展開した議論にもとづいている）が一般的となっている。しかし、これは永続革命論とヘゲモニー論の密接不可分な関係を看過するとともに、それぞれの理論をも著しく貧困化するものである。

1. 「ヘゲモニー」概念の起源をめぐる従来の研究の概観

まず、そもそも「ヘゲモニー」という概念はどこから、あるいは誰から始まったのか？ 1960 ～ 70 年代の研究では、グラムシ以前に「ヘゲモニー」という用語の使用者として言及されるのはレーニンだけか、あるいはせいぜいレーニンとスターリンとブハーリンだけであった。たとえば、アメリカの初期のグラムシ研究者であるジョン・キャメットは 1967 年の著作の中で次のように述べている。

> 19 世紀後期と 20 世紀初めのマルクス主義「正統」派は、「経済主義」と唯物論で貫かれていたが、この風潮のもとではヘゲモニー問題の余地はなかった。グラムシによると、創造的哲学としてのマルクス主義を復活させたのはレーニンであった。……おそらく最も重要なことは、レーニンが、革命の前提条件としての労働者階級と農民とのあいだの「ヘゲモニー」関係の確立を主張したことだろう。[1]

しかし、すぐ後で見るように、ヘゲモニー概念を最初にマルクス主義に導入した人物こそ、ロシアにおける「正統」マルクス主義者プレハーノフなのであり、また「革命の前提条件としての労働者階級と農民とのあいだの『ヘゲモニー』関係の確立を主張した」のは、レーニンだけでなくトロツキーもであり、むしろレーニンよりも早くその思想を主張したのはトロツキーだった。

またレーニン以外にもブハーリンやスターリンの名前を上げているビュシ＝グリュックスマンにしても、ヘゲモニーの概念はレーニンに発するものと思い込んでいる [2]。このようなスターリニスト的偏見に対してはすでに以前からそれなりの批判がなされている。その代表的なものを見ていこう。

ペリー・アンダーソン「グラムシのアンチノミー」

まず、この方面ではすでに古典と言ってもよい、『ニューレフト・レビュー』の第 100 号記念号に掲載されたペリー・アンダーソンの長大な論文「グラムシのアンチノミー」を取り上げよう [3]。

アンダーソンは、マルクス主義の政治用語としての「ヘゲモニー」はグラムシ以前にも頻繁に用いられていたことを一次資料にもとづいて明らかにしている。とくにこの用語を愛好したのはロシア・マルクス主義者であり、「1890年代から1917年まで、ロシアの社会民主主義運動において最も中心的な政治的スローガンの一つだった」とはっきり指摘している[4]。これは基本的に正しい。レーニンのみならず、トロツキーやスターリン、ブハーリン、ジノヴィエフ、カーメネフも、そしてボリシェヴィキのみならずメンシェヴィキもヘゲモニーという用語を頻繁に用いていた。もっと言うと、ロシアのマルクス主義者のみならず、ナロードニキやバクーニンなども用いていた。

しかし、アンダーソン自身は、1890年代における具体的な使用例を一つも明示していないし、本稿の「2」で述べるようにすでに1880年代にプレハーノフが運動内部のある特定の政治的潮流の支配的影響力という意味で「ヘゲモニー」を用いている。アンダーソンは、ヘゲモニーの思想をプレハーノフとアクセリロートが展開していたということは書いているのだが、1890年代におけるその使用例を引用していない。

アンダーソンによる引用は1900年以降のものに限られる。アンダーソンによれば、アクセリロートは、1901年にストルーヴェ宛ての手紙の中で次のように「ヘゲモニー」を用いている。「わが国のプロレタリアートの歴史的地位ゆえに、ロシア社会民主主義派は絶対主義との闘争の中でヘゲモニーを獲得することができるだろう」[5]。

この用法に示されているように、これは、後にレーニンやトロツキーなども頻繁に用いるロシアの革命運動における社会民主党ないしプロレタリアートによる階級的ないし政治的指導権という意味での政治的ヘゲモニー概念である（主体的ヘゲモニー）。しかも、この引用文に明らかなように、アクセリロートは単に一般論として「社会民主主義派のヘゲモニー」について語っているのではなく、ロシアにおける特殊な状況（ブルジョアジーの弱さとプロレタリアートの強さなど）ゆえに、このロシアでは、その後進性にもかかわらず、絶対主義との闘争において社会民主党がヘゲモニーを獲得することができると主張しているのであり、これこそまさに、レーニン、トロツキーなどに受け継がれるヘゲモニー概念に他ならない（ブルジョア民主主義革命における社会民主党ないしプロレタリアートのヘゲモ

ニー論）。

　さらにアンダーソンは、1901 年にレーニンがプレハーノフに宛てた手紙の中に、「社会民主主義派の評判の『ヘゲモニー』」、ロシアにおける労働者階級の「真のヘゲモニー」というフレーズがあることを紹介している[6]。「評判の」というぐらいだから、この時点ですでに「ヘゲモニー」という用語がかなり普及していたことがわかる。さらにアンダーソンは、マルトフとポトレソフによる 1900 年代初頭の使用例を一つずつ紹介している。

　10 月革命後、アンダーソンの理解では、この用語はロシア国内ではあまり使われなくなったが、コミンテルンの公式文書に入ることによって国際化し、各国共産党の語彙の中に入っていくことになる。ロシア国内であまり使われなくなったという説は一面的だが（トロツキーもブハーリンもスターリンも国内的文脈で繰り返し用いている）、コミンテルンの文脈でより頻繁に用いられるようになったというのは正しい。というのも、この時点でのヘゲモニー概念はおおむね革命を実現するためのプロレタリア党の政治戦略という意味合いが強かったため、いったん革命に成功するとこの用語が後景に退き、これから革命をやる諸政党（つまりコミンテルン所属の共産党）にとってより重要なものになるからである。つまり、グラムシが重視したような、革命後にも農民を指導して社会主義建設していくプロレタリアートの指導力という意味でのヘゲモニー概念は、革命後しばらくはあまり用いられなくなるのである[7]。その後、1923 年以降に党内闘争が激しくなると、この意味でのヘゲモニー概念も頻繁に用いられるようになる。

　このアンダーソン論文はその後、ヘゲモニー概念の起源をめぐる議論においてかなりスタンダードな地位を獲得したものであり、多くのグラムシ研究者（ラクラウやムフのような批判的理論家を含む）がこの論文の主張をおおむね踏襲している。日本でも形野清貴氏がこのアンダーソン論文にもとづいて、次のように述べている。

　　「ヘゲモニー」という用語が重要な意味をもつようになるのは、1890 年代以降のロシア社会民主労働党（RSDLP）の政治的言説においてであった。[8]

14

形野氏はここではヘゲモニーの起源をロシア・マルクス主義全体に求めているが、実際にグラムシとの継承関係を考察するときにはレーニンの名前のみを挙げている [9]。「レーニン－グラムシ」のヘゲモニー継承関係説はなお強固であるようだ。

ラーズ・T・リー『レーニン再発見』

　ラーズ・リーの著作『レーニン再発見』[10] は、レーニンの『何をなすべきか』が書かれた当時の歴史的・政治的背景を詳細に分析し、レーニン主義的であると後年みなされるようになった諸特徴がけっしてレーニンに特有なものではないことを実証し、レーニン主義の神話を覆した大作である。

　リーは、「ヘゲモニー」という概念が19世紀のヨーロッパにおいては基本的に、連邦ないし国家連合における特定の州ないし国の支配的ないし指導的な地位という意味で用いられていたこと、つまり国内の政治関係ではなく、基本的に国際関係用語であったことを、当時のオックスフォード辞典を根拠に説明している。この用語は最初は古代ギリシャに適用され、その後、ドイツ帝国以前のドイツ連邦に適用された。たとえば、リーによると、1860年に『タイム』は「ドイツ連邦におけるプロシアの……ヘゲモニー」という文章を掲載している [11]。後に見るようにこの説明は正しい（補論1も参照）。これを「国際関係としてのヘゲモニー」論と呼ぶことにしよう。

　リーによると、その後、パルヴスが特定の工場を超えた労働者階級の全国的影響力という意味で用いはじめ [12]、1900年にはカウツキーの著作のフランス語訳で、ブルジョアジーの全国支配を表現するのに用いられたそうである。このように、ヨーロッパ社会主義の文脈においても、国際関係的な用法からしだいに国内関係的・階級的用法へと移行する。

　この用語をマルクス主義の政治用語に導入し、社会民主主義派の政治戦略（政治闘争におけるプロレタリアートのヘゲモニー）を表現するものとして用い始めたのは、1890年代におけるロシア・マルクス主義者であり、とくにアクセリロートであるとリーは述べているが、これは基本的にアンダーソンに依拠した説明であり、独自の証拠を提示しているわけではない。

デレク・ブートマン

デレク・ブートマンの論文「グラムシのヘゲモニー概念の政治的・言語学的源泉」[13] はグラムシのヘゲモニー概念の源泉が多岐にわたるものであることを実証的に解明しており、この問題ではかなり包括的な研究になっている。

まず、彼は 1916 ～ 17 年にイタリアの社会主義者のあいだでこの概念が広く用いられていたことを具体的に指摘している。次に彼は、グラムシが大学で比較言語学の講義を取っており、その講義ノートに、「イタリアではローマ人は、古い諸民族や古い諸言語を滅ぼして、自分自身のヘゲモニーをありとあらゆる精神活動に押しつけた」という一節が存在していることに触れている。しかし、この引用箇所は言語学的というよりも、「国際関係としてのヘゲモニー」論の一用法であろう。当時は国際関係論の用語として普通に用いられていたのであり、言語学をとくに起源とする根拠はない。

ブートマンは、グラムシにおけるヘゲモニー概念のもう一つの源泉は、通説にのっとってレーニンであるとしている。しかし、ブートマンは、『何をなすべきか』にこの概念が登場しているかのように書いているが、これは間違いである。ただしブートマンも、この著作の英語訳には（脚注以外では）登場しないことは指摘している。しかし、ロシア語版にも登場しないのだ。ちなみにノルベルト・ボッビオは、この概念はレーニンが通常用いる語法に属しておらず、むしろスターリンの語法に属していると主張しているが [14]、ブートマンはこれには批判的であり、本書の補論 2 で見るように、ボッビオのこの主張はまったく間違っている。

とはいえ、ブートマン論文におけるレーニンからの「ヘゲモニー」の引用は少なく、結局、「ヘゲモニー」という言葉そのものが登場する引用箇所の紹介は 1919 年 4 月 15 日の「第 3 インターナショナルとその歴史上の地位」まで飛ぶ。念のためその部分を引用しておこう。

> 労働運動のインターナショナルにおけるヘゲモニーは 1870 年代以降ドイツに移ったが、当時のドイツは経済的にはイギリスにもフランスにも遅れていた。……20 世紀初頭にカウツキーが「スラブ人と革命」と

いう論文を書いた。この論文で彼は国際革命運動のヘゲモニーがスラブ人に移る可能性を示す歴史的諸条件を述べた。まさにその通りになった。革命的プロレタリア・インターナショナルのヘゲモニーは……一時的にロシア人に移った。[15]

　ちなみに、この文献の英語訳は、3回出てくる「ヘゲモニー」をすべて「leadership」と訳しているので、英訳を見ても「ヘゲモニー」は発見できない（日本語訳では、「主導権」と訳されて、「ヘゲモニー」とルビが振られている）。なので、ブートマンは、当時グラムシがイタリアで紹介したイタリア語訳を参照している。ちなみに、ここでの「ヘゲモニー」は19世紀的使用法に近く、国際関係における特定の国ないし国民の指導権のことである（「国際関係としてのヘゲモニー」論）。

　ブートマン論文が優れているのは、レーニンだけで終わらずに、レーニン以外のボリシェヴィキによるヘゲモニー使用例をちゃんと紹介していることであり、その中にトロツキーも入っていることである。ブートマンは、アンダーソンが、10月革命後はあまりこの言葉はロシア国内では使われなくなったと言っていることに反対して、この用語が10月革命後も頻繁に用いられていたことを実証している。たとえば、ブートマンはブハーリンの1925年の論文「理論家としてのレーニン」には「ヘゲモニー」が何度も登場していることを指摘している。

　さらにブートマンは、トロツキーを例に出して、この概念がボリシェヴィキのあいだでかなり一般的に用いられていたことの証拠としている。ブートマンが出している例は以下の4ヶ所である。

1. トロツキー「総括と展望」（1906年）――「もちろん、この政府を、プロレタリアートと農民の独裁だとか、あるいはプロレタリアートと農民とインテリゲンツィアの独裁だとか、あるいはまた労働者階級と小ブルジョアジーの連合政府などと呼ぶことも可能である。しかしそれでも、当の政府内のヘゲモニー、およびそれを通じての国内のヘゲモニーは誰に属するのか、という問題は依然として残る。そしてわれわれは、労働者政府について語るとき、ヘゲモニーは労働者階級に属するだろうと答える」[16]。

　この引用箇所については後でもう一度より長く引用する。ちなみにこの箇所はトロツキストにとっては有名だが、グラムシ研究者にはほとんど知

られておらず、それゆえグラムシ研究者のブートマンがこの箇所をちゃんと引用しているのは、なかなか立派である。

2.トロツキー「党の文芸政策に関する演説」（1924年5月9日）——「プロレタリアートの課題は、農民に対する全面的なヘゲモニーを保ちながら、農民を社会主義へと導くことである」[17]。

3.トロツキー「『コミンテルンの5ヵ年』序文」（1924年5月20日）（実際にはこれは1922年3月2日の演説「統一戦線について」からの引用）——「労働運動における共産党のヘゲモニーの問題は、相手に対する数の上での優位性によってはけっして解決されないきわめて困難な課題として、われわれの前に提起されてくる」[18]。

グラムシの西方陣地戦論としてのヘゲモニー論と直接につながっているこの三つ目の引用文については、ブートマンは冒頭の一部しか引用していない。

四つ目のヘゲモニー使用例についてブートマンは引用箇所も該当頁を挙げていないが、1922年の演説における以下の一節を念頭に置いているものと思われる。

4.トロツキー「軍事アカデミー4周年記念労農赤軍セレモニー集会での演説」（1922年12月7日）——「フランスは疑いもなくヨーロッパにおけるヘゲモニーと優位性とを保持している」、「この計画（海軍の軍縮）は、イギリスの伝統的な海軍ヘゲモニーに代えて、多少なりともアメリカ合衆国の海軍ヘゲモニーを保障するようなものとして考案された」[19]。

これは典型的に「国際関係としてのヘゲモニー」の使用例であろう。わずか四つの文献だけだが、通常のグラムシ研究者の場合、1ヵ所もトロツキーのヘゲモニー使用例を示さないのが普通だから、これは評価されてよい。

ブートマンは続いて、アンダーソンと同じく、コミンテルンでの使用例を検証し、メトロポリタン（本国）と植民地との関係をめぐって「ヘゲモニー」が使用されている例をいくつか出している。

以上、ブートマンは、レーニン、ブハーリン、トロツキー、コミンテルンの使用例を示しつつ、しかしこれらがいずれも「現実の（あるいは潜在

的な）支配階級による政治的指導としての意味」を出ておらず、グラムシのように「『政治的指導』の同義語という水準を越えてこの用語の意味を拡張している明白な事例は、レーニン自身を別とすれば、存在しない」とし、それゆえ、グラムシ的な市民社会における文化的支配を通じたヘゲモニーという含意はいったいどこから来たのかという問題へと進んでいる。しかし、すでに幾人かの研究者が指摘しているように、市民社会における知的・文化的支配としてのヘゲモニーは、すでにエンゲルスにも見られるし（補論1参照）、先に見たようにパルヴスにも見られ、またトロツキーにも見られるし[20]、その他のロシア・マルクス主義者にも見られる[21]。

2. マルクス主義的ヘゲモニー論の起源としての
ロシア・マルクス主義

プレハーノフのヘゲモニー論Ⅰ——『われわれの意見の相違』

「ロシア・マルクス主義の父」と言われるゲオルグ・プレハーノフは、一方では、ロシア・マルクス主義者の中ではじめて（おそらくはヨーロッパ・マルクス主義者の中でもはじめて）「ヘゲモニー」という言葉を自覚的に用いた人物である（ただし、プレハーノフ以前にナロードニキがこの用語を使っていたと思われる）。他方では、プレハーノフは、ロシアの地理的・歴史的特殊性から、ロシアにおける発展がヨーロッパの発展の単なる繰り返しではないことを力説し、段階革命論の枠内とはいえ、民主主義革命と社会主義革命との接近という観点を打ち出した（マルクス主義者としての最初の著作である『社会主義と政治闘争』において）。これは後に、1905年革命の際に、プレハーノフの「二段階連続革命としての永続革命論」へと結実する（後述する）。

さてここで、プレハーノフにおけるヘゲモニーの使用例を見ておこう。プレハーノフはすでに述べたように最も早い段階から「ヘゲモニー」という用語を用いているのだが、この用語がロシア・マルクス主義の中で普及するようになった時期にはほとんど用いなくなっている。私が確認しえたかぎりで最初に登場する文献は、1885年に出版された『われわれの意見の相違』（ロシア・ナロードニキに対する全面的な批判を行なっている有名な文献であり、ロシア・マルクス主義の理論的自立化にとって決定的な

意味を持った）の「序文」に入れられている「ラヴロフへの手紙」（1884
年7月22日）である。その中でプレハーノフは次のように述べている。

> **プレハーノフ「ラヴロフへの手紙」**（1884年7月22日）――「もし社会主
> 義者が、言論の自由の権利を原理的に承認し、その要求を自分たちの綱
> 領に入れるのであれば、彼らはその恩恵を、革命運動の特定の時期にお
> けるヘゲモニーを主張しているグループ〔ナロードニキのこと〕ないし
> 『党』に制限することはできない。」[22]

> 同前――「そのヘゲモニーが、遠い『おそらくどこか疑わしい未来』の
> 問題であるとみなされている『非協調主義的な』グループ〔労働解法団
> のこと〕。」[23]

このように、プレハーノフは、革命運動における何らかの運動主体によ
る支配的影響力という意味で「ヘゲモニー」という用語を用いている。

プレハーノフのヘゲモニー論 II ――『史的一元論』

次にプレハーノフの文献の中で「ヘゲモニー」という用語が登場するの
は、『われわれの意見の相違』の10年後に出版されたプレハーノフの主著
の一つと言っても間違いのない『史的一元論』（1895年）においてである。
これは史的唯物論の正当性をさまざまな思想潮流に対する批判を通じて明
らかにした古典であり、ロシア・マルクス主義者全員にとって必読の文献
となったものである。その中で、プレハーノフは次のように述べている。

> **プレハーノフ『史的一元論』**（1895年）――「ある時代のイデオローグは
> 全戦線にわたって人間の知識と社会関係のあらゆる問題について、その
> 先行者と戦うのではけっしてない。……心理上の領域は州に分けられ、
> 州は郡に……分けられる。『矛盾』が発生するとき、闘争が勃発すると
> き、闘争の熱情に巻き込まれるのは、普通は個々の州……だけであり、
> 近隣の地方はただ反射作用によって巻き込まれるにすぎない。まず第1
> に、攻撃を受けるのは前時代にヘゲモニーが属していた州である。『戦禍』
> はただ徐々にしか州のごく近くの近隣に……しか広がっていかない。だ
> からいっさいの危機的時代の性格を明らかにするにあたっては、それ以
> 前の有機的時代の心理一般の特徴ばかりでなく、この心理の個性的な特
> 質をも知る必要がある……。ある歴史時代においては、ヘゲモニーは宗
> 教に属し、別の歴史時代には政治に属している、等々。こうした事情は、

必ずそれぞれの危機的時代の性格に反映し、それぞれの危機的時代は情勢しだいで、古いヘゲモニーを形式的に承認しつづけ、支配的な概念のうちに、それと対立する新しい内容が持ち込まれたり（たとえば、イギリスの第一革命）、あるいはまったくそれが否定されたりする。そしてヘゲモニーは思想の新しい州に移行する（たとえば、フランスの啓蒙文献）。心理上の個々の州のヘゲモニーをめぐるこれらの論争が州の近隣に広が……っていく……。」[24]

ここでの「ヘゲモニー」は、社会のさまざまな「審級」（アルチュセールの用語を用いるなら）がその社会構造の中で有している支配的地位ないし位置のことであり、プレハーノフはこのことを説明するのに「州」という地理的比喩を用いている[25]。

ちなみに、プレハーノフはこの箇所において明らかに、マルクスが『資本論』第1巻の注で述べた次の一文を念頭に置いている。

　　中世もカトリック教によって生きていくことはできなかったし、古代世界も政治によって生きていくことができなかったことだけは明らかである。逆に、これらの世界がその生活を維持した仕方こそは、なぜあちらでは政治が、こちらではカトリック教が主役を演じたのかを説明するのである。[26]

このマルクスの言葉を念頭に置いてプレハーノフは先の引用文を書いたのだが、アルチュセールの言い方を借りれば、プレハーノフはいわば、政治や経済や宗教などの諸「審級」を「州」に見立てて、その「州」間の指導的関係を表現するのに「ヘゲモニー」という用語を用いている。つまり、ここでのヘゲモニーは、特定の州（審級）による他の州（審級）への支配的地位という意味で用いられており、それを、社会構造における諸審級間の支配・従属関係に当てはめているのである。前時代においてヘゲモニーが属していた州（審級）で危機が起こり、新しい州（審級）へとヘゲモニーが移るのだが、その最初の段階では、前時代のヘゲモニー関係に影響されて、イギリス革命のように、宗教的外観を維持しつつその中に支配的概念と「対立する新しい内容（すなわち世俗の新興ブルジョアジーの利害）」が持ち込まれる。そして、最終的には新しい州（審級）にヘゲモニーが移っていくのだとプレハーノフは言っているわけである。

21

ここでは、単純な上台決定論が言われているのではなく、政治と文化を含む過去の総体（それは過去におけるヘゲモニー関係によって規定されている）による規定性と、現在における土台＝下部構造による規定性（それは現在のヘゲモニー関係によって媒介されている）という「二重の規定性」論が展開されている。プレハーノフを機械的な経済決定論者に仕立て上げようとする傾向は今日でも有力だが、それはプレハーノフに対するまったくの過小評価である。

　もちろん、この「二重の規定性」論はプレハーノフの発見ではなく、すでに述べたようにマルクスから受け継いだものであるし、エンゲルスも同様のことを述べている。しかし、重要なのは、プレハーノフがこのような複雑な決定論を受け継いだということであり、しかもそれを、ヘゲモニー概念を用いてより巧みに説明したことである。この思想は後に、トロツキーの「不均等複合発展」論やグラムシの「歴史的ブロック」論としてより豊かなものに発展していくことになる。

　ちなみに、プレハーノフはこの引用文の少し前に、19世紀半ばのフランスの歴史家テーヌの文献（『芸術哲学』第12版、パリ、1872年）から一部引用しているが、そこでも「ヘゲモニー」という言葉が登場している。

　　　たとえば、ギリシャ悲劇……は、ギリシャ人がペルシア人に勝利するとともに現われ……、この小都市共和国が大きな緊張のおかげでその独立を獲得し、文明世界にそのヘゲモニーを確立した時期に現われている。
(27)

　ここでの「ヘゲモニー」はギリシャ都市国家が他の都市国家に対して持っている支配的優位性・指導性としてのヘゲモニーであり、典型的に「国際関係としてのヘゲモニー」である。このような用法が、マルクス主義とは無関係に、19世紀半ばに広く使われていたことが、この事実からもわかる。

2つのヘゲモニー

　以上の二つの用例からわかるように、ヘゲモニーにはおおむね二つのタイプが存在することがわかる。まず一つ目は、プロレタリアートの階級的ヘゲモニーとか、社会民主党のヘゲモニーとか、ブルジョアジーのヘゲモニーとか言う場合の、主体的な勢力ないし組織によるヘゲモニー＝「主体

22

的ヘゲモニー」あるいは「ヘゲモニック・プロジェクトとしてのヘゲモニー」論である。先のプレハーノフの引用の第1のものがこの系譜に属するだろう。もう一つは、客体的な関係や地位や制度のうちに表現されているヘゲモニー的な支配－従属関係であり、これを「客体的ヘゲモニー」と呼ぼう。このような客体的ヘゲモニーが、市民社会内部のさまざまな諸機関（自治体、政党、学校、工場、等々）や法律、人々の習慣や常識などの客観的な諸構造・諸契機のうちに深く埋め込まれている場合には、「構造的ヘゲモニー」と呼ぶことができるだろう。先のプレハーノフの引用の第2のものはこの系譜に属する。このようなヘゲモニーの客体的関係は、国家間関係にも当てはまる。世界市場におけるイギリスの産業的ヘゲモニーとか、ヨーロッパにおけるパリの知的ヘゲモニーなどの場合である。したがって、先に述べた「国際関係としてのヘゲモニー」論は「客体的ヘゲモニー」論の一形態とみなすことができるだろう。

　もちろん、この二つは機械的に分離しうるものではない。むしろそれらは相互に不可分に絡み合いながら存在している。主体的ヘゲモニーが安定的に行使され発揮されるためには、それは何らかの客体的な制度や構造のうちに結晶化されていなければならないし、またいったん主体的なヘゲモニーが獲得されたなら、それは運動主体がとくに何かしないでも、その権威や影響力は客体的ヘゲモニーとしての効果を発揮するだろう。このような相互不可分性を踏まえつつも、「主体的ヘゲモニー」と「客体的ないし構造的ヘゲモニー」とを相対的に区別することは、分析にとって非常に重要である[28]。

前期レーニンのヘゲモニー使用例

　さて、プレハーノフの初期ヘゲモニー論におけるこの二つの系譜はどちらもその後、プレハーノフ自身[29]および他のロシア・マルクス主義者によって引き継がれ、発展させられていく。たとえば、アクセリロートは「プロレタリアートの革命的ヘゲモニー」という考え方をより強調するようになり[30]、ヘゲモニー論の第1の系譜をさらに彫塑した。レーニンも1899年以来、何度も用いている。ここでは、1899〜1905年の時期のもののうち、特徴的なものだけをいくつか紹介しておこう（レーニンの「ヘゲモニー」使用例の全体像は補論2参照）。

レーニンが最初に「ヘゲモニー」という言葉を用いるのは、1899 年に書かれた、パルヴスの論文「世界市場と農業恐慌」に対する書評論文においてである。

> **レーニン「書評：パルヴス『世界市場と農業恐慌』」**（1899 年 2 月）——「パルヴスという筆名で書いているドイツの才能ある一評論家のこの小著は、現代の世界経済のいくつかの現象を特徴づける一連の概説からなっており、そしてドイツに最も多くの注意が向けられている。パルヴスは世界市場の発展を最も重要視して、まず第 1 に、イギリスの工業上の<u>ヘゲモニー</u>が失墜していくのにつれて、この発展が最近どのような段階を経過しつつあるかを記述している」[31]。

この箇所がおそらくレーニンの文献における最初の「ヘゲモニー」登場箇所であり、典型的に「国際関係としてのヘゲモニー」論である。また、それがパルヴスの著作の書評においてであるというのは興味深い。パルヴスもまた「ヘゲモニー」という言葉をそれなりに多用したマルクス主義者だったからである。パルヴスによる使用例一つはすでに (注 12) で紹介したが、それ以外にも、たとえば、トロツキーをはじめ多くのロシア・マルクス主義者に大きな影響を与えた「戦争と革命」という 1904 年の論文には次のような一節がある。

> **パルヴス「戦争と革命」**（1904 年 2 月 10 日）——「日露戦争は満州と朝鮮をめぐって勃発したが、それは今や東アジアにおける<u>ヘゲモニー</u>をめぐる争いになった。そしてこの戦争は、専制ロシアの世界的地位をめぐる問題にまで拡大し、最後には、全世界の政治的均衡を変えるに至るだろう。その最初の結果はロシア専制の倒壊であろう。」[32]。

何という予言的な言説であろうか！　とはいえ、ここでの「ヘゲモニー」はもまた「国際関係としてのヘゲモニー」である。

次に 1905 年の「血の日曜日」事件が起こった直後の、レーニンの最も有名なヘゲモニー使用例を紹介しておこう。

> **レーニン「労働者民主主義派とブルジョア民主主義派」**（1905 年 1 月 24 日）——「最後に、新『イスクラ』の最後の新発見、すなわち『ブルジョア

民主主義的半身なしの自由主義』、すなわち、……もしゼムストヴォ議員以外に呼びかける相手がいないとすれば、『ヘゲモニーの思想は捨て去ったほうが賢明だ』という発見は、なおいっそう批判に耐えない。あらゆる自由主義派は、まさにそれが実際に専制に対する闘士として立ち現われるかぎりで、社会民主党の支持を得るのに適している。ヘゲモニーの思想は、最後まで首尾一貫した唯一の民主主義派であるプロレタリアートが、すべての首尾一貫しない（つまりブルジョア的な）民主主義派を＜彼らが専制と闘争するかぎりで＞支持するというまさにそのことによって実現されるのである。ヘゲモニーに対する小ブルジョア的、小商人的な理解だけが、協定や相互承認や口先の条件をヘゲモニーの核心だと見るのである。プロレタリアの見地からすれば、闘争におけるヘゲモニーは、誰よりも精力的に闘う者、敵に打撃を与えるあらゆる機会を利用する者、言行が背馳しない者、したがってあらゆる中途半端さを批判する民主主義派の思想的指導者である者に属する」[33]。

　この箇所はレーニンのヘゲモニー論の典型として最も頻繁に引用される箇所の一つである。しかし、その際、しばしば深刻な誤解が研究者のあいだで見られる。まず、ルチアーノ・グルッピはこの箇所を引用して、これがレーニンの書いたもので初めて「ヘゲモニー」という用語が登場する箇所だと書いているが[34]、すでに見たようにそれはまったくの間違いである。

　またビュシ＝グリュックスマンは何ゆえかこの一文を『民主主義革命における社会民主党の二つの戦術』からの引用文だと誤解している[35]。グリュックスマンはグルッピの著作を参照しているが、そのグルッピの著作では正しくそれが「労働者民主主義派とブルジョア民主主義派」からの一文であると述べている。なぜグリュックスマンはこれが『二つの戦術』からの引用文だと思ったのだろうか？[36]

メンシェヴィキの使用例

　すでに述べたように、アンダーソンは1900年代におけるマルトフやポトレソフなどのメンシェヴィキの指導者たちによるヘゲモニーの使用例をいくつか紹介していたが、ここではそれと重ならない範囲で、1900年代前半におけるメンシェヴィキのヘゲモニー使用例をいくつか紹介しておこう。

たとえば、メンシェヴィキの中心的理論家の一人であるマルトィノフは、レーニンの組織論を批判した『二つの独裁』（1905 年、未邦訳）の中で何箇所にもわたって「ヘゲモニー」という用語を用いている。たとえば、以下の箇所がそうである。

マルトィノフ『2つの独裁』（1905 年初頭。執筆は 1904 年）——「次のように考える者がいるかもしれない。現在、ロシアのプロレタリアートとブルジョアジーとのあいだには発展した形態での階級闘争、すなわち政治闘争はありえない、なぜなら、どちらの階級も共通の敵である絶対主義と闘っているからである、と。しかしこれはまったく正しくない。このような階級闘争は可能であるだけでなく、革命の成功にとって最も確実な保障として必要なものである。しかし、プロレタリアートとブルジョアジーとのあいだの階級闘争がこの目的、すなわち革命の勝利につながるためには、それは、革命の歩みと帰結に影響を与えるためのその闘争のうちに、すなわち、この革命におけるヘゲモニーのための闘争のうちに表現されなければならない。」[37]

また、1905 年の「血の日曜日」事件後に書かれた「革命の展望」という論文の中でもマルトィノフは次のようにヘゲモニー概念を用いている。

マルトィノフ「革命の展望」（1905 年 3 月 17 日）——「過去の世紀のブルジョア革命は、ブルジョア民主主義派のヘゲモニーのもとで遂行され、美しい衝動、大袈裟な美辞麗句、効果的な粉飾をほどこされた革命であった。ロシア革命はプロレタリアートのヘゲモニーのもとで遂行される。」[38]

またマルトフも同じ時期、「ヘゲモニー」という用語を用いて自己の革命論を展開している。たとえば以下の箇所である。

マルトフ「1 月 9 日」（1905 年 1 月 27 日）——「社会民主党が主張する権利があるのは、そして社会民主党が『夢想』するべきなのは、何だろうか？　それは、自己の階級〔プロレタリアート〕の政治的ヘゲモニーであり、階級の前衛としての社会民主党の政治的に指導的な役割である。」[39]

このようにメンシェヴィキも「プロレタリアートのヘゲモニー」という概念を用いており、ロシア革命は、社会民主党ないしプロレタリアー

トのヘゲモニーのもとに遂行されなければならないという立場に立っていた。したがって、この点に関しては別にレーニンと同じだったのである。当時のメンシェヴィキの主張について何も知らない人々だけが、「ロシア革命におけるプロレタリアートのヘゲモニー」という思想そのものをレーニンに結びつけ、あたかもそこにレーニンのオリジナリティがあるかのように考えることができるのである。

　しかし、後で見るように、これらメンシェヴィキにあってはこの「プロレタリアートのヘゲモニー」はどこまでも、ブルジョア民主主義革命を前進させる推進力としてのそれでしかなく、そのヘゲモニーが革命の勝利の暁における権力構成には反映するものではなかった。メンシェヴィキにおける「ブルジョア民主主義革命におけるプロレタリアートのヘゲモニー」とは、ブルジョアジーないし小ブルジョアジーが権力をとれるようにその立派な騎馬となることでしかなかったのである。したがって、後でも論じるように、メンシェヴィキとレーニンないしトロツキーとの間の決定的な分岐点は、プロレタリアートないしその階級政党である社会民主党がロシアの革命運動においてヘゲモニーを握るかどうかにあったのではなく、むしろその先にあったのである（プロレタリアートは政権に入るべきか、権力を取るべきか否か、等々）。

　いずれにせよ、1904 ～ 05 年にはすでに、メンシェヴィキを含むロシア・マルクス主義者の間で、プロレタリアートの階級的ヘゲモニー論ないし特定の党派による政治的ヘゲモニー論は十分に定着していたとみなすことができるだろう。

3. 1905 年革命とトロツキー永続革命論

　さて、以上の議論を踏まえて、いよいよ本稿の本題であるトロツキーの永続革命論とヘゲモニー概念との関係について具体的に見ていこう。

(1) 1905 年革命をめぐる主要な論点と永続革命論

　トロツキーの永続革命論はまずもって、プロレタリアートの主体的ヘゲモニー論を、ロシアの社会的・経済的特殊性を踏まえて発展させたものに

27

他ならない。ヘゲモニーとしての革命論をもっぱら先進国革命や「西方」の成熟した市民社会に限定する見方はまったく一面的である。むしろ、西方と東方との相違は、後で見るように、ブルジョアジーの構造的ヘゲモニーの強固さの差異に起因している。ブルジョアジーのヘゲモニーがより市民社会の諸構造・諸装置のうちに固定化され、人々の内面と行動を拘束している西側先進資本主義国と、その固定性が弱いロシアなどの後発資本主義諸国における差である。後に見るように、ブルジョアジーのこの「構造的ヘゲモニー」の弱さゆえにプロレタリアートの「主体的ヘゲモニー」の強さが可能となったのである。

　以上の点を踏まえて、ヘゲモニー論に即して、1905 年の前後におけるロシア・マルクス主義の理論的地平とトロツキー永続革命論への発展の主要な諸契機を以下に見ていこう[(40)]。

ロシア・マルクス主義のアポリア

　まず、ロシア・マルクス主義者のあいだで(ボリシェヴィキ、メンシェヴィキ問わず) 暗黙の共通了解として、「二段階革命」という一般的展望と「プロレタリアートの革命的ヘゲモニー」というロシアの特殊性論とが並列して存在していた。この二つの (潜在的に) 矛盾する諸要素の両立こそ、実のところ、ロシア・マルクス主義の最大のアポリアであり、その真の分解要因でもあった。

　まず一方では、二段階革命論にもとづけばブルジョア民主主義革命を経ていない半封建的な後進国ロシアにおいて当面する革命はブルジョア民主主義革命であり、そこにおいて革命を主導するのはブルジョアジーか小ブルジョアジーである。他方で、不均等複合発展の結果としてロシアではすでに社会主義革命を目指す組織が存在し、それはすでに革命勢力の中でヘゲモニー獲得のための闘争を開始しており、そのせいもあってロシアのブルジョアジーは政治的に憶病で脆弱である。革命闘争の中でプロレタリアートとその党がヘゲモニーを獲得することと、革命後の国家権力が一義的にブルジョアジーとその党に属することとは、明らかに矛盾する。このアポリアを最も進歩的な方向で打開したものこそがトロツキーの永続革命論に他ならない。他のすべての理論は後で見るように、そこに至るまでの中間項をなしている。その意味で、この矛盾は、単にロシア・マルクス主

義の分解要因であっただけでなく、ロシア・マルクス主義が発展していく内的推進力でもあり、したがってまたロシア革命そのものの内的発展の推進力を表現するものであった。

1903 年にはすでにロシア各地での革命運動の盛り上がりが見られたが、1904 年の日露戦争で一時的に愛国主義が全土を覆って、革命運動は一時的に停滞する。しかし、そうした中で、『イスクラ』に連載されたパルヴスの「戦争と革命」は、世界資本主義の歴史的・地理的ダイナミズムの中にロシア帝政を位置づけて日露戦争を論じており、ロシアがこの戦争の結果として、ヨーロッパ革命の前衛になる可能性を力強く指摘するものだった[41]。当時、亡命マルクス主義者のあいだではまだ、レーニンの組織論をめぐって激しい党内論争が繰り広げられており（トロツキーの『われわれの政治的課題』が出版されたのも 1904 年）、そのような中でパルヴスのこの大論文は亡命マルクス主義者の視野を一気に拡大し、当面する大事件の歴史的意味へと目を開かせるものだった。トロツキーもこの大論文に深い感銘を受けるとともに、そこで展開された議論は永続革命論の基本的バックボーンの一つにもなる。さて、このパルヴスの予想通り、戦争の数ヵ月後には革命運動は再び活性化しだし、これがついに 1905 年 1 月 9 日の「血の日曜日」事件へとつながるのである。

「血の日曜日」事件とパルヴス論文の衝撃

この「血の日曜日」事件をもたらした請願行動は、ガポンという司祭によって率いられたという性格を持つにもかかわらず、都市労働者を主要な参加者とし、かつその諸要求の中では憲法制定議会の制定など高度な政治的要求が取り入れられており、したがって労働者階級の政治的デモンストレーションでもあった。それに対する帝政側の銃弾による回答は、労働者のあいだにあった「慈愛深いツァーリ」という幻想を打ちくだき、その後の革命運動の急激な盛り上がりをもたらした。そしてその闘争の主要な武器として労働者による政治的ストライキが登場する。労働組合の結成、改良的諸要求の提出、経済スト、といった諸段階を一気に飛び越えて、ロシアのプロレタリアートは労働者の闘争の最も高度な形態である政治的大衆ストライキへと突き進んだのである[42]。

以上の事態は、亡命していたロシア・マルクス主義者に大きな実践的衝

撃を与え、一方では、「革命」というものを抽象的な理論的ないし綱領的目標から目の前の差し迫ったものへと急転換するとともに、他方では「プロレタリアートのヘゲモニー」という観念をも実体的で現実的なものにした。組織論争に代わって、当面する革命はいかなる性格のもので、社会民主党はどのようにそれに関与すべきなのかという「革命の展望」論争が亡命マルクス主義者のあいだで支配的なものとなる。単純で機械的な二段階革命が試練にさらされ、ロシア・マルクス主義そのものが試練にさらされた。

　そうした中で、パルヴスは、トロツキーが１月９日以前に書いた一連の論文をまとめた著作『１月９日以前』に序文を寄せ、その中で、ロシアの歴史的・地理的発展の特殊性──マニュファクチュア段階の飛び越しによる都市小ブルジョアジーの弱さ、上からの資本主義化による大ブルジョアジーの反動性と臆病さ、大工場にただちに集中されヨーロッパの最新思想に影響されたプロレタリアートの戦闘性、等々（これらの指摘は、後にグラムシが指摘するロシアにおける市民社会の脆弱さ、すなわちブルジョアジーの「客体的ないし構造的ヘゲモニー」の脆弱さをも表現している）──から、ロシアの社会民主党がこの革命において政権に就くことができると予言した[43]。つまり、パルヴスの議論をヘゲモニー論で言いかえれば、ロシアにおけるブルジョアジーの「構造的ヘゲモニー」の弱さゆえに、プロレタリアートの「主体的ヘゲモニー」が極度に強いものとなり、政権獲得の可能性さえ生じているということである。ただし、パルヴスの主張は、ブルジョア民主主義革命の枠内での「労働者政府」という展望（＝労働者民主主義論）であり、「プロレタリアートの独裁」の確立でも社会主義革命の開始でもないことに注意する必要がある。パルヴスが展望したのはあくまでも専制の打倒と社会民主党の「政権獲得」だけであって、労働者の権力の確立ではない。「政権獲得」と「権力獲得」との区別論がここで初めて登場する。

　こうしてパルヴスは、当面する革命がブルジョア民主主義革命であるという一般的枠組みと、ロシアにおいては革命の主導勢力（ヘゲモン）がプロレタリアートであるというロシアの特殊性とのアポリアに対する一定の解法を最初に示した。すなわち、一方では、プロレタリア党が主導的勢力として政権に入ることを承認することによって、ブルジョア主導の民主主

義革命政権という図式を否定し、政権主体のこうした特殊性ゆえに、それが単なる革命的民主主義政権を超えて「労働者民主主義」政権になることを展望し、他方では、それでもなおこの「労働者民主主義」政権は、ブルジョア民主主義の枠を労働者的に広げつつも（たとえば8時間労働制の実現）、民主主義革命の限界にとどまる、とすることによってである。この序文は、これまでの単純な二段階革命論を無意識のうちに受容していたすべての亡命マルクス主義者たちに理論的衝撃を与えるものだった。プロレタリアートが大胆な革命運動を展開した「血の日曜日」事件後の実践的衝撃と、それをただちに理論に反映させて新しい革命論の地平を切り開いたパルヴスの序文の理論的衝撃は、その後、ロシア・マルクス主義者のあいだでさまざまな革命論が生まれる根本的な原動力となった。

レーニンの革命的労農民主独裁論とメンシェヴィキの二段階革命論

　レーニンも、パルヴスの序文を読んで衝撃を受け、自分なりにロシア革命のアポリアに対する解法を提示しようとした。それが有名な「プロレタリアートと農民の革命的民主主義独裁」論である。これは主として次の三つの要素によって成り立っている。①労働者と農民との階級的共同権力、②それがあくまでも単なる政権獲得ではなく階級独裁であることの強調、③民主主義革命の枠内でのその課題の徹底遂行（上からと下からとの同時遂行論）。

　以上の議論は、一方では、パルヴスと同じく、プロレタリアートのヘゲモニーを単に革命の過程において承認するだけでなく、その権力主体においても承認し、かつその革命主体の特殊性を「階級独裁」という強い性格規定のうちに表現しているが、他方では、ロシアの後進性を反映してプロレタリアートと並んで農民が共同で権力に参加するとみなし、この農民的制約からして、革命は——それがいかに徹底されたとしても——民主主義革命の枠内にとどまるとした。

　さらにその後、レーニンは、1905年革命の発展の中で自己の主張をより急進化させ、特殊な「二段階連続革命論」を主張する。すなわち、ロシアの民主主義革命がヨーロッパの社会主義革命に飛び火し、ヨーロッパの社会主義革命を受けて、今度はそれがロシアに跳ね返ってきて、ロシアでも連続して社会主義革命に移行する、というものである。レーニンはこの

主張の中で一度だけ「永続革命」という言葉を用いている。なおレーニンは、もしこのヨーロッパ社会主義革命が起こらなければ、ロシアの民主主義独裁も持ちこたえることができないと主張している。

こうした急進的な革命論の提出を受けて、より慎重派であったメンシェヴィキも従来の二段階革命論をそのままでは維持できなくなり、その修正を試みはじめる。その過程で、奇妙なことに、「永続革命」という用語が頻繁に用いられるようになる。とくにマルトフとプレハーノフがそうだった。つまり、この時期にこの用語を当面するロシア革命との関連で最初に用いたのは、レーニンでもトロツキーでもなく、マルトフとプレハーノフだったのである。

まずマルトフの「永続革命」論は、「不幸としての永続革命」論である。つまり基本的展望としては、二段階革命論の枠をパルヴスやボリシェヴィキよりも堅持し、プロレタリアートの革命的ヘゲモニーは、政権に入ることによって発揮されるのではなく、革命的野党として下から政権を突き上げ、ブルジョアジーがより徹底した民主主義革命の諸政策を実行するのを余儀なくさせることによって発揮されるだろうとみなした（最左翼の革命的野党論）。しかしこの基本的展望に対する留保ないし補完として、「永続革命」的展望も語られる。すなわち、もしブルジョアジーがプロレタリアートの突き上げにもかかわらず臆病すぎてその本来の革命的役割を果たさなかったとしたら、もし事態の客観的流れに押されてプロレタリアートの党が政権をとらざるをえなくなったら、そのときには、党はその階級的・急進的性格からして民主主義革命の枠内にとどまれず、やむなく「永続革命」の路線をとらざるをえなくなるだろうが、それは党にとっても革命にとっても致命的であろう、と。しかし、ロシアには広範な小ブルジョア的基盤が存在するので、革命の盛り上がりとともに必ずやこれらの層は革命の表舞台に登場するから、プロレタリア党は史的唯物論の図式に反するような羽目に陥る心配はないだろうとの結論を下した（メンシェヴィキのマルトゥイノフも基本的に同じ立場を表明）。

他方、プレハーノフは、彼がマルクス主義者になった当初からロシアにおける歴史的・地理的特殊性からロシアでは民主主義革命と社会主義革命は西欧よりも接近したものになるだろうと予測していた。彼はこの近接した「二段階革命論」を、マルクス・エンゲルスの 1850 年 3 月の有名な「回

状」に依拠してさらに発展させ、単線的な「二段階連続革命」としての「永続革命」論を定式化した。まずプロレタリアートが革命運動の中心を担って革命を発展させるが、ブルジョアジーに対する批判を自制し、ブルジョアジーを積極的に同盟者とし（統一戦線論）、そうした同盟関係を通じて、革命的ブルジョアジーないし小ブルジョアジーに権力を取らせる。いったんブルジョアジーが権力を取れば、同盟関係は解消され、プロレタリア党はブルジョアジーに対する容赦のない批判者となり、最左翼の野党として民主主義革命を下から突き上げて徹底させる。やがてブルジョアジーにその歴史的使命を遂行させた後は、ブルジョアジーを打倒して、プロレタリア党が政権をとって社会主義革命を行なう、という展望である。

　ちなみにメンシェヴィキは「独裁」を主張せず、「政権獲得」と「権力獲得」とを基本的に同一視した（レーニンは区別）。メンシェヴィキの革命論の場合は、さらに、国際革命との連動性が弱いという一般的特徴を持っており、この点はレーニンやトロツキーと大きく異なる。

トロツキーの永続革命論

　さていよいよトロツキーの永続革命論だが、実を言うとトロツキー自身がはっきりと「永続革命」という言葉を自己の理論に関して用いるのは1906年になってからであり、むしろ当初は「連続革命（中断されざる革命）」という用語を使用している。トロツキーの場合もその理論的飛躍のきっかけとなったのは、パルヴスの「序文」であった。

　まずトロツキーは、パルヴスと同じく、プロレタリアートの革命的ヘゲモニーを単に革命の過程に限定するのではなく、革命の勝利後の政権の性格にも反映させ、ロシア社会民主労働党が革命権力を取ることができるということを1905年の3月というかなり早い段階から主張していた。

　　トロツキー「政治的書簡」（1905年3月17日）——「もしロシアの革新が妥協や取り引きの道に沿って行なわれたのであれば、わが労働者階級は現在自らが果たしている役割を想像することさえできなかっただろう。革命はプロレタリアートを最重要の地位に押し上げ、ヘゲモニーを彼らに渡す。現在の諸事件の中でストライキがどれほどの地位を占めているか考えてみよ！　それはプロレタリアートが革命の中で占める地位とほぼ対応している。蜂起の勝利も、革命全体の勝利も、プロレタリアー

トだけがそれを保証することができる。都市住民の他の集団と農民は、プロレタリアートを支持しつつ、その仕事を楽にさせ、その後ろからついて行くかぎりにおいて革命の中でそれ自身の役割を果たすだろう。」[(44)]

　ここでトロツキーは、パルヴスと同じく、この革命においてロシア社会民主党が政権を獲得することができることを述べているのだが、パルヴスと違って明示的に「ヘゲモニー」という用語を用いている。ロシア・ブルジョアジーの構造的ヘゲモニーの弱さこそが、このような事態を可能とするのである。そして、「農民は、プロレタリアートを支持しつつ、その仕事を楽にさせ、その後からついて行く」ことで「革命の中でそれ自身の役割を果たす」とはっきりと述べられており、農民の無視や軽視はどこにも存在しない。

　その後、トロツキーは自己の理論をいっそう発展させ、1905年の夏のあいだ、一時的にフィンランドに亡命している時に、永続革命の基本的着想を獲得し、パルヴスの限界を超えていくことになる。その時期に書かれら「ラサール『陪審裁判演説』への序文」の中で、単なる社会民主党政権という水準を越えて、ロシアはヨーロッパに先駆けて「農民に依拠したプロレタリアートの独裁」を実現することができるという新しい定式を明らかにする。

　トロツキー「ラサール『陪審裁判演説』序文」（1905年7月執筆）──「〔1848年革命におけるドイツの〕プロレタリアートはあまりに脆弱であり、組織も経験も知識も欠いていた。資本主義の発展は古い封建的諸関係の廃絶を不可避のものとするほどに進んではいたが、新しい生産関係の所産である労働者階級を決定的な政治的勢力として登場させるほどには進んでいなかった。プロレタリアートとブルジョアジーとの対立は、ドイツの一国的枠の中でさえ、もはやブルジョアジーが大胆に国民的ヘゲモンの役割を果たすことができないほど十分に進んでいたが、プロレタリアートにこの役割を引き受けさせるほどには進んでいなかった。」[(45)]

　同前──「疑いもなく、プロレタリアートの階級闘争はブルジョアジーをも前方に駆り立てるだろうが、これをなしうるのは階級闘争のみである。そして他方では、プロレタリアートは、自らの圧力によってブルジョアジーの保守性を克服しつつも、それでもやはり、事態が最も順調に『発

展する』場合には、一定の時点で直接的な障害物としてのブルジョアジーと衝突する。この障害物を克服することのできる階級は、実際にそうしなければならないし、そうすることによってヘゲモニーの役割を自らに引き受けなければならない。……このような状況のもとでは、『第4身分』〔プロレタリアート〕の支配が訪れるだろう。言うまでもなく、プロレタリアートは、かつてのブルジョアジーと同じように、農民と小ブルジョアジーに依拠しながら自らの使命を果たすだろう。彼らは農村を指導し、農村を運動に引き入れ、自らの計画の成功に関心を持たせるだろう。しかし、指導者として残るのは不可避的にプロレタリアート自身である。これは『農民とプロレタリアートの独裁』ではなく、農民に依拠したプロレタリアートの独裁である。その仕事はもちろんのこと、国家の枠に限定されない。その状況の論理からして、それはただちに国際的舞台に投げ出されるだろう。」[(46)]

　これは、トロツキー永続革命論形成の第2段階である。ここでもトロツキーは、「ヘゲモニー」という言葉をはっきりと用いて、この革命において「農民に依拠したプロレタリアートの独裁」成立の可能性を指摘するとともに、それが国際的舞台で解決されると指摘している。またここでもトロツキーはプロレタリアートが「農村を指導し、農村を運動に引き入れ」ると明記しており、「農民に依拠した独裁」だとしている[(47)]。

　これはさらに、1905年の10月以降のソヴィエト結成とストライキ闘争の中で、勝利したプロレタリアートの独裁はただちに社会主義革命に連続していく措置をとらざるをえないという第3段階の定式へと発展する。たとえば、1905年11月に発表された論文「社会民主党と革命」において、トロツキーは次のように述べている。

トロツキー「社会民主党と革命」（1905年11月）――「専制国家の頑強な抵抗と、ブルジョアジーの意識的な不活発とを克服しつつ、ロシアの労働者階級は、過去にまだ前例のないほどの組織的戦闘勢力にまで成長を遂げた。ブルジョア革命において、階級的利害という鉄の論理によって前へ押し出されたこの戦闘勢力がほこをおさめることができるような段階はない。連続革命は、プロレタリアートにとって、階級的自己保存の法則である。
　革命闘争における労働者階級の前衛的地位、この階級と革命的農村とのあいだに直接確立される結合、この階級が軍隊を自らに服従させる魅

力、これらはすべて、必然的に、この階級を権力に押し上げる。革命の完全な勝利は、プロレタリアートの勝利を意味する。

　裏返して言えば、プロレタリアートの勝利は、革命のさらなる連続性を意味する。プロレタリアートは基本的な民主主義の課題を実現する。そして、政治的支配の強化をめざすプロレタリアートの直接的闘争の論理は、一定の時点で、純社会主義的な諸問題を彼らの前に提起する。最小限綱領と最大限綱領のあいだには革命的連続性が横たわっている。それは一度の『打撃』ではない。それは1日でも1ヵ月でもなく、歴史的一時代である。その長さをあらかじめ計算するのは、馬鹿げたことであろう。」[(48)]

　トロツキーはこのようにはっきりと連続革命の立場を打ち出すわけだが、この時期、別の論文では次のように何度も「ヘゲモニー」という言葉を用いている。

トロツキー「10月ストライキ」（1905年11月13日、15日）――「なるほど、10月の労働者のストライキはブルジョアジーの物質的援助のみならず、自由主義者のストという形での支持も得て遂行されたのだが、しかしこれは何ら事態を変えるものではない。……それはただ、革命闘争におけるプロレタリアートの争う余地のない無制限の<u>ヘゲモニー</u>をむしろ強調するものだった。……プロレタリアートの革命的<u>ヘゲモニー</u>がさらに強まるにつれて、ストライキは裁判所、薬局、ゼムストヴォ参事会、市会にまで広がった。10月ストライキはブルジョア革命におけるプロレタリアートの<u>ヘゲモニー</u>の示威であり、それと同時に、農業国における都市の権力の示威であった。」[(49)]

同前――「10月の日々は、革命の<u>ヘゲモニー</u>が都市に属し、都市の<u>ヘゲモニー</u>がプロレタリアートに属することを示した。」（同）[(50)]

　以上がトロツキー永続革命論形成の第3段階である。ここでもトロツキーははっきりと「ヘゲモニー」という言葉を用いて、この革命における「プロレタリアートの革命的ヘゲモニー」（主体的ヘゲモニー）について明示的に述べているが、それだけでなく、「都市の権力」、「都市のヘゲモニー」という「客体的ヘゲモニー」論にも繰り返し言及している。この都市的契機の重視は、ロシアの革命指導者の中でも特にパルヴスとトロツキーに顕

著なものであった。ロシアの全般的後進性と、ペテルブルクの突出した先進性とは、この「都市のヘゲモニー」をとりわけ強力なものにした。つまり、全国および農民に対するプロレタリアートの「階級的ヘゲモニー」（主体的ヘゲモニー）は、この特殊な「都市のヘゲモニー」（客体的ヘゲモニー）を媒介として実現されたわけである。トロツキーは、一般に資本主義の発展に伴って都市のヘゲモニーが発展すると主張するが、もちろんそうした面もあるのだが、ロシアの「不均等複合発展」を背景とした、都市と農村との極端な格差、ペテルブルクの独特の政治的凝集性、そこへのプロレタリアートの集中と集積こそがこの「都市のヘゲモニー」をより強固にし、それゆえ人口的に少数派であるプロレタリアートのヘゲモニーをもまた可能にしたのである。この独自の都市的契機の意義はグラムシ研究者やトロツキストのあいだでもほとんど注目されていないので、ここであえて強調しておく。

永続革命論とヘゲモニー概念

　以上見たように、トロツキーの永続革命論形成の三つの段階のいずれにおいても、トロツキーが明示的に「ヘゲモニー」という用語を用いていることがわかる。トロツキーが「ヘゲモニー」という用語を用いていることをそれなりに指摘している研究者も、その永続革命論形成過程においてこれほど明確に「ヘゲモニー」という用語が用いられていることを指摘している者はいない。この点の解明は、したがって、トロツキー永続革命論形成におけるヘゲモニー概念の決定的意義を明らかにするものである。

　つまり、トロツキーの永続革命論は、「社会民主党の政権獲得」論（3月）→「農民に依拠したプロレタリアートの独裁」論（7〜8月）→「社会主義革命への連続性」論（10〜11月）へと順を追って発展していったことになる。そして、この各段階においてトロツキーは実際に何度も「ヘゲモニー」という言葉を用いて自己の主張を展開している。

　以上のような傾向は、トロツキーが自己の永続革命論を総括する最後の第4段階においても明確である。トロツキーは、1905年末に執筆した「『フランスの内乱』序文」と1906年の「総括と展望」でそうした総括を行なっているのだが、どちらにおいても、以下に見るように、「ヘゲモニー」という用語が決定的な意義をもって使用されている。

トロツキー「カール・マルクス『フランスの内乱』序文」（1905 年 12 月）
——「資本主義の歴史は農村の都市への従属の歴史である。ヨーロッパ
諸都市の工業的発展は、当時において、農業生産部門における封建的諸
関係の存続を不可能にした。しかし農村それ自体は、封建制の廃絶とい
う革命的任務を担いうる階級を登場させなかった。農業を資本に従属さ
せたあの同じ都市が、革命的勢力を登場させたのであり、この革命的勢
力が農村に対する政治的ヘゲモニーを自らの手中に握って、国家関係や
所有関係における革命を農村にまで拡大したのである。……ロシアのブ
ルジョアジーは、革命の陣地をすべてプロレタリアートに明け渡してい
る。彼らは農民に対する革命のヘゲモニーをも明け渡さなければならな
いだろう。」[51]

　ここでも、トロツキーは、プロレタリアートが農村に対する都市のヘゲ
モニーを媒介として農民に対する革命的ヘゲモニーを獲得しうることを明
言しており、農民の獲得をめぐるブルジョアジーとプロレタリアートとの
闘争という観点を明確に打ち出している。次にいよいよ、「総括と展望」
を見てみよう。すでにブートマンについて論じたときに引用しておいたが、
ここではより長く引用しておく。

トロツキー「総括と展望」（1906 年）——「プロレタリアートの代表を欠
いた革命的民主主義政府なるものを想像してみるだけで、そのような観
念が完全に馬鹿げていることを理解するのに十分である。社会民主党が
革命政府への参加を拒否することは、革命政府そのものが完全に不可能
になることを意味するだろうし、したがってまた革命の事業を裏切るこ
とを意味するだろう。しかし、政府へのプロレタリアートの参加は、支
配的で指導的な参加としてのみ、客観的に最も可能性があり、かつ原則
的にも容認される。もちろん、この政府を、プロレタリアートと農民の
独裁だとか、あるいはプロレタリアートと農民とインテリゲンツィアの
独裁だとか、あるいはまた労働者階級と小ブルジョアジーの連合政府な
どと呼ぶことも可能である。しかしそれでも、当の政府内のヘゲモニー、
およびそれを通じての国内のヘゲモニーは誰に属するのか、という問題
は依然として残る。そしてわれわれは、労働者政府について語るとき、
ヘゲモニーは労働者階級に属するだろうと答える。」[52]

　ここではヘゲモニーは、プロレタリアートが人口的に多数かどうかとい
う機械的な数的多数性という議論を超えて、政治的に有機的な組織的・思

想的・指導的影響力として理解されている。レーニンがあくまでもプロレタリアートの人口が数的に少数であるということにこだわって革命権力がプロレタリアートと農民の共同権力になると考えたのに対して（ヘゲモニー論の不徹底）、トロツキーは「ヘゲモニー」の思想を発展させて、それを貫徹させているのである。後年、スターリニストは、「ヘゲモニーとしてのプロレタリア独裁」という発想をレーニンに帰し、それとトロツキーの「機械的プロレタリア独裁論」（プロレタリアート単独の独裁論とされている）に対置させたが、実際には、トロツキーこそが最初に「ヘゲモニーとしてのプロレタリア独裁」という思想を明確に定式化したのである。

　注意してほしいのは、この引用文でトロツキーが、政府内におけるプロレタリアートのヘゲモニーについて論じる中で、「支配的で指導的な」という二つのモメントを結合していることである。フランスのグラムシ研究者ビュシ＝グリュックスマンは、このような二つのモメントでヘゲモニーを理解することこそ、グラムシ的なヘゲモニー概念であると力説している[53]。もしそうだとすれば、ここでのトロツキーのヘゲモニー論こそ、グラムシ的なものだということになるだろう。

　また、日本の代表的なグラムシ研究者である竹村英輔氏は、この「支配と指導」という二つのモメントでヘゲモニーを理解する観点はグラムシがレーニンから受け継いだものだとしている[54]。だが、この思想はレーニンよりも早くトロツキーによって明確に定式化されたのである。トロツキーの永続革命論は、プロレタリアートと農民の階級同盟にもとづきつつ、その同盟関係におけるプロレタリアートのヘゲモニーをその理論的核心とするものなのであり、永続革命論、労農同盟論、ヘゲモニー論の三つは不可分の関係にあるのである。

永続革命論の基本要素とその後の展開

　トロツキーの永続革命論の基本要素は次の主要な四つである。①民主主義革命の勝利は社会民主党の政権獲得を意味する（パルヴスと共通）、②その政権には農民政党やインテリゲンツィアも参加するだろうが、その政権内でのヘゲモニーはプロレタリアートに属し、それを通じて国内におけるヘゲモニーがプロレタリアートに属するのであり、それが他ならぬ労働者階級の権力である（「ヘゲモニーとしてのプロレタリアート独裁」論の

成立）。③権力を獲得したプロレタリアートは、単に民主主義革命を遂行するだけでなく、労働者階級の下からの要求と内外の反革命に押されて、社会主義的な諸政策に足を踏み出さざるをえない（プロレタリアート独裁のもとでの連続革命）。④この社会主義的政策がどこまで進行しうるかは、政権をとった党の恣意によって決まるのではなく、内外の諸情勢に、とりわけヨーロッパ革命に依拠する。もしヨーロッパ革命がロシア革命の援助に駆けつけないのであれば、ロシアの一時的なプロレタリア独裁は永続的な社会主義独裁には移行しえないだろう（プロレタリア独裁と社会主義独裁との区別）。

　首都ペテルブルクにおける 10 月ストライキの猛烈な発展とソヴィエトの結成、帝政とソヴィエトとの二重権力の成立は、メンシェヴィキの一部（マルトィノフやダン）やボリシェヴィキの一部（ルナチャルスキー）をいっそう急進化させ、一時的に「永続革命」論に接近させた。マルトフはそうした事態に困惑し、レーニンは沈黙して、事実上それを追認した。この時期、いわば、ロシア社会民主労働党内において「トロツキー＝パルヴスの知的・政治的ヘゲモニー」が確立されたことになる。しかし、その後のソヴィエト幹部の逮捕と 12 月蜂起の敗北は、ロシア・マルクス主義の急進化の流れをせき止め、逆転させた。メンシェヴィキは「永続革命論」から「算を乱して退却」し、旧来の二段階革命論へと舞い戻った。しかし、レーニンは労農民主独裁論を堅持し、トロツキーは永続革命論をより強固に理論化した。

(2)トロツキーの永続革命論におけるヘゲモニー論の役割

　ここで改めて、トロツキーの永続革命論の形成にヘゲモニー論が果たした役割を理論的に総括しておこう。

1) まず出発点として、ロシア・マルクス主義者の間では、ボリシェヴィキであれメンシェヴィキであれ、「二段階革命論」と「プロレタリアートのヘゲモニー論」とが暗黙の共通了解として存在していた。前者は、ブルジョア民主主義革命を経ていない後進国に共通したマルクス主義革命論の基本的枠組みであり、後者は、ロシアにおけるブルジョアジーないし小ブルジョアジーの「客体的ないし構造的ヘゲモニー」の脆弱さと

ヨーロッパからの大工業の輸入というロシアの後発的諸条件から発生している特殊ロシア的性格である。しかし、「二段階革命論」という一般的枠組みと、ロシアにおける「プロレタリアートのヘゲモニー」という特殊的条件とは、革命の途中までは矛盾なく両立するが、プロレタリアートの革命的ヘゲモニーが強まるにつれて、決定的な矛盾にいたる。

2) もしプロレタリアートが本当に来るべきブルジョア民主主義革命において主導的勢力としてヘゲモニーを発揮したとしたら、プロレタリアート（およびその革命的代表者である社会民主党）は政権に入らないですむのか、すなわち革命運動のヘゲモニーを握っている勢力が最左翼の野党という控え目な政治的地位を維持できるのか、という根本問題が発生する。ここでいきなり、メンシェヴィキの革命的野党論は危機に瀕する。もし野党にとどまらざるをえない程度の力しか発揮できていないとすれば、それはまだヘゲモニーを運動の中で獲得できていないことを意味する。革命運動の中でプロレタリアートの革命的ヘゲモニーの獲得をめざしつつ、それでいて革命の勝利の暁には野党にとどまるという選択肢がありうるのか。

3) まずパルヴスがこの問題に対して、いや野党にとどまることはできないし、とどまるべきでもないと主張する。それは革命に対する裏切りになるだろう。それは、革命を貫徹する能力もその意思もない政治家たちに権力を自ら進んで進呈することになるからである。それは革命を破滅に追いやるだろう。それゆえ、パルヴスは、プロレタリアートの党は主導勢力として政権に入ることができるし入るべきだと主張し、この最初のアポリアを前向きに打破する。それに続いてトロツキーとレーニンもプロレタリア党の政権参加に賛成する。

4) それに対して、メンシェヴィキは、フランスの入閣主義の例を出して、プロレタリアートの党がブルジョア体制のもとで政権に入るのは「裏切りだ」と非難する。しかしこれは、問題のすり替えである。ブルジョアジーのヘゲモニーが強固に存在するもとで、ブルジョアジーの利益のための政策を実行する政権にプロレタリア党の代表者が入るのは裏切りである。しかし、ブルジョアジーのヘゲモニーが不在で、プロレタリアートの党以外の誰も民主主義革命を遂行できない状況下では、主導的勢力として政権に入らない方が裏切りである。結局、この分岐は、「プロレ

タリアートの革命的ヘゲモニー」という論理を徹底するのか、それとも「二段階革命」という一般的枠組みに配慮してそれを抑制するのかという論点をめぐって起きている。メンシェヴィキはプロレタリアートのヘゲモニーの抑制、自制を主張し、パルヴス、レーニン、トロツキーはその徹底を主張する。

5) だが、プロレタリアートはロシアにおいて圧倒的な少数派であり、しかも、当面するブルジョア民主主義革命の恩恵を最も受けるのは人口の大多数を占める農民である。プロレタリア党が政権に入ったとして、そこにおけるヘゲモニーはどちらの階級に属するのかという問題が次に発生する。レーニンは、「プロレタリアートの政治的ヘゲモニー」（質的優位性）と「農民の圧倒的な数的多数性」（量的優位性）とがいわば政治的に均衡しあって（そうとはっきり言われているわけではないが）、革命政権は労働者と農民の共同権力になるだろうと予測した（労農独裁論）。これは実際には、単なる「理論的予測」なのではなく、当面する革命はブルジョア民主主義革命なのだからその限界を突破するような権力構成であってはならないという無意識の自己制約の結果である。ここでも、「プロレタリアートのヘゲモニー」を権力内部でも徹底するのか、「二段階革命」という一般的枠組に配慮してそれを抑制するのかという影の論点が存在しており、それが決定的な分岐点になっている。レーニンは政権に参加するところまでは「徹底」させることに賛成したが、政権内でのプロレタリアートのヘゲモニーにまで徹底させることができなかったのである。

　それに対して、トロツキーとパルヴスは、農民はその量的優位性とその革命的・反乱的意義にもかかわらず、その階級的本質と分散性、後進性からして、独自の革命政党を形成したり、ましてやプロレタリアートと権力を分かち合うことはないだろうと予測した（農民の利益を代弁するとしたエスエルはどこまでも都市インテリゲンツィアの党であった）。プロレタリアートの階級的・社会的凝集性、および、ロシアの歴史的・地理的発展の特殊性に起因する客観的な優位性と戦闘性ゆえに、ヘゲモニーは人口的に少数であるプロレタリアートに帰すと考える。トロツキーはそこからさらに、この政権内でのヘゲモニーを通じて、国全体に対するヘゲモニー（客体的ヘゲモニー）がプロレタリアートに属すると

考える。

6) しかし、ここからさらに問題が生じる。もしプロレタリアートが、①単に革命運動でヘゲモニー勢力になるだけでなく（メンシェヴィキも同意）、②臨時革命政府にも主導的勢力の一つとして入ることができ（レーニンも同意）、③さらにはその政権内で決定的なヘゲモニーを獲得しうるところまで行き（パルヴスも同意）、それを通じて国全体へのヘゲモニーまで獲得するとすれば、その政権は、④ブルジョア民主主義革命の枠内にとどまることができるのだろうか、という問題である。

　この根本問題は実は、メンシェヴィキのマルトゥイノフやマルトフがすでに1905年の前半に提起していたアポリアでもある。そのさい両名は、ブルジョア民主主義革命の枠を突破することにならないよう、そもそも政権に入るべきではないと主張したのである。またレーニンは、農民という共同権力者による制約を受けることと（農民による制約論）、社会民主党は科学的社会主義で武装しており段階革命論を体得しているのでブルジョア民主主義革命の枠を突破するような冒険主義に出ることはないという理屈（プロレタリアートの自制論、あるいは、より正確に言えば、党によるプロレタリアートの統制論）で、政権に主導的勢力の一つとして入っても大丈夫だと主張した。パルヴスは、政権に入ったプロレタリア党は労働者民主主義的政策に自己限定すると主張した（これも基本的にプロレタリアートの自制論）。

7) この最後の問題をめぐって、トロツキーはパルヴスをも越えて、あくまでもプロレタリアートのヘゲモニーを貫徹するという姿勢を堅持する。権力内の決定的ヘゲモニーがプロレタリアートに属するのならば、その権力は、ブルジョア民主主義革命の枠内に自己を限定することはできない。それは冒険主義ではなく、むしろその逆である。革命的プロレタリアート自身の下からの突き上げとブルジョアジーによる内外からの反革命とに直面しても、なお革命のブルジョア民主主義革命的枠組みに固執することこそがむしろ「冒険主義」であろう。たとえば、ブルジョアジーはプロレタリア権力を揺さぶるために生産ボイコットを組織するだろう。そのとき、革命的プロレタリアートは工場を占拠して自主生産を開始するかもしれない。その時、労働者政府はどうするだろうか？われわれの革命は民主主義革命だという教条にもとづいて、これらの労

働者を武力でもって排除し（スペイン革命で起きたように）、所有権を
ブルジョアジーに返し、二度と生産ボイコットが起こらないよう政策を
穏健化させるのか、それとも、これらの工場を接収して労働者の自主管
理ないし国家管理に委ねるのか？　トロツキーの言うように、プロレタ
リアートは自己保存の法則からしてもブルジョア民主主義革命の枠組み
を突破して、ブルジョアジーの権力基盤である生産手段を収奪せざるを
えないだろう。こうして、ブルジョア民主主義革命は、それ自身の主要
な歴史的課題を達成する以前にさえ社会主義革命の初歩的措置をとらざ
るをえないだろう。

　したがって、これは「二段階連続革命」でさえない。これは二つの革
命の複合である。「二段階連続革命」論においては、あくまでもブルジョ
ア民主主義革命の主要課題が遂行された後に社会主義革命が連続すると
みなすのだが、そのような形式的手続きを堅持することは、そもそも革
命の熱狂の中では不可能であるし（生きた歴史は虫眼鏡を持って何が純
粋にブルジョア民主主義的課題で何がそれをわずかでも超える社会主義
的課題であるかを分別しはしない）、するべきでもない。そもそも本当
に連続するためには部分的に重なっていなければならないだろう。こう
して、革命の二つの段階は融合しあい、「永続革命」という定式のうち
に昇華されるのである。

　ちなみに、ソ連の崩壊後、1917年のボリシェヴィキが2月革命の水
準で自制せず、ロシアのような後進国で社会主義革命を遂行しようとし
たせいでスターリニズムになったという説が常識と化したが、実際には、
これは現実のダイナミズムをまったく無視した机上の空論である。生き
た歴史は、学者が考えるちょうどよい段階で止まってくれるわけではな
いし、止めることができるわけでもない。民主主義革命の段階に自己限
定するとは、革命情勢下においては、革命的プロレタリアートのかなり
の部分とその代表者たちを虐殺し弾圧し血の海に沈めることを意味す
る。それこそまさに1919年のドイツにおいて、ローザ・ルクセンブル
クとカール・リープクネヒトの虐殺として実現したことである。そして、
その一つの帰結こそドイツ・ファシズムだった。そして1920年代の中
国では蒋介石の独裁に行きついたし、1930年代のスペインではフラン
コ独裁に行き着いたし、戦後のチリではピノチェト独裁に行き着いた。

以上見たように、トロツキーの永続革命論は、プロレタリアートの革命的ヘゲモニーを徹底させるという論理を貫徹させるものであると同時に（主体的ヘゲモニー論）、プロレタリアートが客観的に有しているその政治的優位性ゆえに、政権内においても国内において農民や小ブルジョアジーに対するヘゲモニー的地位を獲得しうるのだという論理（客体的ヘゲモニー論）との結合において成立していることがわかる。

8) しかし、トロツキーは、ここから「一国社会主義的幻想」にはけっして陥らない。プロレタリアートは、ブルジョアジーの「構造的ヘゲモニー」の弱さゆえに革命的ヘゲモニーを獲得しうるのだが、プロレタリアート自身の「客体的ヘゲモニー」は自己の革命的ヘゲモニーを長期的に維持しうるほどには強くないのであって、その人口が少ないこと、その知的・政治的後進性、生産力の低さ、政治的・経済的経験の少なさ、などのせいで、自己の主体的ヘゲモニーを種々の諸制度や諸習慣へと長期にわたって結晶化しうるところまでは単独で進むことは不可能である。それはあくまでも臨時的なものにとどまる。この臨時的、一時的に成立した「客体的ヘゲモニー」（プロレタリアートの独裁）が永続的な「社会主義独裁」（すなわち、安定した諸制度と習慣にまで結晶化したプロレタリアートの構造的ヘゲモニー）に転化するには、ヨーロッパ・プロレタリアートの支援が決定的に必要であるとトロツキーは主張した。それがなければ、一時的な「客体的ヘゲモニー」が永続的な「構造的ヘゲモニー」に転化しないだけでなく、「主体的ヘゲモニー」も貫徹できず、崩壊してしまうだろうと予測したのである。

　こうして、「二段階革命論」という一般的枠組みとロシアにおける「プロレタリアートの革命的ヘゲモニー」という特殊性とのアポリアは、トロツキーにおいて最も徹底的な方向で突破されるとともに、この階級的アポリアは今度は、一時的に権力を獲得して社会主義革命へと足を踏み出したプロレタリア権力とその社会的・経済的弱さとの矛盾という国家的アポリアへと転化するのである。そして、このアポリアからの脱出口としてヨーロッパ革命が展望されるのであり、問題はロシアで提起されるがヨーロッパで解決されるという国際的連関性が正面に登場する。

　ここで新たに問われてくるのは、実は、国際的プロレタリアート（より正確にはヨーロッパ・プロレタリアート）の「主体的ヘゲモニー」の

成熟の度合いである。トロツキーのみならず、メンシェヴィキもレーニンもヨーロッパ（とくにドイツ）におけるプロレタリアートのヘゲモニー能力は成熟しており、それが近いうちにヨーロッパ社会主義革命を遂行しうるという展望を共有していた。しかし、後で見るように、この最後の点で、ロシア・マルクス主義者全員の展望は裏切られるのであり、ロシアとは反対に、ヨーロッパにおけるブルジョアジーの「構造的ヘゲモニー」の強固さとヨーロッパ社会民主主義の裏切り（それも結局、ブルジョアジーの「構造的ヘゲモニー」の強さの現われに他ならない）ゆえに、ヨーロッパ・プロレタリアの主体的ヘゲモニーは十分に発揮されず、ロシアの労働者国家は国際的に孤立する。こうして、ロシアの国家的アポリアは最終的には世界社会主義の国際的アポリア（ロシア・プロレタリアートの「主体的ヘゲモニー」とヨーロッパ・ブルジョアジーの「構造的ヘゲモニー」との矛盾）に転化されるのである。

4、1905 年革命における党とソヴィエト

これまでは、組織の問題を捨象した上で、ロシアにおける革命論の発展と革命の展開について論じてきた。しかし実際にはこの組織問題を抜きにして具体的な革命的過程も具体的なヘゲモニーの行使についても論じることはできない。「血の日曜日」事件は、亡命マルクス主義者のあいだでの組織論争を中断させたが、革命の発展はたちまちこの組織問題をはるかに高度で具体的な次元で再提起するに至るのである。そこで次に組織問題をヘゲモニーの観点から論じよう。

(1)中間項としての党とヘゲモニー機関

中間項の欠如

革命的知識人と労働者階級の前衛とは、それだけで直接革命を起こしたり、権力を取ったりすることはできない。それは何らかの組織に結集され、集中されなければならず、それを通じて広範な大衆を獲得しなければならない。そのような組織は第2インターナショナルの中では伝統的に「社会民主党」ないし「社会党」として概念化され、この「党」という均質的で

——多少なりとも——中央集権化された組織に革命分子が集中され、その中で訓練され、それを梃子にして革命をしなければならないという通念が成立した。このような通念は、ロシアにおけるような、労働組合やその他の組織がまったく未発達で、そうしたものが自然発生的に形成される以前に亡命マルクス主義者を中心に一定の革命組織が形成された国では、とくに強固であった。レーニンは、「われわれに党を与えよ、さすればツァーリのロシアを転覆させてみせよう」という有名なセリフを述べている。これはアルキメデスのもじりであり、「梃子としての党」、すなわち「革命的前衛」と「革命（ないし権力獲得）」という両極を媒介する中間項としての党という認識である。

　ここでの三項図式は「前衛－党－革命」である。しかし、より詳しく見ると、党と革命とのあいだには「労働者大衆」ないし「労働者農民大衆」という中間項が存在するはずである。すなわち、「前衛－党－（大衆）－革命」である。この括弧つき中間項すらなければ、いわゆる「ブランキ主義」になる。だがメンシェヴィキもボリシェヴィキもブランキ主義を拒否していたのであり、党はあくまでも大衆を獲得し、大衆の中で支配的影響力を獲得しなければならないとみなされていた。しかし、組織された存在としては党と革命とのあいだに中間項は存在しておらず、したがって党が唯一の組織的中間項となっていた。

　しかし、やがて前衛と革命とを媒介する中間項たる党が自立化する事態が起きうる（媒介項の自立化）。これは党の物神崇拝という問題を引き起こす。1905 年革命前におけるトロツキーのレーニン批判はまさにこうした問題をめぐってなされたものである。ついでに言っておくと、党がボリシェヴィキとメンシェヴィキに分裂して以降は、「前衛」と「党」とのあいだに、それぞれの分派が小中間項として入ることになった。すなわち、大きな三項図式の前半部において、「前衛－分派（ボリシェヴィキないしメンシェヴィキ）－党」という小三項図式が暗黙に成立し、両派は、それぞれ党の中でヘゲモニーを獲得しようと努力するようになる。実際、1903 〜 04 年の時期、トロツキーやその他のロシア革命家たちの文献に「ヘゲモニー」という言葉が最も頻繁に登場するのは、分派を通じた党内でのヘゲモニー獲得競争を指す場合であった。

　しかし、レーニン自身はもとより、レーニン主義を批判する潮流にあっ

ても、党と権力ないし革命とのあいだに、括弧つきの中間項たる労働者大衆を除けば、適切な組織的中間項を見出していなかった。党が直接大衆に呼びかけて革命を行ない、党が事実上素手で権力を握る、という図式になっていた。

　このことが意味するのは、革命主体たる「前衛」ないし「党」が運動の中で、あるいは大衆の中でヘゲモニーを行使する組織的手段を欠いていたということである。革命とヘゲモニーとの区別と連関という深い理論問題がここには伏在している。革命が成功するには、それ以前に革命勢力による階級的ヘゲモニーが一定成立していなければならない。ヘゲモニーなき革命は、後で見るロシア2月革命におけるように、旧社会における別のヘゲモニー勢力（自由主義ブルジョアジー）が権力を取るという帰結をもたらす。革命的前衛が革命そのものにいくら貢献したとしても、ヘゲモニーを大衆的に行使する独自の機関が存在しなければ、その革命の勝利の果実を味わうのは、すでにさまざまな諸機関（議会、学校、工場、メディア、等々）を通じて、すなわち種々のヘゲモニー装置を通じて旧社会において部分的にであれ「構造的ヘゲモニー」を一定行使していた勢力なのである。つまり、プロレタリアートは、権力を取る以前にさえ、プロレタリアートの「主体的ヘゲモニー」を部分的にでも「客体的ヘゲモニー」へと高めるための独自の機関を必要とするということである（この問題は、グラムシのヘゲモニー論と陣地戦という問題関心へとより直接的につながっている）。

民主主義的中間項の必要性

　現実の生きた革命に直面する以前に、主としてマルクスとエンゲルスの文献や、せいぜいフランス革命（成功したブルジョア革命）とパリ・コミューン（失敗したプロレタリア革命）の歴史的経験を通じてしか革命について知らなかったロシア・マルクス主義者たち（レーニンとトロツキーを含む）は、党と革命との間に、ヘゲモニー的中間項が絶対に必要だということを認識していなかった。

　しかも、そのような中間項は、党のフロント組織でもなければ、党に従属する「伝導ベルト」でもないし、そうであってはならない。このような「フロント組織」ないし「伝導ベルト」という発想それ自体が、中間項としての大衆的ヘゲモニー機関という思想を否定するものであり、事実上、党が

直接(つまり素手で)、権力を握るという発想の延長上にある。ただ、その「素手」に「フロント組織」ないし「伝導ベルト」という「手袋」(素手を隠すもの)がはめられているだけのことである。

　この中間項それ自体が民主主義的に正統性やヘゲモニーが争われる場でなければならない。なぜなら、革命勢力がさまざまな諸勢力、諸階級と階級分派(プロレタリアート、農民、小ブルジョアジー、知識人、大ブルジョアジー、等々)に分裂しているというだけでなく、プロレタリアート自身もきわめて不均質で不統一な存在だからである。したがって、この中間項におけるヘゲモニー性は二重である。すなわち、その機関の内部で「前衛」が民主主義的議論・説得・模範、そして大衆自身の経験を通じて主体的ヘゲモニーを発揮するとともに(これもまた「同意」の獲得というヘゲモニー的手法である)、他方では、この機関を通じて大衆の中で、同じく民主主義的議論・説得・模範等々というヘゲモニー的手法を通じて、支配的影響力を獲得するのである。こうした二重の過程を通じて、この中間項はしだいに、プロレタリアートの「主体的ヘゲモニー」の行使のためのヘゲモニー機関へと高まっていく。そして、革命が勝利した暁には、この中間項は、新しい権力機関として、国家的・法的レベルでも「客体的ヘゲモニー」の機関となるのである。

　さらに言うと、このような民主主義的ヘゲモニー機関は、単に社会的にヘゲモニーを獲得するために必要というだけではない。それは、権力を取った暁に、あるいはそれ以前でさえもプロレタリアート(前衛だけでなくて)が一個の階級としてヘゲモニーを行使する上でも決定的である。「階級独裁」という概念は「階級内民主主義」を不可欠の要素とする。「階級内民主主義」の実現のためにはそれを可能とする適切な組織形態を必要とする。それは一部の先進層だけを結集する党では不十分であり、広範な生きたすべての分子を包含する大衆的で民主主義的な「討議と決定と行動」の組織が必要になるのである。このような民主主義的媒介項を欠いた階級独裁は、その階級の中の支配的一分派の独裁に堕すだろう。これこそ後にボリシェヴィキ政権に起きたことだった。

　さて、このような党と革命とを民主主義的に(したがってヘゲモニー的に)媒介する中間項の絶対的必要性は、革命が理論や文献論争から現実の生きた存在そのものに転化したときにたちまち露わとなった。

⑵ 1905 年革命とソヴィエトの成立

1月9日の「血の日曜日」事件のきっかけとなったツァーリへの請願運動は、党の指導もヘゲモニー機関もないもとでの民衆の直接行動であった。それはツァーリの銃撃隊によって蹴散らされた。レーニンは今こそ強大な党が必要だと主張し、「梃子としての党」の重要性を力説した。トロツキーも同じ立場だった。しかし、地下活動家による党建設のスピードと、革命の急速な発展から生じた何らかの組織的存在の必要性とのギャップは、日をおってますます現場の活動家たちに痛感されるようになった。そして、長い地下活動を経てきた活動家自身も、なかなか地下活動的・陰謀団体的スタイルを払拭できず、広く大衆に影響を与えることができないでいた。

そうした中で、ボリシェヴィキよりも広く大衆に顔を向けていたメンシェヴィキの中から、「血の日曜日」事件から数ヵ月して、地方的な「革命的自治」というスローガンが出されるようになる。これは、パリ・コミューンの経験を踏まえた提起なのだが、そこでのメンシェヴィキのイメージは、後にソヴィエトが果たすことになるようなものよりもはるかに控えめなものだった。特定の地方で革命が盛り上がった時に、その一地方で「革命的自治」をコミューンとして形成するというものにすぎなかった。

しかしレーニンは、このような「革命的自治」論は、全国的規模でのツァーリズムの革命的転覆という展望をそらせ曖昧にする日和見主義的なものだと批判した。これは一理あるし、メンシェヴィキの思惑においても、レーニンの「党」至上主義に対するオルタナティブという意味合いもあった。しかし、その主観的意図がどうあれ、結果的にメンシェヴィキは、党と革命とを媒介するヘゲモニー的中間項を、そうとは意識せず提出していたのである。

しかし、事態は、メンシェヴィキの思惑ともレーニンの思惑とも異なった形で推移した。メンシェヴィキが考えたような一地方での権力獲得が実現する以前にさえ、そのような大衆的機関の必要性が明らかになった。決定的なきっかけは、ペテルブルクでの10月ストライキである。燎原の火のごとく自然発生的に急速に広がったこのゼネストを指導し調整する特殊な機関が必要とされた。こうしてストライキ委員会が自然発生的に生まれ

たが、ストライキのあまりの広がりゆえに、すでに単にストライキを調整するという課題をはるかに超えた課題が提起されていた。すなわち、その当時そういう言い方はされなかったが、革命の勝利以前に、一定の限界内で労働者階級に対して、そしてそれを通じて社会全体に対してヘゲモニーを行使するという課題である。

この直面する巨大な課題ゆえに、ささやかなストライキ委員会という範疇を超え、メンシェヴィキの「革命的自治」という展望とも結びついて、より広い基盤を持った組織を成立させることへと事態は推移した。メンシェヴィキのヨルダンスキーらの提起で、各工場で500人に1人の割合で代表を選出し（このようなやり方はすでに、政府主導のもとで行われたシドロフスキー委員会選出の時に用いられていた）、さらに部分的には軍の連隊の代表者、さらにその他の政治的諸機関や左派諸政党の代表者など、革命の担い手となりうるすべての生きた諸勢力の代表者たちが一堂に会して、労働者代表ソヴィエトという機関を選出した。このようなことがこの首都ペテルブルクで先駆的に可能となったのは、この都市の地理的位置（ヨーロッパとの近接性）、その革命的伝統、労働者の集中度といった要素に加えて、一個の都市としての特殊な凝集性があったからでもある。その後、このソヴィエトはモスクワをはじめロシアのいくつかの都市に広がっていく。

さて、これは、メンシェヴィキが考えていたような「革命的自治」とも異なるし、単なる「ストライキ委員会」でもなかった。それは、一地方で権力の獲得が実現された結果つくられた即席の統治機関である「パリ・コミューン」とも異なっていた。それは、一方では、党と革命とのあいだを媒介する「ついに発見された」組織的中間項であり、革命を準備し、実現するためのヘゲモニー機関の萌芽であった。そして、それは、もし革命が勝利した場合には、新たな権力機関となりうる客体的ヘゲモニーの機関でもあった。こうして、「前衛－党－革命」という大きな三項図式の後半部において「党－ソヴィエト－革命」という小三項図式が事実上、成立したのである。

⑶ソヴィエトをめぐる政治的対立

ボリシェヴィキの困惑とレーニンの介入

　だが、この新しい現象に対して旧来の思考に囚われていたボリシェヴィキはうまく対応できなかった。その典型は、国内ボリシェヴィキがソヴィエトに強い不信を示したことである。党が素手で権力を獲得する（あるいはせいぜい、党の意のままになる道具＝手袋を通じて権力を獲得する）という発想を捨て切れていなかった国内ボリシェヴィキは、ソヴィエトをヘゲモニー機関と見るどころか、党に対するライバルだとみなし、ソヴィエトがただちに党に服従すると宣言しないかぎりボリシェヴィキはソヴィエトから離脱するべきと考えた。すなわち、ソヴィエトが、党の意のままになる「伝導ベルト」ないし「フロント組織」のような存在にならないかぎり、それは党による革命を阻害する障害物だとみなしたのである。ここにおいて、いわゆる誤った「急進主義」（急いで目標に達しようとする焦燥感の政治的表現としての「急進主義」）が何ら目標の到達を速めず、むしろ遅くするという事実を示している。彼らは、党と革命とのあいだに忽然と現われたソヴィエトを、党を革命に接近させる媒介項とみなさず、党と革命とを引き離す疎隔物とみなしたのである。

　それに対して、その革命的柔軟性においてボリシェヴィキのどの仲間よりも秀でていたレーニンは、国外から、党かソヴィエトかではなく、党もソヴィエトも、だという立場を表明し、国内ボリシェヴィキの誤りを正した。現実そのものに深く学んで旧来の図式をあっさりと覆すというレーニンの偉大さがここでも発揮されている。しかし、レーニンは、ソヴィエトの必要性をただ、当面する革命がブルジョア民主主義革命だからという理由で認めたにすぎなかった。ソヴィエトの意義は本当は、それとは逆、すなわち、それがプロレタリア革命のための媒介項になりうる（したがってまた革命の勝利の暁には労働者権力の機関になりうる）機関だという点にあったのだが（トロツキーは、ソヴィエトをパリ・コミューンのロシア版だとみなしていたので、まさにプロレタリア革命のためのヘゲモニー機関だとみなしていた）、レーニンは、プロレタリア政党以外の雑多な諸勢力が入っていることを理由にソヴィエトを承認したのである。こうした発想

は、「すべての権力をソヴィエトへ」という 1917 年におけるあの偉大なスローガンからはほど遠い（ちなみにこのスローガンは、ヘゲモニー機関としてのソヴィエトの深い意義を申し分なく表現するものである）。

ただし、これらの国内ボリシェヴィキの名誉のために言っておくと、まずソヴィエトがメンシェヴィキ主導でできたということに対する政治的反発（このような機械的な反応はまさにレーニン自身が醸成してきたものだ）から生じているし、他方、そもそも党が素手で権力を握るという図式は党創設以来一貫して存在していたものだった。メンシェヴィキが速やかに「ソヴィエト」に順応できたのは、そしてそれどころか、ソヴィエトを最初に提唱することができたのは、彼らが革命におけるヘゲモニーの問題を深く理解していたからというよりも、ボリシェヴィキの党崇拝に反発し、中央集権的で秘密結社的な「前衛党」に代わる何か「大衆的な」組織を求めていたからでもある。すなわち、ボリシェヴィキとメンシェヴィキとの政治的対立は、一方の極には機械的な党崇拝を生み、他方の極には「非合法党」に対する反発とそれに代わりうる「大衆的」機関の希求という傾向を生んだのである。革命的熱狂の時代においては、後者における態度はあまり明白なマイナス作用をもたらさず、逆に、党と革命とを媒介するヘゲモニー機関をつくり出す上で結果的にプラスに働いた。したがって、革命的熱狂が衰えるとこの傾向は、党の清算と「救いの神」としての「労働者大会」（ソヴィエトの全国版とみなされた）の崇拝という誤り（つまり解党主義）に行き着くのである。こうした観点と対立していた国内ボリシェヴィキは、主観的には、日和見主義に反対し党を擁護するという立場から、ソヴィエトに反発したのである。

トロツキーとパルヴスのヘゲモニー

レーニンの介入によって、ボリシェヴィキも積極的にソヴィエトに参加することになった。しかし、その参加が遅れたため、ソヴィエト内の主導権をボリシェヴィキは握れなかった。主たる勢力はメンシェヴィキだったが、メンシェヴィキの多くの部分は日和見的だったので、能動的ヘゲモニーを行使できなかった。こうして、結局、ボリシェヴィキでもなくメンシェヴィキでもなく、そしてその革命的能動性において右に出るもののいない一人の若者、トロツキー（およびそれを支えたパルヴス）が両極（ここで

はメンシェヴィキとボリシェヴィキ）を媒介する傑出した中間項として、両極に対してヘゲモニー的な地位を占めたのである。

　トロツキーとパルヴスのヘゲモニーのもとでペテルブルク・ソヴィエトはまさに事実上、革命的ヘゲモニー機関として機能した。形式的には帝政が無傷のまま存在しているにもかかわらず、ペテルブルクでは、事実上の革命権力が存在しているような状況になった。それは、パリ・コミューンのように自らを政府と宣言するまでには至らなかったが、パリ・コミューン並みに（いやそれ以上に）権力を行使していた。印刷労働者をほぼ完全に掌握していたので、ソヴィエトの許可なしには、どのブルジョア政党も自分たちの新聞を出すことはできなかった。鉄道労働者も掌握していたので、ソヴィエトの許可なしには移動もままならなかった。これは、上からの形式的ないし法的な「宣言」による「権力」ではなく、首都における労働者の潜在的に支配的な地位と労働者の圧倒的多数を組織することで成立した下からの「権力」であり、まさにその意味でそれは「労働者のヘゲモニー」だった。ソヴィエトの支配するペテルブルクでは、まさに「プロレタリアートの独裁」の名にふさわしい状況が出現した。

　これは一種の「地域的二重権力」状態だが、言いかえればこれは「（国家）権力なきヘゲモニー」であると言える。これは革命の成功と発展の過程でしばしば生じる現象であり、このような不安定状態は長期にわたって存続することはできず(55)、一時的にヘゲモニーを握った側が形式的にも国家権力を獲得して革命の勝利に至るか、ヘゲモニーが既成の国家権力によって粉砕されるか、どちらかの結末を急速にもたらすことになる。1905年革命の際には、結局、後者の結果になるのだが、しかしここで得られた教訓と経験とはその後の革命において決定的な役割を果たす。1917年革命は、1905年の経験なしにはけっして実現しなかっただろう。無駄な敗北など歴史には存在しない。

　ちなみに、革命の発展期においてこのような「権力なきヘゲモニー」が一時的に成立するのに対して、最後に見るように、革命の衰退期においては逆のパターン、すなわち「ヘゲモニーなき権力」が登場することになる。

5. 反動期におけるヘゲモニーと陣地戦

次に、1905年革命敗北後の反動期について見ていこう。ここにおいても、ヘゲモニー論の発展にとって重要な諸契機を見出すことができる。

(1)革命の衰退と両極分解

1905年革命の熱狂のもとで、ボリシェヴィキとメンシェヴィキとの対立もかなりの部分取り去られ、両党は合同大会を開催するまでになる。第4回大会（トロツキーは獄中にいたので不参加）と第5回大会（ロンドン大会）は、第2回大会以来の合同大会であるとともに、事実上、最後の合同大会となった。

メンシェヴィキと解党主義

しかし、ペテルブルク・ソヴィエトが崩壊し、ソヴィエト不在のもとで12月蜂起がなされて失敗し、しだいに革命的熱狂は収縮していくことになる。ただ、革命の上昇と下降の地理的不均等発展が存在したので（とくに当時のロシアのように交通も通信も発達していない広大な土地を持つ国では、革命的熱狂の波及には年単位の期間を要する）、首都ペテルブルクではすでに革命が下降線をたどっている時に、それ以外の地方の大都市では逆に革命が盛り上がり始めており、それゆえ、全体として1907年の6月3日におけるストルイピンのクーデターまでは、広い意味で「革命期」と呼べるような状況が継続した。だからこそ、合同大会も開催されたのである。

しかし、1906年～1907年ごろからすでに、党の指導的部分においては革命の下降は察知されており、ロシア社会民主労働党の中で両極分解がはじまっていた。わずか50日しか存在しなかったソヴィエトをどのように理解するべきなのかは、その後の革命論争において大きな意味を持ったのだが、その真の意味を正しく理解したのはトロツキーだけだった。すなわち、それは党と革命とを媒介するついに発見された政治的中間項であり、革命の勝利を実現するためのヘゲモニー装置であり、勝利の暁には権力を

行使するプロレタリア政府機関としての、ソヴィエトである（大三項図式の後半部に成立した小三項図式）。トロツキーは、ソヴィエト崩壊後もこの展望をしっかり堅持し、次に革命が盛り上がる時にはペテルブルクだけでなく全国津々浦々にソヴィエトが結成され、1905年革命が中断された時点から革命が開始されるだろうと予言した[56]。何という正確な予言であったことか！

　しかし、トロツキーをはさむ両極では、この小三項図式はしだいに崩壊していく。まず、メンシェヴィキは、ソヴィエトの偉大さに魅了されるとともに、レーニン主義的な匂いのする非合法の党そのものを否定するようになり、より大きな三項図式における「党」という大中間項はソヴィエトという小中間項と合体し、ソヴィエトを全国化するものとしての「労働者大会」および「大衆的労働者党」に非合法の党を解消するという展望が生じた。たしかにストルイピン反動によって1905年革命の成果の多くが清算されたが、それでもロシア社会民主党の一定の合法的地位と国会とは（選挙法が改悪されたとはいえ）生き残っていた。それゆえこの新しい条件を生かして、西欧におけるような大衆的労働者党と労働者大会に組織的基盤を移すという展望が生じたのである。

　こうして、大三項図式そのものが、「前衛（メンシェヴィキ）－労働者大会（党とソヴィエトの融合物）－革命」というものになった。しかし、ソヴィエトのような広範な革命的大衆組織が、革命的熱狂の時代ではなく、猛烈な弾圧がなされる反動期においても維持できるというのはまったくもって空想的であり、発達した資本主義国のような自由と民主主義が一定保障されているもとでさえ、ソヴィエトのような全国的な労働者代表組織を長期間維持することは不可能に近いだろう。この発想は、権力をとることなしに労働者のヘゲモニーが長期的に存続しうるという幻想にもとづいている。したがって、この展望は結局、媒介項そのものの不在と消失を意味し、レーニンが口をきわめて非難した「解党主義」へと行き着くのである（しかし、この場合でもメンシェヴィキはただマイナスであったのではなく、その非党的な運動形態への関心の大きさから、大衆運動分野では相対的にプラスの提案もいろいろと行なっている）。

ボリシェヴィキとトロツキー

　他方、ボリシェヴィキにあっては、ソヴィエト崩壊後は、ソヴィエトの画期的意味が十分に理解されず、再び、非合法の党を梃子として革命を遂行するという展望に舞い戻ることになった。しかし、反動期には維持しえない労働者大会と違って、非合法の党は合法活動と結合しつつそれを堅持することができた。こうして、革命的熱狂期には、メンシェヴィキにおける党否定的な態度がむしろプラスに働き、ボリシェヴィキの党崇拝的態度がマイナスに働いたのだが、この反動期においてはむしろ、メンシェヴィキの党否定的態度は解党主義へと行き着き、ボリシェヴィキにおける党崇拝的態度が非合法党の堅持としてプラスに働いたのである。このような路線は、反動期において革命的前衛を組織的に保存し、情勢が好転するとともに革命的陣地を急速に拡大していくという、「陣地戦的ヘゲモニー」戦略を可能にした。

　この両派に対してトロツキーは、一方では、党に取って代わる機関としての労働者大会ではなく、党がヘゲモニーを行使するための全国機関としての「労働者大会」を支持しつつ、メンシェヴィキにおける解党主義を批判し、非合法の党の存在を擁護し、それを合法活動と有機的に結合することを提唱した[57]。理論的には、トロツキーの立場は完璧である。しかし、トロツキーには、反動期において陣地戦を遂行するための梃子となる独自の組織がなかった。すなわち、大三項図式における前半部の小媒介項たる「分派」がトロツキーには存在しなかった。トロツキーは、分派主義反対、党の統一をと訴えた。彼は、大三項図式における後半部に注意を集中したため、「革命的前衛」が党の中でヘゲモニーを獲得するためには、そのための組織された中間項が必要であることを理解しなかった。彼は、ウィーン『プラウダ』などの機関紙を基盤に党の統一を倦むことなく繰り返し主張し、それは一定の影響力を持つに至ったが、ボリシェヴィキもメンシェヴィキもいっさい自分たちの陣地を譲る気はなかったので、この試みは挫折する運命にあった[58]。

　ただし、トロツキーのこの努力はけっして無駄だったのではなく、1917年革命の時にボリシェヴィキが急速に革命運動の中で支配的党派になれたのは、ボリシェヴィキとメンシェヴィキとのあいだにかなりの数の中間派

（党統一派）が存在し、それがトロツキーの影響でより革命的な志向を持っていたおかげなのである。

⑵陣地戦としてのヘゲモニー論

　この革命衰退期と反動期において、レーニンは、解党主義と戦いつつ、党の陣地を守るとともに、党を通じて、ブルジョア的政治勢力（とりわけ、第1国会と第2国会で反政府派の中で圧倒的な優位を獲得したカデット）の影響を労働者大衆の中から払拭して、しだいに自己の陣地を広げていくという「陣地戦としてのヘゲモニー闘争」を主導することになる。これは「主体的ヘゲモニー」の不可欠の一部であり、その組織化された形態である。

　グラムシの図式においては、発達した市民社会のある西方では陣地戦が主要な闘争形態であり、市民社会が未成熟な（ゼリー状の）東方では機動戦が主要な闘争形態であるということになっているが、これはすでに述べたように一面的である。ロシアにおいても、革命闘争の基本は常に陣地戦であった。労働者政党のヘゲモニーなしにはプロレタリア革命は実現できないのだから、そしてヘゲモニーは一朝一夕では獲得できないのだから、ヘゲモニー獲得闘争は必然的に陣地戦の形態をとる。ただ違うのは、その陣地戦が比較的速やかに進行するのか、それともそれに対する頑強な抵抗が旧社会に存在するのかであって、市民社会という堅牢で柔軟な諸制度（ブルジョアジーの「構造的ヘゲモニー」）を備えている西方では、この陣地戦そのものがきわめて長期にわたる困難なものになるのである。東方ではそれほどでもないのであり、そこに違いがあるのであって、一方は陣地戦だが他方は機動戦という図式ではない。東方であれどこであれ、あたかも陣地戦なしにプロレタリア革命が可能であるかのように考えるのは、革命過程においてヘゲモニーの獲得が決定的である点を理解していないことを意味する。

　この衰退期と反動期において、レーニンの著述物には、1905年革命時とは比べものにならないぐらい多く「ヘゲモニー」という用語が登場する。従来の研究では、不思議なことに、1905年革命における、あるいはその前の時期におけるレーニンのヘゲモニー使用例ばかりが引用されるが、実を言うと、レーニンは、1905年革命期にはほとんど「ヘゲモニー」とい

う言葉を使っていない。レーニンが「ヘゲモニー」という用語を多用しはじめるのは、事実上、1905年革命の上昇期が終了して、その衰退期が始まってからである。

この時期にレーニンの論文に「ヘゲモニー」が頻出するのは次の2つの事情にもとづいている。第1に、労働者大衆のあいだでのカデットの政治的ヘゲモニーと闘って、ボリシェヴィキの陣地を守り拡大するための陣地戦を地道に展開する必要があったこと、第2に、1905年革命の敗北の中でメンシェヴィキの一部に、革命運動における「プロレタリアートのヘゲモニー」という考えをも否定する傾向が強力に登場したことである。1905年革命が示したのは、革命過程におけるプロレタリアートのヘゲモニーはまさに永続革命の軌跡をたどるダイナミズムを有していることであり、それを避けるためには、プロレタリアートのヘゲモニーそのものをも否定する必要がある。これはそれなりに首尾一貫した考えである。プロレタリアートのヘゲモニーを承認するなら、永続革命にまで突き進まなければならない。逆に、永続革命を否定するなら、プロレタリアのヘゲモニーをも否定しなければならない。レーニンはその中間にとどまったが、一部のメンシェヴィキ（解党派）はロシア革命のアポリアを避けるために、プロレタリアートのヘゲモニーそのものを否定するに至ったのである。いずれにせよレーニンは、解党派のヘゲモニー否定論と闘いながら、非合法の党を通じてこの反動期に粘り強い「陣地戦」を展開した。

このような地道で長期にわたる陣地戦的取り組みがあったからこそ、第1次世界大戦による社会愛国主義の席巻にもボリシェヴィキは耐え抜き、1917年において革命を遂行する最低限必要な陣地を確保しえたのである。どんな革命情勢も無から革命的ヘゲモニーを行使しうる党を一朝一夕でつくることはできない。それは、革命情勢が起こるずっと以前から準備され、あらゆる「平時の」諸事件を通じて鍛えられていなければならない。レーニンはそれを成し遂げた。トロツキーにはそれができなかった。それゆえ、トロツキーの理論的優位性にもかかわらず、1917年革命において10月革命を成し遂げたのはボリシェヴィキであって、トロツキーが展望したようなメンシェヴィキとボリシェヴィキとを統合した「統一した党」ではなかったのである。

しかし、どんな長所にも短所はつきものである。レーニンのこの反動期

における陣地戦は、きわめて偏狭な分派精神をボリシェヴィキの中に植えつけたし、またトロツキーに対する誹謗中傷のたぐいが流布したのもこの時期である。また、労働者の多数派を獲得するための大衆的スローガンを積極的に提起するという姿勢も弱く、そうしたスローガンを日和見主義と批難しがちであった。ヘゲモニーはきわめて狭く組織論的にのみ把握された。このような狭い限界は克服されなければならなかったし、克服されたのである。

6. 1917 年革命とヘゲモニーの実現

　反動期に続いて、第 1 次世界大戦直前に再高揚期が存在するのだが、そこは飛ばして、一気に 1917 年に話を移そう。日露戦争のような局地的戦争にさえ大きく動揺して 1905 年革命に見舞われたロシア帝政は、第 1 次世界大戦のような総力戦にはとうてい耐え切れなかった。すでに 1916 年頃から大きく動揺しはじめ、1917 年初頭には国内の緊張は頂点に達していた。1917 年 2 月末、「パンと平和」を求めて街頭にあふれ出した民衆に軍隊が合流し、あっという間にロシア帝政は崩壊した。

⑴機動戦としての 2 月革命

　ここで改めて、一般に流布しているロシア革命像の誤りについて述べておく。周知のように、グラムシは、獄中ノートにおいて 1917 年のロシア革命を「機動戦」の典型例として言及しているが、これはまったく一面的であり、そしておそらくは、グラムシ自身の意思にさえ反してそれが教条化され、その後、「機動戦としてのロシア革命」というイメージが広がってしまった。

　たしかに 2 月革命は機動戦だった。それは、街頭に飛び出した大衆が一気に帝政権力を崩壊に導いた典型的な「機動戦による革命」だった。しかも、このような機動戦が可能だったのは、帝政の寿命がとっくにつきていただけでなく、第 1 次世界大戦のおかげで、帝政を防衛するはずの兵士の主要部分が離反していたからである。この要素がなかったら、2 月の機動戦で勝利することもなかったかもしれないし、少なくともはるかに困難だった

ろう。ちなみに、一部の研究者は、このような「機動戦としての革命」の
みを「革命」ないし「真の革命」とみなし、組織された革命であった「10
月革命」を「クーデター」とみなしているが、この皮相な見方は、彼らが
──しばしばグラムシを賛美しているにもかかわらず──「革命＝機動戦」
という根本的に誤った観念を抱いているからに他ならない。

　さて、大衆が街頭に飛び出し、そこに首都の軍隊が合流することで一気
に2月革命は成就した。しかし、それは準備のない革命、主要な陣地を事
前に獲得することなく一気に本丸へと攻め込んだ機動戦であったために、
敵将（ツァーリ）が逃亡して権力の空白が生じたとき、この革命を成し遂
げた大衆はその空白を埋める能力をもっていなかった。事前に組織されて
おらず、権力を掌握する能力を陶冶されることなく（それは長期にわたる
陣地戦を通じてはじめて陶冶される）、帝政の打倒を果たした大衆は、手
を伸ばせば届くはずの権力の座をそのまま放置した。それは「ヘゲモニー
なき革命」だった。それゆえ、この空白は、事前に、支配階級の一員であ
ることによって統治能力を、したがって構造的ヘゲモニーを部分的に構成
していたブルジョアジーと地主階級の諸政党によって埋められたのである
（ブルジョア的臨時政府の成立）。これがまさに、トロツキーが『ロシア革
命史』で述べた「2月革命のパラドクス」の核心である。このパラドクス
はまさに、「機動戦としての革命」、「ヘゲモニーなき革命」の必然的な帰
結であった。

　だが、既成権力と癒着していた勢力以外に、もう一つ組織された勢力が
あった。それがメンシェヴィキとエスエルである。ボリシェヴィキも組
織されていたが、この時期にはかなりの小勢力になっていた。ボリシェ
ヴィキは、1914年の「再高揚期」には、一時的にメンシェヴィキよりも
多くの支持を労働者の中で得るようになったが（第4国会選挙での結果か
らそれは明らか）、第1次世界大戦勃発後におけるナショナリズムの高揚
と、ボリシェヴィキの「祖国敗北主義」路線の過激さと権力による厳しい
弾圧ゆえに、再び小勢力になっていたのである。2月革命を実行した大衆
は、トロツキーの予言どおり、メンシェヴィキやボリシェヴィキの末端活
動家たちとともにあちこちでソヴィエトを自然発生的に結成したが、この
ソヴィエトの指導部を独占したのはメンシェヴィキとエスエルだった。こ
うして、1905年革命の時と同じくいわゆる「二重権力」が生じたのだが、

この二重権力の頂点を占めていたのはともに、1905年のときと違って、ブルジョア的ないし小ブルジョア的インテリ層だった。

(2)レーニンの「4月テーゼ」と陣地戦への転換

　この「機動戦としての2月革命」後の状況において、ボリシェヴィキの多数派は、基本的に混乱状態にあった。レーニンの「労農民主独裁」論のドグマを信じていた彼らは、この新しい二重権力状況においてどのような路線をとるべきなのか、まったくわからない状態にあった。スターリンを中心とする指導部は臨時政府への批判的支持という立場を取り、いっそうこの混乱をひどくした。そこへレーニンが「4月テーゼ」を引っさげて帰ってきたのである。レーニンの「4月テーゼ」は、状況の急転換の中で思想の偉大な飛躍が生じたことを示す歴史的文書である。混沌とした状況の中で、暗闇を照らす一本の光のように、進むべき道を鮮やかに示した。

　それは、まず第1に、2月革命が革命の完了を意味するのでもなければ（メンシェヴィキにとっては2月革命はおおむね革命の勝利を意味していた）、ボリシェヴィキ主流派が考えていたような、単なるブルジョア民主主義革命の出発点でもなかった。どちらも、ブルジョア民主主義革命しか見ておらず、それがすでに主要な課題（たとえば帝政の打倒とブルジョア議会制共和国の成立）を遂行したと見るのか、まだそこまで至っていない（たとえば土地革命の未達成）と見るのかの違いにすぎなかった。

　しかしレーニンは、大胆にも、これは革命の第1段階から第2段階への過渡であると規定した。この意味は、すでにブルジョア民主主義革命という意味での「第1段階」がすでに遂行されたということではない。なぜなら、臨時政府は帝国主義的ブルジョア政府であって革命的民主主義政府ではないし、民主主義革命の主要な課題（土地問題の解決、旧支配層と官僚・常備軍の解体、公正な講和、等々）はまったく果たされていないどころか、臨時政府の帝国主義的性格からして果たしようがなかったからである。したがって、ブルジョア民主主義革命の完全な遂行はプロレタリアートと貧農への権力の移行によってのみ成し遂げられるとみなした。

　だが、レーニンはこの実現すべき権力を、自分が革命前に想定していた「労農民主独裁」とはもはや同一視していなかった。彼はそのような定式

を古臭い時代遅れのものとみなした。では、この「プロレタリアートと貧農の権力」とはいったいいかなるものなのか？　それは、結局のところ、トロツキーが想定した「農民に依拠するプロレタリアートの独裁」に他ならないものだった。レーニンは、4月テーゼ時点では、そこまではっきりとは言っていないし、また、このプロレタリア権力の確立が社会主義革命の出発点になるとも言っていない。このような見地にたどり着くのはもう少し後であり、革命のさらなる高揚の中でである。しかし、4月テーゼは、目指すべき権力がすでに「労農民主独裁」ではないことを明言し、にもかかわらずそれは革命の「第2段階」への過渡であるとした点で明らかに永続革命論への大きな接近を示している。レーニンがもし「4月テーゼ」時点で、トロツキーの永続革命論にまで至っていたならば、おそらく、あれほど急速にボリシェヴィキ全体を獲得することはなかっただろう。4月テーゼそのものが、「労農民主独裁」論から永続革命論への「過渡」なのであり、その必要な中間項だったのだ。

　第2に、臨時政府が「労農民主独裁」ではないとしたら、なぜ「労農民主独裁」を目指さないのかという当然想定される質問に対して、レーニンは、それはすでに独特な形で実現されていると言い切った。それは労働者と兵士（軍服を着た農民）によるソヴィエトとして実現されている。それは革命前にレーニンが想定した単独の中央権力としての「労農民主独裁」ではないし、形式上の中央権力としての臨時政府を補完し、それに追随しているが、それにもかかわらず、労働者と農民の直接的な武装力に依拠しており、まぎれもなく「権力」として存在していると考えた。これは独特の「二重権力」であり、こういう形ですでに「労農民主独裁」は実現されているのだ、というのがレーニンの論理であった。しかし、これはよく考えれば、いささか矛盾している。もし、二重権力のうちの「従属的契機」として「労農民主独裁」が成立しているとすれば、この二重権力状態を脱して、やはり革命前の想定と同じく単独の中央権力としての「労農民主独裁」を目指すべきであるという結論になるか（ボリシェヴィキ主流派の立場）、さもなくば、そのような単独の中央権力としての「労農民主独裁」はそもそも成立しえず、それはせいぜいメンシェヴィキとエスエルに率いられた従属的・補完的権力（したがっていずれ解体される権力）としてしか成立しないのだとすれば、「労農民主独裁」論は誤っていたという結論

になるはずである（トロツキーの立場）。しかし、レーニンはそのどちらの結論にも行かず、労農民主独裁はわれわれの予期しなかった独特の事態の中でメンシェヴィキとエスエルのソヴィエトとして存在しているのだから、今さら「労農民主独裁」を目指すのではなく、新しい段階へと革命を進めるべきだという結論を引き出したのである。これはかなり苦しい議論だが、労農民主独裁論のドグマがしみ込んだボリシェヴィキたちを事実上、永続革命の立場に導く役割を果たした。

このテーゼの第3の意義は、「社会主義の直接的導入」を否定しつつも、ブルジョア民主主義的課題に単純に収まらない過渡的諸要求を提出し、それを第1段階から第2段階への移行の主要な武器としていることである。これらの諸要求はまさに、後にトロツキーが「過渡的綱領」と定式化するものに他ならず、政策上の「過渡的綱領」（すべての地主の土地の没収とその無償分配、すべての銀行の一元化と国有化、生産の労働者統制と営業の秘密の廃止、即時の無賠償・無併合講和の提案、等々）と権力論上の「過渡的綱領」（「すべての権力をソヴィエトへ！」）とが結合したものである。とくに、この「すべての権力をソヴィエトへ」のスローガンはまさに、労働者の大多数を組織されたヘゲモニー機関へと結集しつつ、ソヴィエトを権力機関そのものへと高めるという二重の課題を、きわめて簡潔で労働者の琴線に触れる言葉で表現したものであり、「平和、土地、パン」の政策的スローガンと並んで革命の成功にとって決定的な役割を果たした。

従来、革命勢力が国家権力をとるというとき、そこでイメージされていたのはおそらく、既存の国家機関（議会であれ行政機関であれ）という制度的容器から敵を追い出して自分たちがそこに収まり、その機関から外部に向かって伸びている無数の「権力の糸」を握ることだ、というものだろう。しかし、このスローガンはそうした通念を覆した。それは、国家権力獲得以前にすでに形成されているプロレタリアートのヘゲモニーの機関に全権力を集中させることを要求するものだった。この過程は必然的に、「ヘゲモニーなき国家権力」（臨時政府）と「国家権力なきヘゲモニー機関」（ソヴィエト）とのあいだの陣地戦となる。これは、パリ・コミューンよりも、すなわち、それ自体は機動戦として実現され、したがって勝利後に国家権力の萌芽機関を形成したパリ・コミューンよりも、はるかに先進国型に近いものであり、陣地戦型である。「プロレタリアートは出来合いの国家機

構をそのまま奪取して自分たちの目的のために使用することはできない」という趣旨のマルクスの有名な文言は、このソヴィエトの経験を通じて新しい次元を獲得した。もちろん、このスローガンを掲げた当時のレーニンがそこまで考えていたわけではないだろうが、その理論的射程はパリ・コミューンの延長ではけっしてない新しい次元を指し示していたのである。

　ただし、ここで急いでつけ加えておくが、この時点での「すべての権力をソヴィエトへ」は、あくまでも当面する危機を克服するための臨時措置としての意味を払拭してはおらず、ボリシェヴィキは（そしてトロツキーも）このスローガンと並んであいかわらず「憲法制定議会の即時招集」という要求を最も重要な要求の一つとして掲げ続けていた。つまり、ソヴィエトにすべての権力を集中した上で、それが臨時政府を形成し、それが憲法制定議会を招集して、その選挙結果によって臨時的ではない恒常的な革命政府が成立するという発想から完全には脱していなかった。だが、それも無理はない。転換はすべての側面で同時に起きるわけではないからだ。しかし、それでも「すべての権力をソヴィエトへ」というスローガンは転換の決定的な要素であった。

　また、この「すべての権力をソヴィエトへ」はさらに独特の統一戦線論としても重要な意味を持っている。というのも、当時のソヴィエトはメンシェヴィキとエスエルが支配していたからである。レーニンは、単に大衆を啓蒙や宣伝によって獲得しようとしたのではなく、自らの経験を通じて学ばせようとした。メンシェヴィキとエスエルの支配するソヴィエトに全権力を集中させることを提案することで、セクト主義的な党派イメージを払拭しただけでなく、メンシェヴィキとエスエルに対する幻想を大衆自身の経験を通じて克服しようとしたのである。啓蒙的宣伝と並んで、大衆自身の経験を重視するこの戦略は、きわめて的確であった。これは後にコミンテルンにおいて「統一戦線」戦術として定式化されるものの原型である。ボリシェヴィキは、ソヴィエトの少数党として、ソヴィエトが進歩的政策をするかぎりにおいてそれを支持しそれを共同で遂行するあらゆる用意があることを示しながら（この立場はコルニーロフ事件で決定的な役割を果たす）、一瞬たりとも支配的党派に対する批判をやめることなく、その正体を大衆自身の経験を通じて暴露するという戦略をとった。

　対立党派に統一戦線を提案すること自体が大衆の啓蒙と経験において重

要であるように、「すべての権力をソヴィエトへ！」と提案すること自体が、大衆にとって重大な啓蒙的契機であるとともに重大な経験であった。ボリシェヴィキが自己の党派的独裁を求めていないこと、自己が少数派であるソヴィエトに全権力を集中させ、プロレタリアートの多数派の権力を実現しようとしていることが、このスローガンを通じて説得的に示されたのである。メンシェヴィキとエスエルはそれを拒否し続けたことで、急速に大衆からの信用を失った。このような効果は単にメンシェヴィキとエスエルの反革命性を宣伝するだけではとうてい達成できなかったろう。これこそまさに、そういう言葉では当時は言われなかったが、民主主義的・有機的ヘゲモニーの実践過程そのものであった。それは、後にグラムシが獄中ノートで定式化する「知的・道徳的ヘゲモニー」をまさに実地に発揮したものでもある。

　このテーゼの第4の意義は、このテーゼの中でレーニンが、われわれはまだ少数派であり、徹底的に下から、草の根から、組織を広げ、大衆を説得し、多数派を獲得しなければならないと強調したことである。これこそまさに、「機動戦としての2月革命」から、革命の遂行者と革命勝利後の支配者とを一致させるための息の長い「陣地戦」への転換を、したがってヘゲモニーの現実的獲得を呼びかけたものに他ならない。もちろんこれは、レーニンから1ヵ月遅れてロシアに帰還したトロツキーの立場とも一致している。

　4月テーゼを「永続革命への転換を画するもの」という認識はトロツキストのあいだでは一般的であるが、それが「陣地戦への転換を画するもの」でもあるという認識はほとんど見られない。しかし、永続革命は何よりも陣地戦として成立するのであり、「永続革命＝機動戦」というグラムシ的認識（トロツキストもおおむね共有していた）はまったく誤りなのである。なお、レーニンは基本的に2月革命から10月革命まで、陣地戦として戦略を追求したのだが、その過程で、時に「機動戦」に逸脱することもあった。それに対してトロツキーは一貫して「陣地戦」的戦略を堅持し、それをソヴィエト的正統性と結びつけた。トロツキーにあっては、永続革命、陣地戦、ヘゲモニー、ソヴィエトという四つの要素は不可分に結びついていたのである[59]。

(3)「攻勢的陣地戦」と「戦略的ヘゲモニー」

　「4月テーゼ」以降における「陣地戦への転換」は、それ以前の反動期における「陣地戦」論や「ヘゲモニー」論とどう違うのだろうか？

　何よりも、反動期におけるレーニンの「陣地戦」は、おおむね「守勢的、防衛的陣地戦」だった。反動の巻き返しの中で、何とか獲得された陣地を防衛し、カデットとのイデオロギー闘争を通じて、労働者階級の中へのブルジョア・イデオロギーの浸透を食い止めようとするものであった。したがってまた、その「ヘゲモニー」論も、こうした状況に規定されて、組織防衛的なものであり、ボリシェヴィキという一枚岩の組織を中心にして同心円状に拡大・行使されていく「組織的ヘゲモニー」という認識だった。その後の多くのレーニン主義的セクトの「ヘゲモニー」論とは、だいたいこのレベルのものであり、自己の組織を中心とする同心円的な影響力と支配力の拡大というイメージである。このような「ヘゲモニー」像は、いかなるセクト主義とも両立しうる。もちろん、すでに述べたように、そうした局面も必要ではあるし、運動の中心となる強固な組織が必要であることも当然なのだが、にもかかわらず、運動の発展、革命の発展を、一枚岩的な組織を中心とする一方向的で単純な同心円的陣地拡大過程とみなすのは一面的にすぎるのであり、ヘゲモニー概念の矮小化に他ならない[60]。

　それに対して、「4月テーゼ」以降におけるレーニンの陣地戦は「攻勢的陣地戦」であり、そのヘゲモニー論は、単なる同心円的な影響力拡大過程としての「組織的ヘゲモニー」論ではなく、「過渡的綱領」の戦略と統一戦線の戦術（どちらの用語も当時は用いられていないが）にもとづいて、革命化した大衆との有機的で弁証法的な関係を通じて確立される新たなヘゲモニー概念へと発展している。

　この、より豊かで有機的な、真のヘゲモニック・プロジェクトとしてのヘゲモニー概念を「戦略的ヘゲモニー」と呼ぼう。これは、単に特定の党派ないし政党による同心円的な組織拡大ないし影響力拡大としてのそれではなく、（1）当時においてロシアが当面していた社会的・政治的・経済的危機を打破するための決定的な政治的オルタナティブ（過渡的綱領）を提起しつつ、（2）統一戦線戦術、民主主義的討議と対話、説得と同意、闘争

における知的・道徳的模範の提示、大衆自身の生きた政治的経験、等々を通じて、（3）生きた諸階級およびプロレタリアート内部の諸階層の利害の対立を調整しながら革命的プロレタリア政党の有機的指導と模範のもとにこれらの層を民主主義的に統一する、という再帰的で弁証法的なヘゲモニック・プロジェクトである[61]。

　レーニンは、1907 ～ 1914 年の反動期においては「組織的ヘゲモニー」路線を追求し、その過程で、一方では革命政党としてのボリシェヴィキの明瞭な理論的・組織的輪郭を確立し、一定の成員と支持者を確保し、一定の運動的地盤ないし陣地を獲得するという成果を挙げつつ（これは革命の土台である）、他方ではしばしばセクト主義に陥り、自分たちの完全に意見を同じくしないかぎり日和見主義や裏切りとみなすという偏狭さを発揮していた。このような路線は、反動期のもとで革命的マルクス主義の旗を守り、組織を防衛し、それを一定水準の規模に保つことを可能にするが、けっして本来の多数派になることはできないし、ヘゲモニー勢力になることもできない。レーニンは、第 1 次世界大戦中の 1916 年ごろから転換を模索しはじめ、1917 年の 4 月テーゼに以降決定的に「戦略的ヘゲモニー」の路線へと転換を成し遂げた。このような転換を通じてはじめて 10 月革命を実現することができたのである。この「攻勢的陣地戦」と「戦略的ヘゲモニー」なしには、10 月革命は存在しなかったろう（そしてもちろんのこと、この過程においてレーニンと最も緊密に協力し、それをより大衆的な表舞台で推進したのがトロツキーである）。

　さらに、レーニンは、その後の展開の中で、単純で一方向的な「指導－被指導」の関係をも乗り越える視点を提示している。それが、後にトロツキーも好んで引用した、「大衆はわれわれよりも 100 倍も左翼的である」というセリフである。もし大衆がわれわれボリシェヴィキよりも 100 倍も左翼的であるとすれば、もっぱらボリシェヴィキが大衆を指導し革命に導くという関係は存在しないことになるだろう。その逆に、ボリシェヴィキは大衆から学び、その指導を受けなければならないことになるだろう。前衛党と大衆との単純な伝統的「二分法」においては、前衛党はつねに指導し教える側であり、大衆は指導され教えられる側である。その両者の関係が機械的でなく、ヘゲモニー的（有機的な指導・被指導関係）であったとしても、ヘゲモニーを行使するのはつねに前衛党＝主体であり、大衆は行

使される側＝客体である。しかし、このような一方向的な関係は、「労働者階級の自己解放」としての社会主義を理念とする共産主義政党においては、本来、一面的なものであるはずだ。レーニンは、後世のイメージにもかかわらず、そのような一方向的なヘゲモニー関係を大胆にも、2月革命から10月革命の過程で否定し、前衛と大衆との関係を単に有機的であるだけでなく、相互作用的で弁証法的なものとして、とらえなおした。ヘゲモニーを、すでに真理（戦略、戦術、新しい社会像）を持っている人々（革命的ないし反動的エリート）が、まだ持っていない人々（大衆）を自己に従わせるための単なる一方的な影響力行使であるとみなす場合には、ヘゲモニー概念そのものが伝統的支配の方向に沿って機能することになる。そうではなく、ヘゲモニーは相互作用的で、再帰的なものでなければならない。支配層は、既存の支配を維持するか再編した上で新しいヒエラルキーを構築するためにヘゲモニーを行使する。しかし、社会主義者は、そもそもそうした支配－被支配のヒエラルキーを廃絶するためにヘゲモニーを行使しようとするのだから、ヘゲモニー自体が一方向的なものではなく、双方向的なもの、再帰的なものでなければならない。このような「再帰的ヘゲモニー」がまさに、この2月革命から10月革命の過程で発展していったのである。

⑷ 10月革命の成功とヘゲモニーの止揚

　こうして、2月革命以降、レーニンによって主導されたボリシェヴィキの方向転換（永続革命への転換と陣地戦への転換という二重の転換）の結果、ボリシェヴィキは単に革命の主体勢力として成長しえただけでなく、かつてはボリシェヴィキと深く対立していた部分をも獲得することができた。反動期に見られた偏狭でセクト主義的な振る舞いはしだいに影を潜め、あらゆる進歩的・革命的諸潮流のすべてを有機的に包摂していこうとする志向がはっきりとレーニンの中に現われるようになる。正しい綱領的路線は、正しい組織的路線をも可能にする（必然的にするとは言わないまでも）という明白な一例である。そうした中で、トロツキーもまたボリシェヴィキに入党し、レーニンと並んで、10月革命を指導することになる。

陣地戦としての10月革命と機動戦への再転換

　機動戦として闘われた2月革命と違い、2月から10月までの8ヶ月間（これは絶対的時間としては短いが、その期間に生じた無数の大事件と大衆の意識変化からすれば平時の数十年に匹敵する）にヘゲモニー的な陣地戦として闘われた成果にもとづいている10月革命は、まさに「ヘゲモニーとしての革命」の名にふさわしいものだった。そして9月から10月にかけて、首都ペトログラードにおいて権力を獲得する上で決定的である二つの陣地、すなわち、権力の正統性の機関であるソヴィエトと、物質的権力が集中された暴力機関である首都の諸部隊とが、説得と模範、大衆自身の経験というヘゲモニー的手法を通じて獲得された。革命を成功させる上で最低限必要なこの二つの陣地が獲得されたことで、事実上のヘゲモニーを現実の国家権力に転化させる準備は整った。

　トロツキーは有名な「10月の教訓」（1924年）の中で、革命化したペトログラード守備隊に対して首都から前線への移動を命じた臨時政府に対して、守備隊がその命令をきかず、首都にとどまるべしとしたペトログラード・ソヴィエト（議長はトロツキー）の命令に従ったとき、10月革命の4分の3はすでに成功していたと述べているが[62]、これはこのような核心的陣地におけるヘゲモニーの確立を雄弁に物語るものである。

　もちろん、もっと多くの陣地（たとえば革命前には獲得できなかったことでその後いろいろと問題の原因となった全ロ鉄道労働組合中央委員会など）を獲得してからの方がより、ヘゲモニーが安定しただろうが、長引く戦争がますますロシアの経済と社会を崩壊させつつある中で、そんな悠長なことは言っていられなかった。また、ブルジョアジーがいつ何時、まだ帝政に忠実な軍隊を全国からかき集めて反撃に出るかもしれなかった。ここで問題になっていたのは、時宜を失せず陣地戦から機動戦へと再転換することだった。陣地戦だけではいずれ行き詰まるのである。それは、しかるべき時に機動戦に移行して、権力問題に決着をつけなければならない。すでに述べたように、公式の国家権力と、それと対立するヘゲモニー機関との並存状態（二重権力）はいつまでも維持できるものではない。どちらか一方が他方を打ち倒さなければならない瞬間がやがてやってくる。この瞬間をつかみそこねるならば、革命情勢がやがて衰え、パニック状態にあっ

たアンシャンレジーム勢力が外国の助けも借りて陣営を立て直し、反撃に出ることができるようになるだろう。しかし、この中で、ボリシェヴィキの一部に、このまま陣地戦をずっと続けようとする傾向が出てきた。それがカーメネフとジノヴィエフを中心とする勢力であった。

　レーニンは、こうした惰性に危機感を抱くとともに、敵がすぐさま反撃に出ることを恐れて、ただちに機動戦に移行するよう訴えた。この焦燥とそれにもとづく執拗な働きかけは、トロツキーが後に「10月の教訓」や『ロシア革命史』で述べているように、いったんヘゲモニーの平和的拡大と陣地戦とに慣れてしまったボリシェヴィキ党を機動戦という新しい闘争方法に移行させるのに必要なものだった。

　トロツキーは、そうしたレーニンの熱情的訴えを理解しつつも、全国ソヴィエト大会という残された最大の陣地を獲得しなければ、大衆の納得と同意（ヘゲモニーの核心的要素）にもとづいて第2革命を遂行することはできないと考え、蜂起の時期を第2回全露ソヴィエト大会の時期にできるだけ接近させる道をとった。レーニンは不満だったが、結局、この路線が正しいことが明らかになった。10月蜂起（機動戦！）は、事前に獲得されていたボリシェヴィキのヘゲモニー（陣地戦！）のおかげで、きわめて組織的かつ平和的に実行された。映画などでよく描かれる冬宮への突撃は、革命に彩を添えるものにすぎなかった。10月革命の決定的瞬間が比較的散文的であるのは、あらかじめ陣地戦とヘゲモニーによって主要な戦闘が決せられていて、その最後の仕上げにすぎなかったからである。2月革命は歴史上最も成功した機動戦の革命（19世紀型革命）であったとすれば、10月革命は歴史上最も成功した陣地戦の革命（20世紀型革命）だった。したがってそれを「クーデター」とみなすのは、その人の革命観がまさに単純な機動戦的なもの、19世紀的なものであることを示すものに他ならない[63]。

ヘゲモニーの実現によるヘゲモニーの消失

　さて、先ほど述べたように、本来のヘゲモニーが開かれた双方向的で再帰的なものになるとすれば、その完全な実現は実を言うと、指導－被指導関係たるヘゲモニーそのものの止揚になる。「労働者階級の自己解放」としての社会主義・共産主義という理念からすれば、少なくともある特定の

党派と階級との関係は単純な「指導－被指導」という関係ではなくなり、労働者階級自身の自己統治、自己支配であり、そこにおいては、ヘゲモニーが完全に実現されているがゆえに「ヘゲモニー」としては現われることはなくなり、「真に実現されたヘゲモニー＝自己権力」となる。

　実を言うと、まさにこの1917年には、レーニンの文献にもトロツキーの文献にも「ヘゲモニー」という言葉は登場しなくなる。ロシア語版『トロツキー著作集』第3巻や『レーニン全集』を見るかぎり、1917年の両名の文章や演説には「ヘゲモニー」という用語は一度も登場していない。なぜか？　それは、ヘゲモニーが重視されるのは、支配権を獲得しようとする主体（革命勢力）とその支配の対象である客体（国民＝民衆）とのあいだに深刻な分離と隔絶があるからこそであり、それに対して10月革命の過程においては、そのような隔絶がほとんどなくなり、逆に、ボリシェヴィキ自身が革命化した大衆によってしばしば牽引され、一体となっていたからである。一方が他方に対して一方的にヘゲモニーを行使するというような状況がなくなり、革命主体と大衆とのあいだで真の相互作用、相互共鳴、相互影響が生じたときには、ヘゲモニーはいわば発展的・積極的な形で止揚され、その相互作用の中に一時的に溶解してしまうのである。

　10月革命後の歴史において再びヘゲモニーが強調されるのは、1920年代になってから、とりわけネップへの転換後の1922年以降である。すなわち、国内において大衆の積極性、能動性が衰え、ボリシェヴィキの官僚化が深刻に進行し、再びボリシェヴィキと大衆との隔絶がはっきりとし、ボリシェヴィキが大衆を指導の対象とみなすようになってからである。

　そういう意味で、最もヘゲモニーが実現されたときには、ヘゲモニーそのものが死滅するのである。これは「国家の死滅」とある意味でよく似た現象である。全人民の権力が実現すれば、市民社会から隔絶しその上にそびえ立つ疎遠な権力としての国家（国家一般ではなく）は死滅するのであり、したがって、「ヘゲモニーとしてのヘゲモニー」が強調されることもなくなる。逆に、再び国家が官僚化し、党が労働者大衆から遊離して、孤立するならば、党が大衆に対してヘゲモニーを行使しなければならないという課題が指導者によって再び強く意識されるようになる。したがってここでは、この新たに追求されるヘゲモニーができるだけ民主主義的で双方向的なものになるよう努力することが真の革命派の目標とならなければな

らない。それが後で見るように、トロツキーら左翼反対派の中心課題となるのである。

7. 10月革命の衰退とスターリニズム

(1)ヨーロッパ革命の敗北と国際的陣地戦への転換

国内の困難と国際的な孤立

　10月革命の勝利は、すぐさま革命の困難をもたらした。最初の困難は、都市部におけるプロレタリアートの革命的ヘゲモニーの強さと、プロレタリアートの少数性およびそれを取り巻く環境の後進性との矛盾という国家的アポリアから生じた。ソヴィエトでの選挙では多数を取れたボリシェヴィキは、全国規模の憲法制定議会選挙では全体の4分の1しか獲得できなかった。ここでは、基本的な国家的アポリアに加えて、革命の地理的不均等発展という問題もあった。大都市部ではすでにボリシェヴィキに多数が支持を与えるほど革命は前進していたが、地方ではようやくその過程は始まったばかりだったのである。しかしこの問題は、憲法制定議会の解散という強硬手段によって何とか乗り切られた。これは、ブルジョア的な正統性機関を、プロレタリアートの新たな正統性機関であるソヴィエトが粉砕したということであり、選挙原則や民主主義の否定とはまったく意味が異なる。両者の長期的並存はありえない。憲法制定議会がソヴィエトを粉砕するか、ソヴィエトが憲法制定議会を粉砕するかのどちらかである。そして、いかなる革命的権威も階級的基盤も持たない憲法制定議会が解散させられたのは、ごく当然のことである。この措置にボリシェヴィキによる民主主義の否定を見出すことができるのは、ヘゲモニーと権力との関係に対する完全な無知を示すものである。そして、このような「平民的」な乗り切り方が可能であったのは、この時点での矛盾がまだ初歩的なものであったこと、革命的プロレタリアートの主体性がまだ圧倒的であって、憲法制定議会に対する国内的支持が非常にわずかだったからである。

　しかし、国家的アポリアにおけるより深刻な問題は、内戦の勃発と穀物調達の困難さから生じた。1917年の怒涛のような革命的上げ潮に不意を打たれていた反動勢力は、1918年以降しだいに陣容を立て直し、欧米帝

国主義の支援も受けて、ボリシェヴィキ権力に武力で挑戦できるようになった。そして、経済的崩壊状況は正常な手段での穀物調達を不可能にし、ボリシェヴィキ自身の種々の政策的誤りもあって、ますます強行的に穀物が集められるようになり、しだいに農民の深刻な離反を生んだ。そして決定的だったのは、2月革命から始まった革命の上昇気流——それは内戦を通じてボリシェヴィキの権力が全国的に押し広げられる拡張過程において持続していたとはいえ——が国境線で阻止されたことである。

　トロツキーが1906年に想定していたプロレタリアートの「主体的ヘゲモニー」と「構造的ヘゲモニー」との国内的矛盾は、ヨーロッパ・プロレタリアートによるヨーロッパ社会主義革命の成功とその国家的支援によって国際的に打破されるはずであった。しかし、ここで、西欧におけるブルジョアジーの構造的ヘゲモニーが、世界戦争の混乱にもかかわらずなお強固であることが証明された。ブルジョアジーの構造的ヘゲモニーにプロレタリアートもその党（社会民主党）もかなり取り込まれており、かつて第2インターナショナルが宣言したように戦争を革命に転化させることができず、むしろ戦争に協力し、積極的に革命を阻止した。レーニンとボリシェヴィキは第3インターナショナルを作って、世界中で社会民主党を分裂させ、共産党を即製的に作ったが、長期間にわたる陣地戦を経ていない若い共産党には革命を遂行する「主体的ヘゲモニー」を発揮することはできなかった。こうして、ロシア・プロレタリアートの国家的アポリアは国際的に打破することができず、革命の上昇気流ははけ口を失い、内攻し、そして激烈な内戦の中でしだいに使い果たされていった。ボリシェヴィキとプロレタリアートとの隔絶がしだいに広がり、プロレタリアートと農民との隔絶も広がった。

国際的陣地戦の展開

　しかし、レーニンとトロツキーの予想に反して、ロシアのプロレタリア独裁は、ヨーロッパ革命の不発にもかかわらず崩壊しなかった。それは、ヨーロッパ革命が——最終的には勝利しなかったとはいえ——いくつかの国で実際に勃発し、それがブルジョアジーの帝国主義的介入の手を一定縛ったこと、1905年当時のトロツキーとレーニンが想定していなかった独裁的手法をボリシェヴィキが広範に用いたこと、そして、トロツキーも

レーニンも予想していなかったほどロシア・プロレタリアートの革命的潜在力が大きかったことによる。またロシアの地理的広さは、ボリシェヴィキによるマヌーバーの余地を広く残した。

レーニンとトロツキーは、1917〜1920年の革命的攻勢を西欧の帝国主義ブルジョアジーがしのぎ切ったのを見て、世界革命の展望をも機動戦的なものから陣地戦的なものへと切り替える必要性を悟った。結局、ロシアの10月革命でさえ陣地戦として勝利したとすれば、ロシアのブルジョアジーとは比べものにならないほど強固にブルジョアジーが構造的ヘゲモニーを確立している西欧において機動戦的に革命が勝利することなど不可能なのは明らかだった。たとえば、グラムシが指導者の一人であったイタリアの工場評議会運動においても、都市部の大工場という一陣地だけの支配で国全体の力関係の転覆に至ることは不可能だった。そのためには、全国的な党が必要であっただけでなく、過渡的諸要求と統一戦線を軸とした長期にわたる陣地戦が必要だったのである。

レーニンとトロツキーは、コミンテルンの第3回大会において統一戦線戦術に転換し、国際的陣地戦を長期にわたって遂行する路線に切り替えた。これはけっしてスムーズにいった過程ではない。戦前の反動期および2月革命から10月革命までの期間がロシアにおける陣地戦的局面であったことがいつの間にか忘れられ、あたかも単純に機動戦的なものであったかのように広く理解されたために（このような誤解を取り除こうとしたのが、レーニンの『共産主義における左翼小児病』である）、このような機動戦的やり方で西欧でも革命が成功しうると考える革命家は、ロシア国内でも西欧でも多かった。レーニンとトロツキーは粘り強く批判と説得を積みかさね（これ自体がコミンテルン内における民主主義的ヘゲモニーの過程である）、しだいに攻勢理論（機動戦の物神化）的潮流を克服していった。この過程でレーニン＝トロツキーの陣地戦論に獲得された一人が、グラムシその人である。

後述するように、グラムシは、1922年半ばにモスクワにやってきてからコミンテルンでのこの転換を受け入れ、その後、イタリアで活動する中でその路線の正しさを深く実感するとともに、1926年に逮捕されて獄中に入った後は、この路線をいっそう広く深い次元で再検討し、ブルジョアジーの構造的ヘゲモニーがきわめて強固である西欧における有機的で息の

長い革命戦略としての主体的ヘゲモニー論を理論的に鍛え上げていくのである。

(2)ヘゲモニーの衰退とスターリニズムの成立

ヘゲモニーの空洞化とその外郭の強化

さてここで再びロシア国内の状況に話を戻そう。内戦と帝国主義的干渉という過酷な試練を通じてロシアのプロレタリア独裁は自己の権力をかろうじて維持したとはいえ、その中で民主主義的ヘゲモニーの方はしだいに掘りくずされていった。その代わり、ボリシェヴィキは自己の権力を制度のうちに深く刻み込むためのあらゆる措置をとった。民主主義的ヘゲモニーが弱いがゆえに、なおさら強固に権威主義的で揺るぎのない「構造的ヘゲモニー」を構築する必要があったからである。ヘゲモニーの民主主義的内実が空洞化するにつれて、その外殻はますます固くなっていった。

この過程は、1921年におけるボリシェヴィキの一党独裁と、分派禁止措置による一分派独裁の成立によって、制度的に決定的なものとなった。ソヴィエト多党制の否定は、民主主義的ヘゲモニー機関としてのソヴィエトの衰退を意味するし、ボリシェヴィキ党内分派の否定は、革命的梃子としての党の衰退を意味した。

しかし、それにしても、革命の過程であれほどヘゲモニーの理論を有機的に発展させたはずのレーニンとトロツキーが、どうしてヘゲモニーの自己否定につながるようなソヴィエト多党制と党内分派の禁止という致命的な誤りを犯したのだろうか？　当時の厳しい政治情勢やネップの導入によるブルジョア的な経済的反革命の危険性といった客観的諸条件が決定的なものであったことは疑いないが、それだけでは十分説明のつかない問題である。ここには、権力獲得過程におけるヘゲモニーのあり方と、権力獲得後のヘゲモニーのあり方との大きな差異という問題が横たわっている。

レーニンが1917年2月革命後に、ボリシェヴィキがソヴィエト内で少数派であったにもかかわらず「すべての権力をソヴィエトへ！」と訴え、これがヘゲモニー獲得の上で非常に重要な役割を果たしたことはすでに述べた。ここで重要なのは、ボリシェヴィキが少数派であったにもかかわらずソヴィエトへの権力集中を言うことは、ボリシェヴィキ独裁ではない権

力のあり方をあえて要求したということであり、このことが労働者大衆の同意と納得を得る上で決定的だったことである。しかし、ヘゲモニーを獲得する以前は、ソヴィエトに全権力を集中させても、ボリシェヴィキ自身の陣地が1ミリたりとも後退するわけではない。それどころか、ソヴィエト内ではボリシェヴィキは少数とはいえ有力な構成党派だったのだから、ボリシェヴィキの陣地を拡大することにさえなっただろう。それゆえ、ボリシェヴィキは安心して、「すべての権力をソヴィエトへ」と訴えることができた。ここでは、大衆の願いに従うことと陣地戦とヘゲモニーの拡大とがすべて順接的に結びついていた。

　ところが、いったんボリシェヴィキが多数派となり、権力を握った暁には、自派が多数ではない権力機関への権力移譲はありえないことになる。すでに述べたように、憲法制定議会選挙でボリシェヴィキは少数派だったので、ボリシェヴィキはソヴィエトから憲法制定議会に権力を移譲するのではなく、憲法制定議会を解散することでこの矛盾を解決した。

指導者たちの模索

　しかしより深刻な問題は、労働者大衆の革命的情熱が衰え、内戦過程でしだいにひどくなっていったボリシェヴィキの強権主義に対する大衆的反発が起きたことである。その際、ボリシェヴィキはそうした大衆の意思をどのように自己の権力に反映するべきだったのだろうか？　権力の獲得をめざす過程ではヘゲモニーの問題と陣地の拡大とは一致していたが、すでにすべての陣地を獲得し権力を独占した後には、民主主義的ヘゲモニーの弁証法はどの点に示されるのだろうか？　権力獲得過程と同じようにヘゲモニーの拡張だけを考えるならば、大衆の離反をものともせず陣地を死守するということになるだろう。だがそれは、ヘゲモニーの民主主義的内実を絶えず掘りくずしながらその外形的維持をめざすものになってしまうだろう（民主主義的ヘゲモニーの権威主義的ヘゲモニーへの転化）。

　グラムシは、1926年10月の有名なソ連共産党中央委員会宛ての手紙の中で、プロレタリアートのヘゲモニーを維持するためにプロレタリア独裁は農民に譲歩することが必要だと論じた[64]。しかし、問題は農民への譲歩だけではなく（それはすでに何度も行なわれていた）、プロレタリアート内部での対立の民主主義的調整だったのである。すでに述べたように、

プロレタリアート自身がきわめて不均質な階級なのであり、とりわけ過酷な内戦を経たあとでは、それは大幅に縮小するともに、その中の最も革命的な部分は内戦の中で死んでしまうか、官僚機関に吸収されていた。ボリシェヴィキは、権力から自立した政党や分派のうちに表現されるプロレタリアートのヘゲモニーの民主主義的内実を保障するのではなく、それらを禁止した上で、ボリシェヴィキ自身がプロレタリアートの状態や気分や動向に必要な注意を払い、しかるべき政策を時宜を失せず実行すること、プロレタリアートの文化性を高めていく啓蒙活動を行なうこと、計画経済を通じて経済成長を実現していくことなどをしていけば、そうした内的対立をプロレタリア独裁の全体的利益に反しない形で調整することができると考えた。もちろん、不均質な階級内部の種々の対立を階級全体の利益のために適切に調整することはヘゲモニーの重要な一側面なのだが、それだけではまったく不十分なのだ。それぞれの異なった意見の公然たる表明、自由な議論、そうした意見の政治的組織化、対抗的行動を保障するという民主主義的過程が必要なのであり（党内ではまだ残っていたとはいえ）、それこそがヘゲモニーをヘゲモニーたらしめるのである。それを欠くヘゲモニーは、たとえ「革命的前衛」によって正しく利害調整されたとしても、ヘゲモニーの内実を空洞化させているのである。そして、階級内民主主義の内実を欠いた階級独裁は、すでに述べたように、階級内一分派の独裁にならざるをえない。

　しかも、このようなボリシェヴィキ指導部による単独調整方式は、権力を握っている側（つまりボリシェヴィキ指導部）が真にプロレタリア独裁の全体的利益を理解しており、かつそれを本当に実現しようとしているという決定的前提が必要になる。だがもしこの前提が成り立たない事態になったとしたらどうか？　官僚独裁を願う人物やカーストが権力の支配層を独占した場合にはどうなるのか？　レーニンもトロツキーもこのことを十分に考えなかった。革命前、レーニンは農民的パートナーが権力を制約するだろうと考えていたし、トロツキーはヨーロッパ革命が助けてくれるだろうと考えていた。プロレタリア独裁の長期にわたる孤立と革命的熱狂の衰退という事態は両者のまったく想定していないことだった。その中で、どのように新しい形で民主主義的ヘゲモニーを維持し発展させていくのか、これこそ、ヘゲモニー論におけるまったく新しい独自の探求領域を

なしていたのである。両名ともその解決に失敗した。それは、ボリシェヴィズムがスターリニズムへと堕落していく上で、その他の諸条件とともに、一つのきわめて重要な要因になった。

ヘゲモニーなき権力

こうして、民主主義的ヘゲモニーの内実を保障する制度的仕組みを欠いたまま、ボリシェヴィキは絶対的な孤立状態の中で、広大な農民国家を統治せざるをえなくなった。レーニンが死に、トロツキーが権力の中枢からはずされるにつれて、かろうじて残っていた党内の民主主義的過程も急速に衰退していった。1923年以降における反トロツキスト闘争を通じて、この権力はしだいにデマと排除の論理にもとづくようになり、ヘゲモニーの民主主義的内実をいっそう空洞化させた。1920年代末から1930年代初頭における穀物調達危機を利用したスターリンの「上からの革命」と、キーロフ暗殺を利用した1930年代の大量粛清（最近の言葉で言えば、どちらも典型的な「ショック・ドクトリン」による支配の強化手法である）はこの過程を完成させた。

この全体主義化の過程において決定的な役割を果たしたのは、ソヴィエトという本来多元的な民主主義的ヘゲモニーの機関が衰退し空洞化するにつれて、党という一枚岩的な上意下達の機関（分派禁止規定と上級への無条件服従）がソヴィエトを代替し、それが量的にも膨れ上がって（レーニン死後の入党運動を通じて）、「革命の梃子」から、官僚層（国家および党の）が社会と人民を隅々まで支配する全体主義的監視・強制装置と化していったことである。

こうして成立したスターリニズムは、10月革命の時と逆の意味でヘゲモニーが消失した権力状況であると言える（ヘゲモニーなき権力）。10月革命の頂点においては、大衆自身がボリシェヴィキの活動家並みの能動性と高い革命性を獲得したがゆえに、ある主体が客体に行使するものとしてのヘゲモニーが止揚＝消失したのに対して、スターリニズムにおいては、大衆の納得と同意を民主主義的に調達する能力を失った官僚権力が、プロパガンダと秘密警察による弾圧、民衆の恐怖と諦念を通じて社会を支配する状況が普遍的に生じており、ここにおいては退行的・反動的な意味でヘゲモニーの衰退＝消失が生じてしまっているのである。ただし、恐怖と全

体主義的熱狂に支えられた権威主義的ヘゲモニーは強力に確立されている。どんな過酷な独裁権力といえども何らかのヘゲモニーなしには統治できない。しかし、そこに存在するヘゲモニーはその本来の民主主義的内実を失っており、単に恐怖支配と専制的権力に対する受動的同意としてのそれでしかない。

　プロレタリアートの革命的ヘゲモニーの徹底過程として始まったロシア永続革命は、その革命の推進原理そのものであったその内的矛盾が前向きに打開される道が閉ざされたことで、自己破壊的な形で内攻していき、ついにはヘゲモニーなき官僚的独裁権力へと行き着いたのである。そしてこれは、国際的な陣地戦をも困難に陥れ、なおのことロシア革命の孤立をもたらし、ますますもってスターリニズムは自己充足的で権威主義的なものになっていった。

8. ヘゲモニー論と革命論の新たな探求へ

　さて、ソヴィエト・ロシアが陥ったこうした閉塞状況の克服のためには、二重の意味でヘゲモニー論の新しい探求が必要であった。最後にこの点を見ていこう。

(1)先進国革命におけるヘゲモニーの探求

　まずもって、ブルジョアジーの強固な「構造的ヘゲモニー」が存在する西欧において、どのようにしてプロレタリアートの「主体的ヘゲモニー」を発揮し、先進国革命を実現するのか、という探求である。ヨーロッパにおける先進国革命の実現こそ、ソヴィエト・ロシアが陥っていた袋小路を打破する最重要条件の一つだった。そしてこれはもちろんのこと、先進国における陣地戦の独自のあり方の探求と結びついている。グラムシが獄中で取り組んだのはまさにこの問題であった（もちろんグラムシはロシアのためにそうしたのではなく、ヨーロッパそれ自身のためにそうしたのだが）。この新たな探求の端緒を開いたのは、第3～第4回世界大会におけるレーニンとトロツキーだったが、グラムシはそれを引き継ぎつつも、より徹底した考察を行なった。そしてこの過程でグラムシは、「ヘゲモニー」

という概念を正面から論じられるべき概念として明確に設定し、それが持つあらゆる豊かな内容を厳密に考察した。「ヘゲモニー」は単にある文脈で使用される用語の一つではなくなり、体系的意味を持った理論的概念へと高められた。

このグラムシの新しい探求の全容についてはここでは展開することはできない。ここでは四つの点だけを指摘しておく。まず第1に、獄中におけるグラムシの新しい探求の中で画期的だったのは、第1の系譜である「主体的ヘゲモニー」論よりも（これは普通に当時多くのロシア・マルクス主義者によっても用いられていた）、むしろ第2の系譜における客体的ヘゲモニー、とりわけ、制度、文化、習慣、労働様式、工場、種々の市民的組織、等々のうちに埋め込まれ、それを通じて行使されているブルジョアジーの「構造的ヘゲモニー」の解明であった。

ヨーロッパにおいてまさにこのような深く社会に埋め込まれた構造的ヘゲモニーが確固として存在していたがゆえに、ブルジョアジーが経済危機や政治危機に陥っても、それが全社会的な危機にまでは発展せず、また一時的に全社会的危機になっても（第1次大戦終結直後のように）、すみやかに均衡を回復することができるのである。このような構造的ヘゲモニーのあり方はしばしば「国家の拡張」と呼ばれているが、そうではなく、国家という公的制度の枠を超えた支配層のヘゲモニーの社会的拡張とその制度化、規範化、習慣化なのである[65]。グラムシが考えたように、このような塹壕組織の――すべてではないにせよ――主要部分を革命の決定的瞬間以前に解体ないし転換しておくことなくしては、プロレタリアートはその主体的ヘゲモニーを十分に発揮することはできないし、ましてやトータルなヘゲモニー勢力になることもできない。レーニンとトロツキーがコミンテルンの転換の中で探求した道がここでは、より具体的な構造的ヘゲモニー論として明確化されている。

第2に、グラムシは、第1の系譜の「主体的ヘゲモニー」に関しては、変革主体が発揮する「知的・道徳的ヘゲモニー」について強調したが、これは主体的ヘゲモニーの民主主義的内実と深く関わっている。ある一定の組織ないし集団が、どんな手段を用いてもヘゲモニーを勝ち取りさえすればいいというのではない。このような権力主義的、セクト主義的な「主体的ヘゲモニー」のあり方は、最初から堕落の萌芽をそれ自身のうちに宿し

ている。1905 年革命におけるペテルブルク・ソヴィエトがペテルブルクの中で、および 1917 年におけるボリシェヴィキが全国ソヴィエトの中で、急速に労働者大衆の信頼を勝ち取って多数派になれたのは、何らかの深謀術策のおかげではなく、政策と展望の正しさ、民主主義的議論の喚起、説得と納得の調達、模範の提示、先見の明の発揮、大衆自身の生きた経験、そして繰り返しトロツキーが強調した「あるがままを語ること」、という知的・道徳的ヘゲモニーが発揮されたからこそであった。そしてこのような契機は、より高度に文化的に組織されているヨーロッパ先進国においてはなおさら重要な契機になるだろう。西欧におけるヘゲモニー獲得の技術的手段を探求するだけでなく、そうした水準を越えたこの「知的・道徳的ヘゲモニー」の契機なしには、先進国革命などおよそ不可能である。そして、それは、革命勝利後の堕落を未然に防ぐ十分条件ではないにせよ、少なくともその必要条件なのだ。

　第 3 に、グラムシにおける陣地戦とヘゲモニーの概念が意味しているのは、しばしば勘違いされていることと違って、改良主義や議会主義への接近ではなく、むしろそれらの克服なのである。ブルジョアジーのトータルなヘゲモニーを構成する主要な陣地を占領することなく、つまり事前にブルジョアジーのヘゲモニーの主要部分を解体することなく、選挙と議会での多数獲得だけで何らかの本格的な変革をめざすことは、議会を通じた一種の機動戦なのであり（議会主義機動戦）、それは支配層の堅固な構造的ヘゲモニーにぶち当たって挫折するか、あるいは構造的ヘゲモニーに適応するものになるか（グラムシが獄中ノートで言うところの「順応主義」）、あるいは最悪の場合、構造的ヘゲモニーの中で最も強固な物質的手段である軍隊によるクーデターによって一掃されるだろう。それは、機動戦として闘われた 2 月革命以上に脆弱なものになるだろう。なぜならロシア 2 月革命においては、あらかじめ世界戦争が旧支配階級の構造的ヘゲモニーをかなり解体するとともに、自然発生的に軍隊という決定的な権力機関が労働者の側についたが、平時における議会を通じた「革命」においては、そのような有利な条件は何もないからである。グラムシの陣地戦論はきわめて攻勢的・能動的な概念であって、議会主義的改良主義とも、カウツキーの「消耗戦」概念ともまったく異なるのである。

　第 4 に、グラムシは土台（下部構造）と上部構造との何らかの特殊な組

み合わせを「歴史的ブロック」として概念化したが、これは「経済社会構成体」の単なる言いかえではなかった。そうではなく、この独特の組み合わせを「歴史的ブロック」と表現することで、土台と上部構造とが必ずしも照応していないこと、両者のあいだにはしばしば構造的なずれが（危機の際には深刻な亀裂が）存在し、そういうものとして複合的なものであるということである。そして、グラムシは、このずれや亀裂を媒介するものとしてヘゲモニーを位置づけ、したがってまたそれをめぐる支配階級と被支配階級の闘争（ヘゲモニー闘争）を暗黙に位置づけているのである。

　この構図にあってはもはや土台が直接に上部構造を規定するのではない。両者は市民社会と政治社会とにおけるヘゲモニーの独特のあり方を通じて（一定のずれをともなったまま）接合されるのである。そしてこれこそ、実はトロツキーがロシア社会の特殊性から永続革命の定式を導き出したときの観点と共通するものに他ならない。ロシア社会の単なる後進性が永続革命を可能にしたのではない。その不均等・複合発展から生じるロシア・ブルジョアジーの構造的ヘゲモニーの弱さとロシア・プロレタリアートの主体的ヘゲモニーの強さ、専制的上部構造の統合力の弱さと、下部構造における集中されたプロレタリアートとその階級政党の凝集性の強さ、等々が永続革命を可能にしたのである。つまりトロツキーもグラムシも、それぞれ独自の観点から史的唯物論の発展に深く寄与していた。トロツキーが亡命地で『ロシア革命史』を書いて、その中で「不均等・複合発展」論を確立していたのとほぼ同じ時期に、グラムシは獄中でそれを土台－上部構造関係において事実上具体化した「歴史的ブロック」論を展開していたのである。

(2)労働者国家における新しいヘゲモニーの探求

ソヴィエト民主主義の復活

　しかし、西欧社会における、あるいは先進国革命におけるヘゲモニー論の新しい探求と並んで、もう一つ重要な探求課題が存在する。すなわち、権力獲得後の労働者国家において、民主主義的ヘゲモニーをどのように機能（ないし再機能）させることができるのか、という問題である。なぜなら、いくらヨーロッパ革命が重要な助けになるとしても、それだけではロシア

労働者国家の民主化の十分条件にはならないからである。ヨーロッパ革命は万能の救いの神ではない。ロシア労働者国家の民主化はそれ自身の内的ダイナミズムと内的メカニズムを必要とする。また西欧それ自身においても、たとえプロレタリア党がヘゲモニーを獲得することに成功し、無事革命を成功させたとしても、革命後の社会における民主主義的ヘゲモニーの独自のあり方が曖昧であるかぎり、同じ誤りに陥る可能性がある。この可能性は、単に経済力や文化性の高低だけに依存するわけではない。政治や統治という「審級」の相対的自立性がここでは決定的な役割を果たす。そしてここでのヘゲモニー論は、単純に陣地戦や機動戦という攻勢的概念とは結びつかない（ただし、少数の前衛が多数派の官僚権力と闘うという事態、すなわち労働者国家内での階級闘争を想定する場合を除いて）。トロッキーが亡命の地で、スターリニズムを批判しながら探求したのはまさにこの問題であった。

　トロッキーは、労働者の文化的向上や経済成長による物質的豊かさの実現、生産者民主主義や消費者民主主義の探求といったレベルでの議論にとどまらず（これらはいずれも非常に重要であるとはいえ）、現実の政治的決定過程、統治のあり方の変革も必要であると考えるようになる。さまざまな探求の末、ついにトロッキーは『裏切られた革命』（1936 年）や同時期の種々の文献において、ソヴィエト多党制の廃止と分派禁止措置とがロシア革命の堕落の決定的契機であったことをはっきりと指摘するに至り [66]、ソヴィエト多党制の復活によるソヴィエト民主主義の再生を主張するようになる [67]。労働者階級の非均質性を前提として、一階級の利益が一政党によって排他的に代表されることを例外的とみなし、たとえプロレタリアートの利益といえども複数の政党ないし党派によって代表されうることを承認することによって、多党制というものが、労働者国家においても不可欠の政治的あり方であること、したがってソヴィエトが依然として決定的なヘゲモニー的国家機関であることを承認したのである。

　この転換は決定的である。さまざまな政治的潮流とイデオロギーとが政党ないし党派として結集し、それらが自由に議論し、大衆に訴え、大衆が参加し、その正否を問うという生きた民主主義的過程なしには有機的ヘゲモニーは存在しないのである（ローザ・ルクセンブルクがまさにその「ロシア革命論」で指摘したように）。党が真に「革命の梃子」として復活し、

ソヴィエトが「民主主義的ヘゲモニーの機関」として復活するためには、そうした生きた政治的過程が復活しなければならない。

政権交代の可能性

しかし、その場合、プロレタリア党が少数派になる事態になるのではないか？　そうなれば、せっかく獲得した権力をおめおめとブルジョア政党や改良主義党派に譲り渡すことになるのではないか？　ヘゲモニー実現のための民主主義がブルジョアジーへの権力移行のための回路になるとしたら、本末転倒ではないか？　しかも、ソヴィエト・ロシアは敵対的な帝国主義諸国に囲まれているのだ。プロレタリア党の敗北は、国際的な介入をもたらし、ロシアを再び内戦と帝国主義的干渉戦の悪夢に引きずり込むのではないか？　この懸念にはたしかに説得力があり、そして実際すべてのボリシェヴィキ幹部は（かつてのトロツキーを含め）こうした推論にもとづいて多党制への復帰に抵抗したのである。

しかしこれは、実のところ、権力とヘゲモニーとを区別しない謬論である。プロレタリア党がソヴィエト多党制における民主主義的選挙によって一時的に権力を失ったとしても、プロレタリア党の主体的ヘゲモニーがすっかり消失するわけではない。また、それまでに社会の中に埋め込まれてきたプロレタリア権力の「構造的ヘゲモニー」がただちに解体するわけでもない。それはなお工場に、労働組合に、農村に、軍隊に、行政機関に、学校に、街頭に、青年組織に存在している。

政権に就いたブルジョア政党（だがおそらくソヴィエト制度のもとではブルジョア政党が多数になることはないだろう）ないし改良主義的政党がこのような主体的・客体的ヘゲモニーの存在を無視して自由に内戦を引き起こしたり、帝国主義国の干渉を呼び寄せることができるわけではない。もし本当にそんなことをしようとしたら、それこそ、ボリシェヴィキは全労働者・農民に訴えてソヴィエトの防衛に立ち上がせることができるだろうし、ボリシェヴィキこそが労働者の権力を守る存在であることが全国民に理解されるだろう。この過程を通じて再び「主体的ヘゲモニー」を回復し、権力を再奪取することができるだろう。これこそまさに「知的・道徳的ヘゲモニー」の発揮である。だが、民主主義的過程に復帰するのが遅れれば遅れるほど、労働者・農民に見放され、彼らは社会主義＝官僚独裁だ

と考えるようになるだろう（ソ連末期にそうなったように）。

　したがって、権力獲得後においては、陣地をただ拡大するのではなく、時には一時的に重要陣地を手放す勇気と大胆さとが必要になる。革命の最も高揚した瞬間にはヘゲモニーは大衆の自己権力として一時的に溶解・消失するのだが、そのような瞬間は長続きしないのであって、それ以降は、権力獲得以前とは異なった形でのヘゲモニーの（再）構築過程が探求されなければならない。ここでは陣地戦でも機動戦でもなく、整然とした退却戦の可能性をも含んだ長期戦が必要になる。戦争はただ突き進むだけが能ではない。しかるべき時に退却することを知らない軍隊は壊滅する。この思想は権力を獲得する以前には受け入れられていたのだが（たとえばよく引き合いに出される7月事件における一時的退却）、権力獲得後には何ゆえか省みられなくなった。だが、これは権力獲得後も必要な思想なのであり、ボリシェヴィキがまだ少数政党だったのに「すべての権力をソヴィエトへ」と訴えたときの大胆さ以上の大胆さが必要だったのである。

　そして、もし実際にソヴィエト多党制のもとでボリシェヴィキが選挙に負けたとしたら、どうするべきか。ボリシェヴィキはこう言うべきだったろう。「われわれは不正のない民主主義的選挙で敗北した。われわれは少数派に、野党になることを受け入れる。なぜなら労働者諸君がそれを望んだからだ。われわれはプロレタリアートの意思に従う。なぜならわれわれはプロレタリアートの党だからだ」。もしボリシェヴィキが内戦終了後の1921年以降の時点でそのように言っていたとしたら（内戦中は無理だったろう）、ボリシェヴィキは再び労働者大衆の熱狂的支持を獲得することができただろう。再び、民主主義的ヘゲモニーにもとづくプロレタリア権力を再構築することができたろう。そして、このような民主主義的模範は国際的にもインパクトを与え、世界中の労働者に対して知的・道徳的ヘゲモニーを発揮することに役立ったろう。そのようにしてヨーロッパ革命をいっそう促進することができたろう。

ヘゲモニーの民主主義的成熟と深化に向けて

　結局、ここでも決定的なのは、党とソヴィエトを区別し、権力とヘゲモニーとを区別することである。ソヴィエト与党の地位は失っても、党は保持されている。国家権力は失っても、ヘゲモニーは維持されている。この

党とヘゲモニーにもとづいて、失った陣地を取り戻すことは十分可能である。だが、ヘゲモニーの民主主義的内実を自ら掘りくずし、労働者大衆の意思を蹂躙して国家権力とソヴィエト与党の地位にしがみつくことは、政治的自殺行為である。それは、ソヴィエト与党の地位のために革命党を破壊し、国家権力のために民主主義的ヘゲモニーを破壊することを意味するからだ。そして、それこそがスターリニズムのもとで実際に起こったことであった。

　以上の点から見れば、プロレタリアートの権力獲得後におけるヘゲモニーの本来の存在様式は、一部の論者が言うような永続的民主主義革命ではなく、ヘゲモニーの民主主義的成熟の過程であると言うことができる。労働者政党（しばしば複数の）が与党になったり野党になったりするという過程を何度も繰り返しながら、かつて革命的熱狂の中で一時的に獲得された「ヘゲモニーの実現＝大衆の自己権力」が、今度は長期にわたる前進と退却、試行錯誤の中で少しずつ再実現されていくのであり、この「再実現」の過程こそが、真の実現過程なのである。なぜなら、それは「否定の否定」を通じたより確固とした、より意識的で、より覚めた判断に基づくヘゲモニーの実現だからである。

　そうした長期的な過程の中で、市民社会から疎外された自立的な階級的支配機関としての「国家」（言葉の狭い意味でのそれ）は本当の意味で非暴力的な自己統治機関に転化していくだろう（もちろん世界革命の広がりと文化性の高まりとともにだが）。だがそれは、多くのマルクス主義者が考えているような「政治の死滅」を意味するのではなく、むしろ、階級支配から解放された「政治」（言葉の広い意味でのそれ）の真の繁栄を意味するだろう。エンゲルスが空想的社会主義者のひそみにならって言うような「人の管理に代わって物の管理が登場する」のではなく（何という退屈な未来像であることか！）、少数派の人権と自然環境に配慮しつつ、人と人との、集団と集団との連帯と協同の絶えざる深化と拡大の、民主主義的自己統治過程が登場するだろう。そのような具体的な「政治的」試行錯誤の過程の中でこそ、マルクスが『共産党宣言』で述べたような「各人の自由な発展が万人の自由な発展の一条件であるような協同社会（アソシエーション）」[68]が本当の意味で実現されていくのである。

【注】

(1) ジョン・キャメット『グラムシと社会主義』合同出版、1969 年（原著は 1967 年）、361 頁。

(2) ビュシ＝グリュックスマン『グラムシと国家』合同出版、1983 年、63 頁。原著は 1975 年。グリュックスマンへの批判としては以下を参照。西島栄「トロツキーとグラムシ研究の新しい課題」『トロツキー研究』第 27 号、1998 年。

(3) Perry Anderson, The Antinomies of Gramsci, *New Left Review*, vol.100, 1976/77.

(4) Ibid, p. 15.

(5) Ibid, pp. 15-16.

(6) 1901 年 1 月 30 日の手紙、邦訳『レーニン全集』第 34 巻、47 頁。補論 2 も参照。

(7) とはいえ、より一般的な意味での「ヘゲモニー」（政治的指導性や支配的影響力）は革命直後のロシア革命指導者の諸文献に散見される。たとえば、1918 年にヨーロッパの革命家たちのためにロシア革命の一般的歴史について叙述したトロツキーの『10 月革命からブレストまで』には 2 ヵ所だけだが「ヘゲモニー」が登場する。最初は「小ブルジョア・インテリゲンツィアのヘゲモニー」であり、二番目は「自由主義ブルジョアジーのヘゲモニー」。トロツキー『ロシア革命——「10 月」からブレストまで』柘植書房新社、1995 年、18、73 頁。ちなみに英語版では最初のものだけが「hegemony」と訳されている。

(8) 形野清貴「ヘゲモニー論の射程」、松田博編『グラムシを読む』法律文化社、1988 年、2 頁。

(9) 同前、3 〜 6 頁。

(10) Lars T. Lih, *Lenin Rediscovered: What Is to Be Done? in Context*, Haymarket Books, 2005.

(11) Ibid., p. 109.

(12) パルヴスは 1898 年 2 月の論文の中で、都市の産業プロレタリアートは国の残りの部分に対して「道徳的ヘゲモニーを確立する」と述べている（Ibid, p. 98）。ただしリーはパルヴスの英訳だけにもとづいているので、「『ヘゲモニー』という用語がドイツ語テキストに登場していると絶対的に確信することはできない」と述べている。

(13) Derek Boothman, Hegemony: Political and Linguistic Sources for Gramsci's Concept of Hegemony, in Richard Howson & Kylie Smith eds., *Hegemony: Studies in Consensus and Coercion*, Routledge, 2008.

(14) ノルベルト・ボッビオ『グラムシ思想の再検討』御茶の水書房、2000 年、75 頁。

(15) 邦訳『レーニン全集』第 29 巻、大月書店、307 〜 308 頁。

(16) トロツキー「総括と展望」『ロシア革命とは何か——トロツキー革命論

集』光文社古典新訳文庫、2017 年、82 ～ 83 頁。トロツキー『わが第一革命』現代思潮社、326 頁。

(17) トロツキー『文学と革命』上巻、岩波文庫、1993 年、365 頁。

(18) トロツキー『コミンテルン最初の五ヵ年』上、現代思潮社、1962 年、16 頁。日本語訳ではここの「ヘゲモニー」は「指導権」と訳されているが、下巻の「統一戦線について」ではちゃんと「ヘゲモニー」と訳されている（トロツキー『コミンテルン最初の五ヵ年』下、現代思潮社、1962 年、133 頁）。

(19) Leon Trotsky, *How the Revolution Armed: The Military Writings and Speeches of Leon Trotsky*, Vol.5 (1921-23), New Park Publications, 1981, p. 116.

(20) たとえば『文学と革命』第 2 部に見られる以下の箇所。トロツキー「日蝕」（1908 年 10 月 24 日）――「パリにははるかに豊かな伝統がある。……経済形態においては保守的で、全身これ輝かしい伝統の虜となっているパリは、18 世紀末から 19 世紀半ばにかけて手にしていた精神的・政治的ヘゲモニーをはるか以前に失ってしまっている」（トロツキー『文学と革命』下、岩波文庫、1993 年、253 頁）。トロツキー「総合雑誌の運命」（1914 年 3 月 16 ～ 19 日）――「この途上にはもはや停止も回帰もありえない。種々の階級の政治的自己決定は、ひとたび開始された以上は、もはや逆戻りはありえない。それゆえロシアの雑誌の精神的ヘゲモニーの復活も、インテリゲンツィアによる使徒伝の再来と同様、期待しがたいのである」「繰り返すが、現代西欧には総合雑誌の思想的ヘゲモニーというものは存在しない」（同前、218、220 頁）。

(21) たとえば、グレイグ・ブランディストは、ボリシェヴィキの一分派（フペリョード派）が、1909 年のパンフレットの中ですでに、プロレタリアートの「政治的ヘゲモニー」と同時にその「文化的ヘゲモニー」獲得の必要性について論じている箇所を引用している――「プロレタリアートが、その全般的な文化的ヘゲモニーを承認することなしに政治的ヘゲモニーを獲得することができると考えるのは不自然で奇妙である」（Graig Brandist, *The Dimensions of Hegemony: Language, Culture and Politics in Revolutionary Russia*, Haymarket Books, 2015, p. 37.）。

(22) Г. В. Плеханов, *Сочинения*, II, Москва-Ленинград, 1925, с. 94.

(23) Там же, с. 101.

(24) プレハーノフ『史的一元論』上、岩波文庫、257 ～ 258 頁。Г. В. Плеханов, *Сочинения*, VII, Москва-Ленинград, 1925, с. 215.

(25) この登場箇所は、それが「初期」であるにふさわしいある重要な特徴を持っている。すなわち、19 世紀半ばにおいては、「ヘゲモニー」とは基本的に連邦ないし国家連合におけるある特定の州ないし国家の支配力、影響力を指す言葉であったのだが（国際関係としてのヘゲモニー）、プレハーノフはこの用法をはっきりと踏まえたうえで、メタファーとしてこれを国内における経済の優位性論（史的唯物論）に応用していることである。

(26) マルクス『資本論』第 1 巻（普及版）、大月書店、109 ～ 110 頁。

(27) 前掲プレハーノフ『史的一元論』、242 頁。Г. В. Плеханов, *Сочинения*, VII, с. 206.

(28) ヘゲモニーのこの二つの系譜論は基本的に、ジョナサン・ジョゼフの以下の著作にもとづいている。Jonathan Joseph, *Hegemony: A Realist Analysis*, Routledge, 2002.

(29) プレハーノフのその後の「ヘゲモニー」使用例については本書の第 5 章を見よ。

(30) トロツキーは、『レーニン』の中で、アクセリロートのことを「変わることなく社会民主党の革命的ヘゲモニーを主張していた」と評価している（トロツキー『レーニン』光文社古典新訳文庫、2007 年、95 頁）。

(31) 邦訳『レーニン全集』第 4 巻、大月書店、64 頁。ちなみに、日本語版の全集ではここの「ヘゲモニー」は「主導権」と訳されている。

(32) 『トロツキー研究』第 13 号、1994 年、74 頁。

(33) 邦訳『レーニン全集』第 8 巻、67 頁。

(34) ルチアーノ・グルッピ『グラムシのヘゲモニー論』、合同出版、1979 年、20 頁。

(35) 前掲ビュシ＝グリュックスマン『グラムシと国家』、251 頁。

(36) この誤解は英語圏にも広がっており、グリュックスマンのこの著作の英語版にもとづいて、グラムシ研究者のジェレミー・レスターも、この引用文が『二つの戦術』のものだと主張している。Jeremy Lester, *Dialogue of Negation: Debates on Hegemony in Russia and the West*, 2000, pp. 44-45, p. 186.

(37) Мартынов, *Две Диктатуры*, Женева, 1905. с. 56. 強調はママ。この著作にはその他何箇所も「ヘゲモニー」が登場する。

(38) 『トロツキー研究』第 47 号、2005 年、90 頁。

(39) 同前、56 頁。

(40) この 1905 年革命における主要な論者の主張についてより詳しくは、以下の論文を参照。西島栄「1905 年革命と永続革命論の形成」『トロツキー研究』第 47 号、2005 年。

(41) 「資本主義的発展の世界的過程は、ロシアに政治的大変革をもたらすだろう。この大変革は、全世界の資本主義諸国の政治的発展を反映しないわけにはいかない。ロシア革命は全世界をその政治的土台から揺さぶり、ロシア・プロレタリアートは社会革命の前衛の役割を果たすことができよう。ロシアにおけるプロレタリアートの政治闘争の行方を追うことによって、われわれは、国際社会主義の世界的展望に達するのである」（Парвус, *Росссия и Революция*, С-Пет.,1906, с. 133）。パルヴスの生涯とそのロシア革命論について詳しくは、西島栄「パルヴス、トロツキー、ロシア革命」（『トロツキー研究』第 13 号、1994 年）を参照。

(42) トロツキーはすでに『1 月 9 日以前』においてこのような闘争形態の出現を予測していた。「1904 年に作られたあらゆる定式、計画、示唆、スローガン、当面の提案と分析の中で、政治的ゼネラル・ストライキに関する

トロツキーのこの見解は、1905 年の現実に最も近かった」（バートラム・ウルフ、『レーニン、トロツキー、スターリン』紀伊国屋書店、1969 年、293 頁）。『1 月 9 日以前』はトロツキー『わが第一革命』（現代思潮社、1970 年）に収録されている。

(43) 前掲『わが第一革命』の付録にパルヴスの序文が収録されている。

(44) 前掲トロツキー『わが第一革命』103 頁。

(45) 『トロツキー研究』第 47 号、190 頁。

(46) 同前、195 ～ 196 頁。

(47) 伝統的にスターリニスト（一部のグラムシ研究者を含む）は、このようなトロツキーの立場をまったく無視して、トロツキーにおける農民の無視という「伝説」を振りまいてきた。驚くべきなのは、2000 年というかなり最近出版されたジェレミー・レスターの著作『否定性の対話』でも、この古いデマゴギーが語られていることである。たとえばレスターは次のように書いている――「労農同盟というレーニンの新しいアジェンダに――プレハーノフとはまったく違う理由からだとはいえ――猛烈に反対した一人の革命的人物がトロツキーである。トロツキーに関するかぎり、階級的ヘゲモニーは、それがそもそも何かを意味するとしてだが、プロレタリアートの独裁のできるだけ速やかな実現を――いわばロシアの後進性を積極的に利用することによって――単純に追求することを意味した。他の社会階級との政治的同盟にふけることは、それがたとえ一時的なものであったとしても、望ましい究極目標を先送りすることにしかならないものだった。そしてそれを先送りすることは、その目標の最終的な実現の現実的可能性を必然的に弱めることになるだろう」（Lester, *Dialogue of Negation*, p.45）。これほど典型的なスターリニスト的主張も最近では珍しい。

(48) 前掲トロツキー『わが第一革命』、259 ～ 260 頁。

(49) トロツキー『1905 年』現代思潮社、1969 年、104 ～ 105 頁。ちなみに、この文章で「都市の権力」となっている部分は、後にこれが 1909 年のドイツ語の著作『革命のロシア』に収録されたときには、「都市のヘゲモニー（Hegemonie der Stadt）」とより適切な用語に修正されており（N. Trotzky, *Rußland in der Revolution*, Dresden, 1909, p. 76）、1922 年出版のロシア語版の『1905 年』でもそうなっている。このことからも、トロツキーが「ヘゲモニー」という用語をかなり意識的に用いていたことがわかる。

(50) 前掲トロツキー『1905 年』、105 頁。

(51) 前掲トロツキー『わが第一革命』、280 頁。

(52) トロツキー「総括と展望」『ロシア革命とは何か――トロツキー革命論集』光文社古典新訳文庫、2017 年、82 ～ 83 頁。

(53) 前掲ビュシ＝グリュックスマン『グラムシと国家』、83 頁。

(54) 竹村英輔『グラムシの思想』青木書店、1976 年、98 ～ 99 頁。

(55) ただし、国土が広く、組織された中央権力が農村や山岳地帯においてあまり実効支配力を握っていない場合には、中国内戦やキューバ革命や

サパティスタの場合のように、地域的に二重権力が長期にわたって続くことも可能だが、先進国や都市部では不可能である。

(56) トロツキー「最初のソヴィエトの教訓」『トロツキー研究』第47号、2005年。

(57) Н. Троцкий, *Въ зашиту партіи*, С-Петербургь, 1907.

(58) 反動期におけるトロツキーの党統一論とその変遷については、以下の論文を参照。西島栄「トロツキーと党統一のための闘争」『トロツキー研究』第37号、2002年。

(59) 1917年革命の諸過程については、以下の文献も参照せよ。森田成也「永続革命としてのロシア革命」IV、『トロツキー研究』第72号、2018年。

(60) グラムシも、「獄中ノート」でソヴィエトを民主主義的なヘゲモニー機関として考察しておらず、そうした一面性を完全には免れていない。

(61) このようなヘゲモニー概念につき以下も参照せよ。ダニエル・ベンサイド「ヘゲモニーと統一戦線」『二一世紀マルクス主義の模索』つげ書房新社、2011年。

(62) 「われわれペトログラード・ソヴィエトが、守備隊の3分の2を前線に移動させるというケレンスキーの命令を拒否した瞬間に、われわれは事実上武装蜂起の状態に突入したのである。当時ペトログラードにいなかったレーニンは、この事実の意義を全面的な形で評価することができなかった。……けれども、われわれがペトログラード守備隊の移動を拒否し、軍事革命委員会を創設し（10月16日）、すべての部隊と機関に軍事革命委員会のコミッサールを任命し、それによってペトログラード軍管区の司令部のみならず政府をも完全に孤立させた瞬間に、10月25日の蜂起の結果は、少なくともその4分の3はすでに達成されていたのである」（トロツキー「10月の教訓」『トロツキー研究』第41号、2003年、86〜87頁）。

(63) 1997年にパリで開催されたロシア革命90周年の左派の国際会議の場で、トロツキストのジルベール・アシュカルとイギリス共産党の歴史家モンティ・ジョンストンがどちらも、10月革命をクーデターであるとみなしているのは、心底驚かされる。さらにアシュカルに至っては、それを19世紀型のブランキ主義的なものだったとさえ述べている（ポール・ルブランの報告による。ポール・ルブラン「ロシア革命に関する国際会議」下、『ニューズ・レター』第23号、1999年、7頁）。能動的な勤労者1000万人の確固たる支持を受け25万人以上のメンバーを抱えていたボリシェヴィキが行なった10月革命がクーデターなら、100万首都のわずか10数万人によって遂行された2月革命はいったい何なのか？　なぜ彼らは2月革命を少数派によるテロとして非難しないのか？　そしてそれ以前のあらゆる革命は首都における数万名によって遂行されたものだ。首都での自然発生的な大衆運動による機動戦だけで勝敗がついた2月革命こそ典型的に19世紀型の少数者革命であり、ソヴィエトという新しい民主主義的代議機関の指導にもとづいて組織的・陣地戦的に遂行され、その最中に全ロ・ソヴィエト大会という組織された全国選挙機関による

承認を受けた10月革命はまぎれもなく20世紀型の多数者革命の先駆だった。以下も参照。エルネスト・マンデル『1917年10月——クーデターか社会革命か』柘植書房新社、2000年。

(64)「プロレタリアートは、同業組合的利害を犠牲としてこの矛盾を克服しなければ、支配階級となることができず、たとえ支配的になっても、階級の一般的恒久的な利害のためにこれらの当面の利害を犠牲にしなければ、自己のヘゲモニーと独裁を維持することはできない」（グラムシ「イタリア共産党政治局からソヴェト共産党中央委員会あて」、『グラムシ問題別選集——ロシア革命とコミンテルン』第3巻、5月書房、1972年、285頁。

(65) この点についてより詳しくは本書の第6章「ホブズボームのグラムシ論を批判的に読む」を参照。

(66)「野党の禁止は分派の禁止を招いた。分派の禁止は無謬の指導者と異なる考えを持つことの禁止に終わった。党の警察的な一枚岩体制は官僚の専横を招き、それがあらゆる種類の堕落と腐敗の源になった」（トロツキー『裏切られた革命』岩波文庫、1992年、139頁）。

(67)「官僚的専制はソヴィエト民主主義に席を譲らなければならない。批判の権利と選挙の真の自由を復活させることが国のいっそうの発展の不可欠の条件である。それはボリシェヴィキ党をはじめとするソヴィエト諸党の自由の復活と労働組合の再生とを前提とする」（同前、360頁）。また、315〜316頁も参照。

(68) 邦訳『マルクス・エンゲルス全集』第4巻、大月書店、496頁。

第2章　トロツキーとグラムシの交差点
──1923 ～ 24 年初頭の手紙を中心に

【解題】本稿は、1999 年に出版された『トロツキーとグラムシ──歴史と
知の交差点』（片桐薫＆湯川順夫編、社会評論社）に収録された論文である。
さらにこの論文集のもとになったのは、1998 年 11 月にトロツキー研究所
と東京グラムシ会との共催で開催されたシンポジウム「トロツキーとグラム
シ──その歴史と知の交差点」での報告である。このシンポジウムには全国
から 100 名近い参加があって成功を収めた。今回、収録するにあたって、
若干の加筆をするとともに、注の入れ方を若干変え、節ごとではなく、通し
番号にした。

1. はじめに──本稿の課題

　トロツキーとグラムシとの関係は、日本のグラムシ研究の中で一つの重
大な空白をなしていた。その理由の一つは、グラムシ研究者にとってトロ
ツキーという存在が非常に疎遠であったことである。この問題については、
『トロツキー研究』第 27 号掲載の拙稿「トロツキーとグラムシ研究の新し
い課題」で詳しく分析しておいた。したがって、本稿の課題は、すでにグ
ラムシ研究におけるトロツキーの不在を指摘することではなく、むしろ積
極的にトロツキーとグラムシとの関係について自らの見解を提示すること
である。

　私の仮説の全体をあらかじめ提示しておくと、以下のようになる。

　トロツキーとグラムシとが交差しあう歴史的ポイントは主に二つあっ
た。一つ目は 1922 ～ 24 年初頭の時期、とりわけグラムシが 1924 年初頭
に親しい同志および弟子たちに一連の手紙を送った時期である。グラムシ
は 1922 年 6 月にイタリア党の代表としてモスクワにおもむき、そこでト
ロツキーらコミンテルン指導部の示唆を受けてセクト主義的なボルディガ
路線からしだいに決別していく。そして、1923 年末にモスクワからウィー
ンに着いて、その地からイタリア共産党指導部の再編をめざす。当時すで
に、ロシア共産党の内部では、トロツキーらの左翼反対派と主流派との間

95

で論争が起こっていたが、まだ決着が着いていない段階だったので、基本的にグラムシはトロツキーの思想に依拠して党内再編をめざした。

　しかしその後、グラムシは、党内論争が主流派＝反トロツキー派の勝利のうちに決着したのを受けて、思想的・理論的には引き続きトロツキーのあれこれの思想を援用しながらも、公式上はトロツキーから距離をとるようになる。そして、1924 年末の文献論争において、トロツキーの敗北が決定的になったのを受けて、1925 年以降、公式的には反トロツキーの立場を打ち出すようになった。その間、党内の指導権を失ったボルディガが逆に、トロツキー支持を明確に打ち出したのを受けて、グラムシは、ボルディガ主義とトロツキズムとを重ねあわせ批判するというシンボル操作をするようになった。

　とはいえ、いわゆる「幕間」の時期（1925 年初頭から 1926 年半ばまでの、ロシア共産党の党内闘争が一時的に沈静化していた時期）に、トロツキーの重要な諸著作 [1] が『ウニタ』などに積極的に紹介されており、この時のトロツキーの思想が、後の「獄中ノート」におけるグラムシ思想の源泉の一つとなっている。

　1926 年 7 月からロシア共産党内で党内闘争が再開されると、グラムシは基本的に主流派の立場に立ったが、その論争の行く末に危機感を感じたグラムシは、逮捕される直前に、ロシア共産党中央委員会あてに、論争の行きすぎを危惧するあの有名な 1926 年 10 月の手紙を執筆し、それをトリアッティに送る。しかし、そのような手紙がイタリア共産党に対する主流派の不信を招きかねないと感じたトリアッティによって握りつぶされる。こうして、レーニンの最後の闘争にも似たグラムシの獄外での「最後の闘争」は、実りなく終わり、その直後にグラムシはムッソリーニの警察に捕まり、獄中の人となる。

　獄中でグラムシは、西方における共産党の新しい戦略路線を徹底的に練りなおす作業に着手し、その重要な一貫としてトロツキーの永続革命を機動戦の理論として批判する。しかし、この批判は、永続革命論の実際の内容に即しておらず、1924 年以降にスターリン、ブハーリンらが歪めて提示した「永続革命」論の戯画にもとづくものだった。

　しかし、1930 年にイタリア共産党がコミンテルンの指令のもと極左「転換（ズヴォルタ）」をとげると、獄中のグラムシはその極左転換に厳しく

反対し、共産党の反ファシズム戦略をめぐって再びトロツキーとグラムシとの距離が縮まり、第2の交差点が起こる。トロツキー自身も、亡命の地で、グラムシおよびその除名された弟子たちによって示唆を受けたファシズム論を全面展開して、スターリニストの社会ファシズム論と闘う。

　ただし、この第2の交差は、第1の交差と違って間接的であり（なぜならグラムシは獄中であり、トロツキーは亡命の地にいたから）、しかもそれ以前の疎遠な時期を経たために「ねじれ」ている。にもかかわらず、その「ねじれ」を解きほぐすなら、両者の交差は明瞭であり、十分強い印象を与えるものである。

　しかし、その後コミンテルンが人民戦線路線に転換することによって、再び両者の距離は広がる。すでに健康が衰えていたグラムシは人民戦線の問題性について十分吟味することができず、曖昧な形で支持を与える。こうして、両者は二度と交差することなく、グラムシは1937年に病死し、その3年後の1940年にトロツキーはスターリニストによって暗殺される。

　トロツキーとグラムシの関係をめぐる以上のような把握は、イタリアの元トロツキストであるロベルト・マッサリの論文[2]に強い示唆を受けたものである。私は、基本的にマッサリ論文の線に沿って、両者の関係をより多面的かつ注意深く考察することが必要であると考えている。そして、以上の複雑な過程を総体として理解しないかぎり、トロツキーとグラムシの関係も正しく理解することはできない。あれこれの時期におけるトロツキーとグラムシの関係を誇張して、グラムシをトロツキーの敵対者として描き出したり、逆にグラムシを隠れトロツキストとして描きだすのは、一面的である。

　この過程の全体を叙述することは、一論文という性格上不可能であるので、本稿では、最初の交差の場面である1923年〜24年初頭におけるグラムシの一連の手紙、とりわけ1924年2月9日の手紙を中心に分析したいと思う

　この一連の手紙の主なものはすでに、『グラムシ政治論文選集』第2巻に訳出されているが[3]、しかし、不幸なことに、その翻訳の出来は非常に悪い。したがって、本稿の課題は、主要な課題と副次的な課題の二重に分かれることになる。主要な課題はもちろん、1923年〜24年初頭の一連の手紙の分析を通じて、そこにおけるトロツキーとグラムシの交差の痕跡

を析出することである。副次的な課題は、これらの手紙がどのように誤訳されているかを一つひとつ確認することによって、これらの手紙をめぐる誤った認識を訂正することである。ただし、後者の課題は、論旨を混乱させないよう、本文ではなく注の中で行なうこととする。

　あらかじめことわっておくが、私はグラムシ研究の専門家でもなければ、イタリア語の専門家でもない。したがって、グラムシの思想の全体像や伝記的事実関係については、日本語で読める既存の研究[4]に頼った。イタリア語については、『トロツキー研究』第27号の編集をするにあたって我流で少し勉強した程度なので、手紙の訳については、1990年にミネソタ大学出版から発行された政治論文集[5]に収められている英訳を大いに参照した。しかし、グラムシの手紙を引用するにあたっては、イタリア語原文[6]から行なったことは言うまでもない。

2. イタリアからモスクワへ

　本稿の主題は、1923年〜24年初頭におけるグラムシの手紙を分析することなので、それまでのグラムシとイタリア共産党の動きについては、ごく大雑把にのみ叙述する。

イタリア共産党の創設とローマ・テーゼ

　イタリア共産党の中核を形成したのは二つの独立したグループであった。一つは、グラムシを中心としてトリノで活動していた「オルディネ・ヌオーヴォ」派と、アマデーオ・ボルディガを中心とする選挙棄権主義者の分派である。グラムシの「オルディネ・ヌオーヴォ」派は、1919〜20年にトリノでの工場占拠運動を指導し、嵐のような大衆運動の先頭に立ったが、全国的分派を結成しようとせず、社会党指導部と決然と手を切って新しい党を結成するイニシャチブをとることはしなかった。そのようなイニシャチブをとったのは、ボルディガだった。そのため、結成されたイタリア共産党の指導は、すでに全国的分派を作り上げ一貫して社会党からの分裂を指導したボルディガの手に必然的に落ちた。グラムシは第2の地位に甘んじることになった。

　ボルディガはその持ち前のエネルギーと鉄の意志力によって、社会党の

左派やその周囲の急進派を引きつけて、イタリア共産党を創設した。しかし、ボルディガは、状況に応じて柔軟に事態に対処する能力を持っておらず、共産党創設のときには決定的な役割を果たしたその強情さは、容易にセクト主義、極左主義に陥った。

　戦後の革命高揚期は 1921 年までに終了し、コミンテルン指導部は、レーニンとトロツキーを先頭に、第 3 回世界大会から第 4 回世界大会にかけて、徐々に攻勢的戦術から防衛的、統一戦線的戦術への転換をなしとげようとした。とりわけトロツキーは、一連の報告や論文においてイタリア問題を精力的に取り上げた [7]。

　しかし、1919 〜 20 年における高揚の気分を忘れられない極左派は、コミンテルン指導部でもまた各国支部でもなお強力であり、統一戦線への転換を訴えるレーニンとトロツキーを日和見主義者として非難した。その極左派の再先鋒にいたのがイタリア共産党多数派（ボルディガ派）である。なにしろ、イタリア社会党と激しく分裂して共産党を結党したのは、ほんの少し前の 1921 年 1 月のことにすぎなかった。コミンテルンの戦術的転換にすぐさま呼応したのがタスカを中心とする右派少数派であっただけに、なおさらおいそれと転換に従うことはできなかった。イタリア党の代表団はモスクワで激しくコミンテルン指導部と対立し、しだいに溝を深めていった。

　現実の事態は、レーニン、トロツキーらの路線の正しさを証明した。ヨーロッパ・ブルジョアジーは最初の革命的攻勢をしのぎ、自信を回復し、相対的安定性を取り戻しつつあった。ヨーロッパ・ブルジョアジーの支配は、一気呵成の攻勢によって崩壊するような脆弱なものではなかった。また、1903 以来の 20 年近い経験と闘争によって鍛えられたボリシェヴィキ党と違い、1920 年前後にヨーロッパ各国で即興的につくられた共産党は、革命的高揚を利用して権力奪取をするだけの能力を持っていなかった。これらの党は改めて「革命的戦略の学校」に入学し、その中で鍛えられなければならなかった。社会民主主義者の左派的部分と合同することで大衆党となり、巧みな統一戦線戦術と労働者政府のスローガンにもとづいて、広範な労働者大衆を獲得することが必要だった。

　しかし、ボルディガ率いるイタリア共産党多数派は、あくまでも強固に抵抗した。1922 年 3 月のイタリア共産党第 2 回大会（ローマ大会）に向

けて起草された戦術テーゼ案（いわゆるローマ・テーゼ）は、労働組合での「下からの統一戦線」に賛成しながらも政党間での「上からの統一戦線」を拒否し、事実上コミンテルンの戦術方針に反対するものだった。コミンテルンのイタリア特別委員会は、トロツキーの起草によって、ローマ・テーゼを体系的に批判する特別書簡をイタリア共産党中央委員会に宛てて出した[8]。イタリア共産党はしかし、このローマ・テーゼを、審議用の文書として扱うという妥協のうえ、圧倒的多数で採択した。グラムシを中心とするグループも、右派との闘いおよび党の規律を優先させたために、このテーゼに賛成した。この時のグラムシはまだ、混沌とした情勢の中にあって、自らの進むべき道をはっきりと認識していなかった。

モスクワ時代

　そうした中でグラムシの人生において一大転機となったのは、1922年5月にコミンテルンのイタリア代表に選ばれて、6月にモスクワに赴いたことである。彼はその地で1年半以上過ごし、ボルディガ主義と決別して、しだいに自立性と確信を持った党指導者へと成長する。

　だが、モスクワに着いた早々にそのような変化が生まれたのではない。体の具合がすぐれなかっただけでなく、事情にも十分通じておらず、イタリア党の代表者としてコミンテルンの歴戦の大指導者たちと対等に伍していく力も自信もまだなかった[9]。グラムシはついに重い病気になり、モスクワ郊外のサナトリウムで数ヵ月をすごすはめになった（だが、そのサナトリウム生活の中で、妻となる人と巡りあうことになる）。

　そうした中で、グラムシの政治生活に一つの重要な意味を持ったのは、トロツキーに依頼されて、「イタリア未来主義についての手紙」を執筆し、それが、トロツキーによる大きな賛辞が添えられたうえで、大著『文学と革命』に付録として収録されたことである。1920年にグラムシの書いた「社会党の刷新のために」がレーニンに称賛されたことはあったが、その時は『オルディネ・ヌオーヴォ』の路線が全体として評価されたのであって、グラムシの名前自体はまったく出されなかった。しかし、今度はレーニンと並ぶコミンテルン指導者であるトロツキーに自分の手紙が称賛されただけでなく、世界的な著作となった『文学と革命』に堂々と掲載されたのである。これは、グラムシにとって大きな自信につながっただけでなく、

世界の共産主義運動の中でグラムシの名前が知られる契機にもなった[10]。また、この『文学と革命』自身が、東方と西方の対比や知識人論などに関して、グラムシの思想に大きな影響を与えた[11]。

　また、1922年10月、イタリアでファシストの「ローマ進軍」が起こり、ムッソリーニが権力を奪取した。情勢は大きな曲がり角にあった。ファシズムというこの新しい現象にコミンテルン指導者の誰もが大きな関心を払い、おそらくは、グラムシに、それについての見解を求めたものと思われる。それに対してグラムシがどう答えたかは記録に残っていないが、トロツキーをはじめとするコミンテルン指導者に十分感銘を与えるものであったと思われる。のちにトロツキーが1926年にポーランド・ファシズムについて演説をしたとき、そのファシズム論には明らかにグラムシの影響が見てとれるからだ[12]。

　さらにグラムシの思想において重要な役割を果たしたのは、自ら参加した1922年11〜12月のコミンテルン第4回世界大会である。この大会で「イタリア問題」が取り上げられた。その直前の1922年10月のイタリア社会党ローマ大会で、第3インターナショナルへの加盟を支持する左派(指導者はセルラーティ)が勝利を収めたのを受けて、コミンテルン指導部は、イタリア共産党とイタリア社会党との合同をイタリア共産党指導部に勧告し、それを決議として大会で採択した[13]。しかし、ボルディガを筆頭とするイタリア共産党の多数派はこの合同案に強く反対した。しかし結局、イタリア共産党指導部は規律の名において形式上、合同案を受け入れられるが、合同は遅々として進まなかった。そこには意識的ないし無意識的なサボタージュがあった。

　そうこうしているうちに、1923年2〜3月にボルディガ、グリエコ、セルラーティをはじめとする社共の主要な左派幹部が逮捕された。これをきっかけに、社会党の中で合同に反対しているネンニらがミラノ大会で主導権を握った。合同問題は一時的に宙に浮いた。

　ところで、第4回世界大会において、トロツキーはコミンテルンを代表して主要報告を行なっている[14]。この演説の中で、トロツキーは、東方と西方におけるブルジョア社会の堅固さの相違、そこからくる革命の進行の相違について詳しく述べた。これはグラムシに深い感銘を与えたようで、のちの「獄中ノート」でもわざわざこの演説のことが言及されている[15]。

この演説がグラムシに与えた影響はきわめて大きく、ボルディガ主義と決別する上での必要な理論的基礎を与えたのみならず、「獄中ノート」における重要な諸思想にもつながっている。たとえば、「東方と西方」、「機動戦と陣地戦」という周知の議論のみならず、長期的な「有機的（organico）運動」と短期的な「状況的（congiuntuale）運動」との区別とその弁証法的連関、「さまざまな振り幅」を持った「波動（ondate）」といった議論である[16]。

　さらにトロッキーは、同時期に一連の演説・論文を通じてこの大会報告を各国の情勢に即して具体化しており[17]、その中には後にグラムシが1924年初頭の手紙の中で詳しく展開することになる諸論点も含まれていた。グラムシがボルディガ主義から離れて一人の自立した党指導者となっていく過程がいつごろから生じたのかは、正確にはわからない。内心においては、モスクワに到着する以前からボルディガ主義の路線に違和感を感じていたのは、1923 ～ 24年初頭の一連の手紙から明らかであるが、その違和感が十分な理論的確信に結晶化していなかったことだけはたしかである。したがって、その分離と自立の有機的過程が始まるのは、おそらくこの第4回大会以降のことであろう。

　そうした中で、コミンテルン指導者たちは、ボルディガに代わってグラムシがイタリア共産党の指導権をとるよう説得にあたった。グラムシは、ボルディガのような強烈な個性と指導力を向こうに回して、そのような重責を担う自信はまだなかった。グラムシは、1924年初頭の手紙の中で、イタリア委員会の一員であったラコシによってそのような説得をされたことを回想しつつ、その時、ボルディガに対抗することの困難さと党指導部の解体の可能性を理由にことわったいきさつについて証言している[18]。

　しかし、イタリア共産党の指導部を見回したとき、ボルディガに対抗して党の指導を引き受けられる人間は、グラムシをおいて他にいなかった。グラムシもそのことをしだいに自覚しないではおれなかったはずである。決断は時間の問題だった。その最初の一歩を踏み出すきっかけは、向こうからやってきた。1923年2月に逮捕されたボルディガが、同年4月に、獄中から、社会党との合同問題をめぐってコミンテルンの路線にきっぱり反対する宣言を起草し、それへの同意を他の指導者に求めはじめたのである。

3. 前哨戦——1923年5月の手紙

ボルディガの宣言とトリアッティの困惑

　トリアッティは、この宣言に対しどのような態度をとればいいのか困惑した挙げ句、5月1日付けでモスクワのグラムシに意見を求める手紙を書いた。その中でトリアッティは、ファシズムの権力奪取をふまえて、イタリアが再び政治的に不安定になり、プロレタリアが再び積極的な役割を果たす時がくる可能性を示唆しつつ、その場合に決定的なのは党の問題であるとして、次のように述べている。

　　　こうしたこと〔プロレタリアートの政治的活性化〕が起こった場合、本質的に重要なのは、強力に組織されているだけでなく政治的な方向性をきちんと持った、プロレタリアートの党がその時に存在していることであり、そしてそれが労働者に安定した指導部を与え、プロレタリアートの力を用いて最大限の成果を勝ち取るのを実現することだ。[19]

　しかし、この目的を達成する上での最大の障害は、コミンテルンおよびイタリア社会党との関係であった。

　　　その点で私が恐れているのは、今われわれが直面している問題を正しく解決することに失敗した場合、そうならないのではないかということだ。その問題とは端的に言って一つの問題に還元することができる。すなわち、われわれの党と共産主義インターナショナルおよびPSI（イタリア社会党）との関係である。……アマデーオは、これまでPCI（イタリア共産党）の内部で指導権を握ってきた政治グループ、すなわち党の形成とこれまでの3年間に展開されてきた行動に責任を負っている政治グループが、一つの宣言をもってプロレタリアートに打って出ることを望んでいる。この宣言は、PSIとの合同というコミンテルンによって追求されてきた政策が、この政治的グループに課せられた歴史的課題——PSIによって代表されているエセ革命的伝統を破壊し、この徒党を一掃し、同時に闘争の新しい伝統と新しい組織を形成するという課題——を成功裏に遂行するのを妨げていと訴えている。[20]

　このボルディガの宣言は、トリアッティにとって、コミンテルンとの関

係で先鋭なジレンマを突きつけるものだった。

　　アマデーオの提案の長所は、それが厳格な論理（厳格すぎる論理）に従っていることだ。包み隠さずに言うと、これが理由で彼の提案は最も知的な同志たちにとって大きな魅力を持っているし、彼の傑出した個性の重みが加わるのでなおさらである。しかし実際には、現在の条件からして、アマデーオの言い分を実行することは、コミンテルンとの公然たる衝突に至ることを意味するし、われわれをコミンテルンの外部に置くことになるだろう。そうなれば、われわれは強力な基盤と道徳的な支援を失い、ほとんど純個人的なつながりによって結びついたちっぽけな集団に成り下がるだろう。……このような直接的な実践的打撃は、アマデーオの欲するような、原則の絶対的で非妥協的な声明の有する価値によって償われるだろうか？　正直に言うと、私は今なおどう答えていいか困惑している。[21]

　続いてトリアッティは、共産党の創設に至った過程を振り返って、その意義について再確認したうえで、同時に、次のように述べている。

　　他方、次のことも真実だ。つまり、共産主義インターナショナルとの結びつきこそが、われわれの行動に大きな衝撃力を持たせたということである。この結びつきがなければそうはいかなかっただろうし、実際、その結びつきこそ、われわれが与えた衝撃力の本質的な要素だった。しかし、この要素を維持するために、われわれは、部分的であれ他方の要素——すなわちわれわれの前提の論理的結論——を否認することができるだろうか？[22]

　トリアッティがここで提示しているジレンマは、社会党との合同を拒否して共産党を純潔に保つというアマデーオ・ボルディガの提案——それは、共産党に結集した活動家たちのこれまでの実践と理論の論理的帰結でもあった——をとるべきか（その場合にはコミンテルンとの決裂に至る）、それとも、コミンテルンとの結びつきを優先させて自分たちの過去を否定するべきか、というものである。

　トリアッティは、このジレンマをあれこれと分析した挙げ句、コミンテルンの路線に従うことで党組織がしだいに雲散霧消していくならば、いっそうのことボルディガの宣言に賛成した方がいいのではないかと述べてい

る。

> このようにして「消え去る」ことが予想されるなら、おそらく、アマデーオの言うことに同意したほうがいいのではないか、あるいは少なくとも、最初からわれわれを鼓舞してきたわれわれ自身の最後の個性と政治的意志に固執したほうがいいのではないか。[23]

　そして最後にトリアッティは、グラムシに対して、イタリアのもっと近くに住み、そこからイタリアの党を指導してくれるよう懇願している。
　トリアッティのこの動揺的な手紙を受け取ったグラムシは、5月18日付でさっそく返事を書いた。次にこの手紙を詳しく見てみよう。

1923 年 5 月 18 日のグラムシの手紙

　このグラムシの手紙は、この時点ですでに、グラムシがかなり明快な展望と意見を持っていたことを示している。まず冒頭、グラムシは次のように述べている。「総じて君はあまりにも楽観主義的であるとまずもって言いたい」[24]。トリアッティの手紙はずいぶん悲観的であるように思われるが、それでもグラムシには「あまりにも楽観主義的である」と感じられた。それは、イタリア共産党の現状に対する厳しい危機感にもとづいている。その危機感の源泉の一つは、間違いなくボルディガとの関係である。実際、グラムシは続けてこう述べている。

> 私は、第4回世界大会中にアマデーオと何度か話し合ったが、その話し合いは、われわれの間でいくつかの問題に関し公然たる決定的な討論が必要であると私に確信させるものだった。それらの問題は、今日、知的な言い争いとみなされている（あるいは、そうみなされかねない）ものだが、イタリア情勢が革命的な発展を遂げる場合に、党の危機と内的分解の原因になると思う。[25]

　このように、グラムシはこの時点ですでに、いずれボルディガとの間で公然たる討論が必要になると確信していた。もちろん、それは第4回大会時点では不可能だったし、1923年の時点でも不可能だった。だが、ボルディガ主義との決別の最初の意志はここにはっきりと示されている。続けてグラムシは、現在の当面する根本問題が何かを次のようにスバリ明示してい

る。

> 今日の根本問題、すなわち君自身も提起しているそれは、こうだ。党の内部に、最大限のイデオロギー的等質性を持ち、したがって実践的行動に指導の統一性を最大限刻印することのできる同志集団の中核（分派ではなく）をつくり出す必要があるということである。[26]

トリアッティはこれと同じ問題提起をしながら、コミンテルンとボルディガとの間を動揺し、挙げ句のはてにボルディガと妥協することに傾いていた。グラムシの見るところ、そのような姿勢は、「最大限のイデオロギー的等質性を持った同志集団の中核」をつくり出すうえでマイナスにしかならないものだった。

この点を明らかにするために、グラムシは、自分を含むトリノ・グループが「この分野で多くの誤りを犯した」ことに言及している。その一つは、アンジェロ・タスカを筆頭とする右派少数派との闘争を最終的な結論にまで持っていくことに躊躇したことである。おかげでこの「一握りの同志集団」たる右翼反対派がトリノ・グループの伝統を利用することを許してしまった。

もう一つは、1919〜20年における誤りである。すなわち、社会党内部で全国的分派を結成することに躊躇したことである。

> 1919〜20年に、われわれは、分派を結成することに反発を感じたために、今でも、孤立した単なる個人ないしそれに近い存在にとどまっている。他方、他のグループ（棄権主義者のそれ）の中には、分派と共同活動の伝統が深い痕跡を残しており、それは今なお、党生活にきわめて甚大な思想的・実践的影響を及ぼしている。[27]

1919〜20年の誤りについては、1924年初頭の手紙でも繰り返し出てくる。この誤りの確認は、二度と同じ誤りを繰り返さないことの決意のあらわれである。すなわち、諸分派間の中途半端で曖昧な妥協による無責任な党運営をやるのではなく、最大限イデオロギー的に等質的な指導集団の形成をめざして、他の分派との公然たる討論を行ない、有機的で規律正しい党を構築することである。

次に、イタリア社会党との合同問題に関しては、グラムシは次のように

述べている。

> イタリア社会党（ＰＳＩ）の問題は、思うに、もっと現実的な形で、そして間接的には権力獲得後の時期のことも考えて、考察しなければならない。この３年の経験が示したのは――それはイタリアだけに言えることではないが――、社会民主主義的伝統がいかに深く根を下ろしているか、また単なるイデオロギー闘争だけで過去の残滓を破壊することがいかに困難であるか、である。この伝統を日々解体するためには、そしてその伝統を体現している組織を解体するためには、広範で緻密な政治活動が必要である。インターナショナルの戦術はこれに適している。[28]

この文章から明らかなのは、ボルディガ的な路線、すなわち社会民主主義の反動性のイデオロギー的暴露によって社会民主主義的伝統を解体する路線が拒否され、それに代わるものとして「広範で緻密な政治活動」が対置されていることである。そして、その「広範で緻密な活動」に「適している」ものこそ、「インターナショナルの戦術」、すなわち統一戦線、労働者と農民の政府のスローガン、社会民主主義左派との組織統一などである。つまり、この文脈から、グラムシがはっきりとコミンテルンの立場に立っていることがわかる。トリアッティのように、単にコミンテルンの権威が必要であるという水準ではなく、戦術レベルでもコミンテルンの方針に正当性を見いだしているのである。

続けてグラムシは、35万人のロシア共産党のうち古参ボリシェヴィキがたった５万人であること、しかしこの５万人が党を指導しつづけていること、ドイツ共産党でもスパルタクス団５万人が独立社会民主党出身者30万人を指導していると書いている[29]。この意味は明白である。つまり、合同によって、共産党の中核部分がその中に埋没してしまい、自分たちの３年間の努力を無にしてしまうのではないかというトリアッティの懸念に事実でもって反駁しているのである。

さらにグラムシは、多数派がコミンテルンと対立し続け、右派の少数派（タスカ派）が形式的にコミンテルンの方針と一致していることで生じている政治的危険性に厳しい警鐘を鳴らしている。すなわち、大衆がコミンテルンと反対派（タスカ派）の公開文書によって自らの意見を形成していることによって、「われわれが大衆から遊離しつつある」こと、「われわ

れと大衆との間に、曖昧さと誤解と不明瞭ないさかいが生じつつある」こ
とであり、そして、「反対派が事実上党の代表となり、われわれは孤立し、
実践的敗北をこうむる」ことによって、「集団としてのわれわれの解体と、
われわれの思想と政策の敗北の端緒となる」ことである(30)。

　グラムシにとってこれは、絶対に認められないことであった。コミンテ
ルンの旗を右派に奪われてはならないのである。しかし、ボルディガの立
場に与するかぎり、このような事態になることは避けがたかった。したがっ
て、グラムシにとって、コミンテルンの戦術が全体として正しいという内
容面からだけでなく、イタリア共産党の本流であるべき自分たちがコミン
テルンと対立することで正統性を右派に奪われてはならないという形式面
からしても、ボルディガ主義と決別してコミンテルンの路線に立たなけれ
ばならなかったのである。

　しかも、コミンテルンの権威は、ボルディガの個人的威信とその強烈な
個性に対抗するためにも必要不可欠なものだった。グラムシがそれまで一
貫して、ボルディガに対抗して党の指導を引き受けることに躊躇した理由
の重要な一つは、ボルディガという個性の卓越さにあった。だが、モスク
ワでの長期滞在でグラムシが確信したのは、結局はどんな強烈な個性も、
コミンテルンという集団の正統性と集団的威信にはかなわないということ
である。この確信を、後にグラムシは、トロツキーという大指導者の没落
を通じて、いっそう強く持つことになる。なにしろ、トロツキーの個人的
威信の大きさは、およそボルディガの及ぶところではなかったのだから。

　さて、この時期、コミンテルンとの関係に関しては、内容上の正当性と
形式上の正統性とが幸運にも合致していた。だが、もし両者が矛盾した場
合にはどうなるのか。この重大な問題は、トロツキーがロシア共産党内で、
したがってコミンテルン内で敗北して、コミンテルン指導部が左右のジグ
ザグを始めるやいなや、ただちに表面化することになる。それ以来、内容
と形式との矛盾をつくろいつつイタリア共産党を指導しようとするグラム
シの四苦八苦が生じるのだが、この過程を詳しく追うことは本稿の課題を
越えている。

　いずれにせよ、グラムシは、ボルディガ派もタスカ派も、ともにイタリ
ア共産党の指導に適していないと確信していた。では、誰が指導を引き受
けるべきなのか。それはすでに明らかである。それはグラムシを中心とす

108

るグループである。

> われわれ、すなわちわれわれのグループこそが党の先頭に立ち続けなければならないと私は確信する。なぜなら、われわれこそが真に歴史の発展路線に沿っているからであり、われわれのあらゆる誤りにもかかわらず、われわれは積極的に活動し、それなりのものを建設してきたからである。[31]

この一見うぬぼれとも見える発言には、いささかの私利私欲も虚栄心もなかった。ボリシェヴィキとメンシェヴィキが分裂した1903年のロシア社会民主労働党第2回大会におけるレーニンのように、グラムシは、イタリア共産党の指導をやってのける能力と意志を備えているのは自分だけであり、自分を中心とするグループであることを深く確信していた[32]。それは、私的エゴイズムや権力欲とはまったく別次元の歴史感覚であった。

4. モスクワからウィーンへ

第3回拡大執行委員会総会

このグラムシの路線は、旧トリノ・グループの面々にすぐに受け入れられたわけではなかった。6月のコミンテルン第3回拡大執行委員会を経て、グラムシが直接指導にあたるため1923年11月末にモスクワを出発してウィーンに落ち着くまで、なお一連の紆余曲折があった。その過程を簡単に振り返っておこう。

コミンテルンの第3回拡大執行委員会総会が1923年6月12日から23日まで開かれた。そこで採択された「イタリア問題についての決議」は、合同問題について次のように述べている。

> イタリア共産党と、ローマ大会で第3インターナショナル支持を声明したイタリア社会党多数派とを統合すること、迫りくるファシズムに対抗して革命的労働者の最大限の統一を達成するために、すべての勢力を早急に結集すること——これが、第4回世界大会のイタリア問題についての決定の趣旨であった。この決定が絶対に正しかったこと、いまなお完全に正しいことは、諸事件が証明した。拡大執行委員会は、この決定を確認するとともに、第4回大会の希望がいまだに実現されていないこ

109

とを、深い遺憾の念をもって確認する。[33]

　この決議は、合同が進まなかった原因として、ファシズムによる弾圧とイタリア社会党の右派の策動を挙げるとともに、三つ目としてイタリア共産党多数派の姿勢をも次のように取り上げている。

　　だが、この失敗には、ある程度まで、イタリア共産党中央委員会の多数派の間違った戦術が、あずかって力があった。共産党中央委員会の多数派は、セルラーティ・グループとのこれまでの闘争の暗示にかかっていたうえに、一般に極端な教条主義の弊害におちいっていたため、イタリアの労働運動情勢が根本的に変化したこと、革命的な労働者勢力の全体を統一した共産党に結集することがプロレタリアートにとって死活の問題であることを理解できなかったのである。党中央委員会の多数派は、第４回世界大会で採択された決定にもかかわらず、社会党との合同実現のための系統的なカンパニアを遂行しなかっただけでなく、実際にはこの決定の実行をぶちこわしたのである。[34]

　決議は、続けて、イタリア共産党中央委員会に決定の誠実な実行を迫るとともに、統一に賛成の社会党員を支援すること、統一戦線戦術を適用すること、そして、こうした政策を実行するにふさわしい執行部の構成にすることを求めた。この決議にもとづいて、イタリア共産党の新しい執行部がつくられ、多数派からはフォルティキアーリ、トリアッティ、スコッチマルロが指名され、少数派からはタスカ、ヴォータが指名された。

　明らかに全体としての流れは、タスカを先頭とする党内少数派に有利なように事態が動いていた。全体として決議は、少数派が拡大執行委員会総会に向けて出した報告[35]に沿ったものだった。多数派はこうした危機的事態に直面し、何らかの手を打たなければならなくなった。この時、多数派メンバーにとってありうる選択肢は、以下のようなものであった。

1. ボルディガ主義と決別し、コミンテルンの路線をむしろ積極的に受け入れることで少数派を出し抜き、党内の指導権を獲得する。
2. 基本的にボルディガと路線をともにし、コミンテルンおよび少数派に対し公然たる論争を挑む。
3. これまでと同様、形式的にはコミンテルンの路線を受け入れるが、実質的にはその路線を多数派の路線に沿うように運用して、分派活動を

継続する。

　以上の三つの立場のうち、拡大執行委員会に出席していた主要な多数派メンバーはどの立場をとったのだろうか。そのことを示す重要な資料が、この拡大執行委員会と同時期に行なわれた多数派の分派会議の議事録（断片）である。これは獄中のボルディガに送るためにとられた記録だが、この会議には、テルラチーニ、フォルティキアーリ、レオネッティ、ラヴェラ、トリアッティが出席していた。この会議の中で、テルラチーニは典型的に「3」の立場を表明したのに対し[36]、トリアッティは次のように典型的に「2」の立場を表明している。

　　　われわれは、全党と労働者大衆の前でインターナショナルに対する公然たる論争をもっと早いうちにしなかったという誤りを犯した。党および大衆の前でのこうした公然たる論争をしないかぎり、いかなる組織的手段もわれわれを正しい立場に立たせることはないだろう。……原則と論点に関する一連の声明を出すことによって、インターナショナルおよび党内少数派との公然たる論争を開始すること。この声明は、インターナショナルに伝えられるだけでなく、大衆の間でも普及されなければならない。[37]

　そして、この議事録の末尾にボルディガに宛てて、合意の基本項目として次のようなメッセージが書かれている。「この論争は集団的に遂行されるが、あなた〔ボルディガ〕が主要な役割を担うことになるであろう。とりわけ、基本的な声明を執筆する作業においてはそうだ」[38]。

　このように、多数派はなおボルディガ主義に忠実であり、トリアッティ宛てのグラムシの手紙はあまり効を奏していなかった。また、ボルディガが獄中で出した声明はすでに、この拡大執行委員会においてテルラチーニとスコッチマルロによって公表されていた。このまま推移すれば、ますます党の指導権が少数派に移っていくのは避けられない。

6月の手稿

　では、この時のグラムシはどういう立場だったのだろうか？　5月にトリアッティに宛てた手紙から判断するならば、「1」の立場でなければならないはずである。だが、現在残されている資料は、それと正反対のことを示している。同年6月に執筆されたと推定されているグラムシの手稿──

コミンテルンとの関係を論じたもの——は、第3回拡大執行委員会総会における イタリア問題の報告のための準備文書とされているが、これは明らかに「2」の立場をとっている。私は、この手稿の内容からして、それがグラムシの個人的意見をそのまま表現したものとはとうてい思えないので、その中身を詳しく検討してみたい。

　それはまず次のような出だしになっている。

　　　これまで、われわれはコミンテルンに対しどっちつかずと見える態度をとってきた。すなわち、一方では、極端に形式的な規律を擁護し、対等な者同士の間ではなく下の者と上の者との間で交わされるような言葉使いをしながら、他方では、コミンテルンの諸大会や執行委員会で決定された指令を実質的に回避するためには何でもしようとしているという印象を与えるような振る舞いをしてきた。(39)

　以上の記述は、基本的に、コミンテルンに対するこれまでのイタリア共産党指導部の態度（「3」の立場）を批判したものである。このことからは、ボルディガ＝トリアッティ的方向（コミンテルンとの公然たる論争）も、グラムシ的方向（コミンテルンの方針の形式的のみならず実質的受け入れ）も、一律に出てくるわけではない。では、この手稿はどちらの方に解決策を求めているのだろうか。続く文章を見てみよう。

　　　コミンテルン執行部が最もこだわっているデモンストレーションの一つは、採決において常に満場一致であるということだ。……それは、公衆の目にはコンセンサスが獲得されたように見え、最もはっきりとした統一の証明であるように見える。……各国共産党にとって基本となっているこうした規範から、われわれの態度にもあてはまる論理的帰結が生じる。すなわち、納得がいかなくても規律に従うと断言してみたり、辞任の脅し、等々である。こうした態度は、うわさ話や陰口を生じさせる（あるいは、その可能性がある）だけに、また、国際的舞台にきわめて重大な結果をもたらす舞台裏のいんちきな暴露につながりかねないだけに、なおさら危険である。それゆえ、問題を全面的に非公開の討論に付し、自己の観点を堂々と主張し、必要とあらば闘う用意もあることを示すことが望ましい。(40)

　以上のことから、この手稿がむしろコミンテルンの現状に批判的である

ことがわかる。しかし、この時点ではまだ、方向性が見えてこない。手稿は言う。「国際状況から見るなら、われわれの立場はまずまず（discreto）である」[41]。

グラムシがイタリア共産党の状況に非常に危機感を抱いていたことは、トリアッティ宛ての5月の手紙を見れば明らかである。相当に悲観的であったトリアッティに対してさえ、「あまりにも楽観主義的である」と厳しい戒めを与えていたのはグラムシ本人である。このへんからすでに、この手稿が本当にグラムシ自身の意見を叙述したものなのか疑問が生じる。

イタリア共産党史を書いたスプリアーノは、「まずまず」ないし「なかなかよい」を意味する「discreto」は、「議論の余地がある」を意味する「discutibile」の読み違え（ないし書き違え）かもしれないと注記しているが[42]、この解釈は次に続く文章からして成り立たない。というのは、続く文章で、この手稿は、コミンテルンの統一戦線戦術を具体的に適用することのできる党や人物がどこの国にもいないと断言し、ドイツの例やフランクフルトの代表の例を出しているからである。つまり、イタリア支部は、統一戦線戦術をサボタージュしているとコミンテルン指導部や他の党から非難されてきたが、他の国を見回しても、ちゃんとその戦術を適用できている人物や党など存在しないではないか、だから、それに比べれば、イタリアの党の立場は「まずまず」（いいとは言えないが、悪くもない）だと言いたいのである。

この手稿はさらに、「イタリア問題もこうした枠組みの中で判断される必要が」あると述べ、次のようなかなり挑戦的な発言をしている。「もしわれわれの善意や率直さが認められないのならば、われわれは利用可能なあらゆる手段を用いる」[43]。

これらの記述は明らかに、合同が遅々として進まない責任の一端をイタリア共産党指導部に帰せようとしたコミンテルン指導部に対する正面からの反撃である。続いてこの手稿は、イタリア共産党指導部の多数派の立場をきわめて強い筆致で擁護している。

　　イタリア共産党の現在の多数派は、イタリアにおける自己の位置やその歴史的役割を一貫して守ろうとするものである。イタリアで建設する必要があるのは、イデオロギー的中心をともなった統一した共産党で

あって、社会党の伝統でもなければ、それとの妥協でもない。……イタリア社会党の指導部は、自らの政治的姿勢やその未来を最後まで守ってきたし、これからも守るだろう。……われわれは、コミンテルン・イタリア支部に入ってくる新しい分子のイデオロギー的吸引と同化の中心が、基本的問題で社会党と妥協することを望む人々〔タスカ派のこと〕によって代表される新しい基盤に移されるのを、おめおめと認めるつもりはない。コミンテルンの態度や責任者たちの行動は、共産党の隊列に破壊と腐敗をもたらしている。われわれは、わが党を解体しようとする分子や腐敗分子と闘う決意である。……もしこの闘いの中でコミンテルンが間接的に打撃を受けたとしても、その責めはわれわれに負わされるべきではない。信頼のできない分子と手を組んではならないのだ。(44)

「イデオロギー的中心をともなった統一した共産党」を建設する必要を述べている点や、少数派に主導権を渡さない決意については、たしかに5月のグラムシの手紙と合致しているが、社会党との合同に対するきっぱりとした反対の姿勢、必要とあらばコミンテルンとも闘う決意、そして、コミンテルンが打撃を受けてもイタリア支部多数派の現在の立場を守ろうとする姿勢はいずれも、5月のグラムシの手紙とは矛盾している。他方、これらの立場は、ボルディガの立場および、すでに引用した6月の分派会議でのトリアッティの主張とは非常によく似ている。いったいどういうわけだろうか？　グラムシはあの手紙を書いたわずか1ヵ月後に態度を一変させ、ボルディガ＝トリアッティ路線に舞い戻ったのだろうか？

6月手稿の謎

　この問題を解くにはその後の一連の手紙を検討する必要がある。まず目につくのは、その2ヵ月後の8月に書かれたグラムシのトリアッティ宛ての手紙の断片である。これは未完成で、結局出されなかったようだが、その中で合同問題についてグラムシはこう述べている。

　　　合同の政治的価値。反動は、プロレタリアートを、資本主義の初期に見られたような条件のもとに押し戻そうとしている。すなわち、統一されていると感じ権力を求めるような階級の状態ではなく、分散し孤立したばらばらの状態に。リヴォルノの分裂（イタリア・プロレタリアートの多数派が共産主義インターナショナルから分離したこと）は疑いもな

く反動の最大の勝利だった。[45]

　この文章が合同の必要性に対する確信を表明しているのは明らかである。だが、同時に、リヴォルノの分裂そのものすら否定的に判断していると解釈できるような一節も含まれているので、この断片が手紙全体の中でどのような文脈に位置づけられる予定であったのかわからない以上、機械的に解釈するべきではないだろう。実際、グラムシはその後の手紙のなかでも、リヴォルノの分裂自体は必然的でやむをえないものだったとみなしている[46]。とはいえ、先の手稿とは異なって、合同に対する肯定的な姿勢があることは疑いえない。さらに、この同じ手紙の断片には次のような一節も含まれている。

　　　君〔トリアッティ〕は、ここモスクワでの討論が合同主義か反合同主義かという論点をめぐって展開されていると思っているだろう。しかし、それは表面上そう見えるだけだ。合同主義と反合同主義というのは、討論の「論争用語」にすぎず、その実質ではない。真の討論は以下の問題をめぐってのものだ。ＰＣＩ（イタリア共産党）は全体としてのイタリア情勢を理解しているかどうか、それはプロレタリアートを指導する能力があるかどうか、ＰＣＩは、広大な政治的カンパニアを展開する能力があるかどうか、すなわち、特殊な行動に向けてイデオロギー的・組織的な準備ができているかどうか、ＰＣＩの指導グループは、共産主義インターナショナルの政治的教義であるレーニン主義——すなわち、組織的原理と戦術的観点の有機的な体系にまで発展したマルクス主義——を自らのものとしているかどうか、である。[47]

　この文章もはっきりしている。６月手稿における多数派全面擁護とはまったく性格を異にする自己検証的態度、コミンテルンの政治的教義に対する信頼、等々。この手紙は基本的に５月の手紙と同一の地平に立っていると見てよいだろう。
　また、同年９月12日にグラムシがイタリア共産党執行部に宛てた手紙の中で、左翼の共同機関紙として『ウニタ』という名称の新聞を発行するよう提案し、この新聞に共産党員とセルラーティ・グループ（社会党の第３インターナショナル派）の両者が寄稿することを求めているが、その中で次のように述べている。「セルラーティ派が、この新聞を社会党指導部

に対する分派闘争の機関紙にしてしまわないよう目を光らせておく必要がある」[48]。信頼のできない分子と手を組んではならないという手稿の意見とは対照的に、セルラーティ派が社会党指導部に対する分派闘争をすることにすら厳しく禁欲的である。

さらに、1924年初頭の一連の手紙の一つで、グラムシは、この6月の拡大執行委員会総会においてタスカに対し次のように発言したと回想している。

> われわれはコミンテルンの基盤に立脚すること、その原則と戦術を適用し受容すること、われわれが万年反対派としての態度に固執しないこと、力関係が変化し、解決すべき問題が別の基盤にもとづいて提起されるのに応じてわれわれの態度も変えることをわきまえていること、このことを行動によって示そう。[49]

ここでもグラムシの立場はっきりとしており、コミンテルンの路線を支持している。ではいったい、あの6月の手稿をどう理解したらいいのだろうか？ それはグラムシの短期的ジグザグの産物だったのだろうか？ 私の解釈では、6月の手稿は、グラムシの個人的見解をまとめたものというよりも、当時の多数派全体の見解（とりわけトリアッティのそれ）をまとめたものだというものである。すなわち、グラムシ個人の意見は5月の時点と変化していないが、ただトリアッティをはじめ自分の主要な仲間をまだ説得しきれていない段階で、多数派を分裂させて少数派や社会党右派を有利にすることを避けたかったので、ああいう形で多数派全体の意見をまとめたのではないか。実際、グラムシは後の手紙で次のように述べている。

> 私は多くのことを辛抱した。というのは、党と運動の現状からして、多数派の隊列にわずかでも分裂の外観が見えたなら、破滅的となり、指針のない愚かな少数派を活性化させることになりかねなかったからである。[50]

この発言はモスクワ滞在中全体にわたる自分の態度を述べたものであるが、おそらくは6月の第3回拡大執行委員会総会における自分の態度をも説明していると思われる。いずれにせよ、6月の手稿は手稿であり、発表された論文でもなければ、グラムシの名前で出された手紙でもない。グラ

ムシが5月の手紙で示した新しい路線は、少数派との対抗上表面化しないままであったとはいえ、ウィーン到着後の1924年初頭の一連の手紙へと基本的にまっすぐ続いているものと解釈しておく。

　さて、モスクワで健康を十分回復し、心のよりどころとなる妻を得、コミンテルン指導者との会談や大会参加を通じてコミンテルンの路線に深い確信を抱くにいたったグラムシは、モスクワに来たときの気分とはまったく正反対の、自信と意欲に満ちあふれた気分を抱いて、1923年11月にモスクワをあとにした。彼の頭の中には、コミンテルンの路線にそってイタリア共産党指導部を再建するプランと決意とが息づいていた

5. ウィーン時代

グラムシの上昇とトロツキーの下降

　グラムシがウィーンに向かうことになった直接の理由は、イタリア国内の党指導部があいつぐ弾圧によって壊滅状態になりかけていたからである。すでに述べたように、1923年2～3月にはボルディガやグリエコなどの党幹部がいっせいに逮捕され、それを受けて第3回拡大執行委員会後に、トリアッティ、タスカ、ヴォータなどの新しい執行部が指名された。しかし、この新執行部も9月21日にミラノの郊外で会議しているところを一網打尽にされた。彼らは結局12月には予審で免訴となって釈放されるが、いずれにせよ、不安定な国内指導部の他に安定した国外指導部を建設する必要性に迫られた。そして、その国外指導部を建設し、その指導にあたる任務が、グラムシに与えられたのである。この時まだわずか32歳であったグラムシは、こうして、事実上イタリア共産党の最高指導者となったのである。

　しかし、グラムシがこのような上昇を遂げていくのとは対照的に、グラムシの理論的成長にとって大きな役割を果たしたトロツキーは、この時期、ジノヴィエフ、カーメネフ、スターリンのトロイカ勢力によってしだいにその地位を掘り崩されつつあった。すでに、レーニンが1923年初頭に完全に政治から離れたことで、トロツキーの最大の後ろ盾がいなくなった。党内の実質的な権力はトロイカに移り、トロイカは、トロツキーのいないところで意志統一を図って政治局会議に臨むという党運営を行なって

いた。それだけでなく、書記局と組織局を牛耳っていたスターリンは、自分の息のかかったものだけを各機関の指導部や書記に据え、真面目で誠実な共産主義者（とりわけトロツキーに近い人物）をしだいに指導的地位から除いていった。スターリン一派による反動的・官僚的陣地戦が舞台裏で着々と進行していたのである。

　1923年10月8日にトロツキーは政治局にネップと工業化と党内民主主義に関する書簡を送り、同月15日には46人の声明が現われた。この声明にはトロツキーの名前はなかったが、プレオブラジェンスキーをはじめ署名者の多くが著名なトロツキー派であったことから、バックにトロツキーがいると判断された。またトロツキーは同月24日に第2の書簡を政治局に送り、12月には一連の新路線論文を『プラウダ』に発表している[51]。

　グラムシがモスクワからウィーンに移ったのは、まさにこの闘争が始まりかけていた頃だった。闘争の決着はまだ不明であったが、いずれにせよその結果は、イタリア共産党の新しい指導集団を建設する決意をもってウィーンにやってきたグラムシにとってきわめて重要な意味を持っていた。

　こうして、この時期、グラムシとトロツキーはきわめて不安定な交差を果たすことになる。上昇しつつあるがまだ党内ヘゲモニーを完全に掌握したわけではないグラムシと、下降しつつあるがまだ党内の指導的地位を完全に失ったわけではないトロツキー——この両者の関係は、この時期のグラムシの党内闘争に複雑で微妙な影響を及ぼした。

　一方では、グラムシは、ボルディガの権威と卓越した個性に対抗するためにコミンテルンの権威を必要とした。それは、コミンテルンの多数派と合意を結ぶことを意味した。他方で、党内闘争の直接的な理論的武器はレーニン＝トロツキーの路線であった。コミンテルン多数派との一致という法的・形式的正統性と、コミンテルン路線の正しさという政治的・実質的正統性とは、この時期、その微妙な均衡を崩しつつあった。1924年初頭におけるグラムシの一連の手紙には、この不安定な均衡とその崩壊の兆しとが複雑に反映している。

　私は、この複雑な反映を1924年初頭におけるグラムシの一連の手紙を一つひとつ検討することで検証したいと思うが、その前に、その手紙の中身をいっそうトロツキー寄りにする上で大きな役割を果たしたと思われ

る、ウィーンでのヴィクトル・セルジュとの交流について見ておこう。

ヴィクトル・セルジュとの出会い

　片桐薫氏によれば、グラムシがウィーンでヴィクトル・セルジュと知り合ったのは、1924年の始めごろである[52]。後で引用するように、セルジュの回想には、レーニンの死の翌日に入党した労働者のことが二人の間で話し合われたとあるので（レーニンが死んだのは1924年1月21日）、おそらく1924年1月下旬までにはすでに親しい交流があったのは間違いない。とすると、セルジュの影響がグラムシの手紙に現われるのは、1924年の1月末から2月以降の手紙ということになろう。

　ヴィクトル・セルジュは、ロシア人亡命者の息子としてブリュッセルに生まれフランスで活躍した作家兼革命家であり、ロシア革命後コミンテルンで活動するなか、トロツキーと親しくなった。トロツキーがトロイカと闘いはじめたときも、真っ先にそれを支持した一人であり、1926年に合同反対派の闘いが始まると、ロシアに赴いてその闘いに精力的に参加した。反対派の敗北後もその立場を放棄せず、1933年にスターリンによって投獄・流刑された。1936年にヨーロッパ世論の圧力で釈放されたのちも、革命的マルクス主義者として活動を続け、トロツキーと繰り返し意見を対立させながらも、最後までトロツキーの思い出に忠実であった。

　その彼がウィーンでグラムシと知り合うことになったのは、1921年のクロンシュタット反乱、そしてその後の革命の堕落に気落ちしたセルジュが、ロシア革命を救うためにはヨーロッパで革命運動を盛り上げるしかないと考えて、1922年はじめにロシアからヨーロッパに移っていたからである。彼は最初ドイツで活動したが、1923年10月におけるドイツ革命の失敗直後、プラハを経由して、ウィーンにやって来た。当時の彼は『クラルテ』というフランス語の文化雑誌を編集・発行するとともに、コミンテルンの活動家として英・独・仏のコミンテルン機関誌（インプレコール）、とりわけフランス語の『コレスポンダンス・アンテルナショナル』の編集を担当していた。

　セルジュは非常に知性豊かな知識人であり、その高潔で批判的な精神と旺盛な行動力の点で、いかにもグラムシとうまの合いそうな人物であった。当時、ウィーンにおいてグラムシの知的志向を満足させるような人物は他

にはおらず、両者が親しくなるのも当然の成り行きだったと言えよう。二人が意気投合する要素は、そのような個人的要素のみならず、他にもいくつかあった。

　まず、グラムシはモスクワ滞在中、何本もの論文を『コレスポンダンス・アンテルナショナル』に寄稿していた[53]。この時期、同誌を編集していたのはセルジュであるから、セルジュは論文を通してグラムシをすでによく知っていたことになる。また、セルジュはコミンテルンの書記としてイタリアの同志たち、ラッザリ、テルラチーニ、セルラーティそしてとりわけアマデーオ・ボルディガと直接顔見知りだった。セルジュの回想録にもボルディガは何度か出てくる[54]。さらに、1922 年におけるイタリアでのファシストによる政権奪取について、セルジュはグラムシとほぼ同じ観点を有していた。セルジュは、回想録の中で次のように述べている。

　　　ローマ進軍とムッソリーニの台頭について理解していた者は、インターナショナルの内部では、個々の闘士を除いては（私もその中に含まれる。というのも私は、かなり仔細にファシズムの台頭を追っていたからだ）、誰もいなかった。コミンテルン指導部の意見は、これは反動の道化であり、急速に衰えて革命への道を開くだろう、というものであった。私はこのような見方に反対し、次のような意見を述べた。反革命のこの新しい形態は、扇動による大衆操作や弾圧の手法に関してはロシア革命の流儀にならいながら、権力を渇望する失望した革命的群衆を獲得することに成功した。したがって、幾年にもわたってその支配は継続するだろう、と[55]。

　セルジュがここで言っている「個々の闘士」の中にはグラムシも入っていたと思われる。いずれにせよ、以上のような政治的観点からしても、二人が出会ってすぐに大いに意気投合したのは間違いないと思われる。

　そのセルジュは、同じ回想録の中で、グラムシについて次のように述べている。長いが非常に貴重な証言なので全文を引用する。

　　　その頃ウィーンにいたアントニオ・グラムシは、イタリア共産党の非合法委員会の活動に従事しながら、遅く寝て遅く起きる勤勉でボヘミアン的な亡命生活を送っていた。彼の頭は重そうで、額は高くて広く、唇は薄かった。そのどっしりした頭を支えていた体はきゃしゃで、肩は角張り、胸板は薄く、背中はまがっていた。彼はその繊細で痩せた手を優

雅に動かしていた。彼は日常の細々とした事柄には不器用な方であった。いつもの慣れた通りで夜、道に迷ったり、まちがった列車に乗ったりしていたし、住居の快適さや食べ物の質にも無頓着であった。だが、知的な問題ではがぜん生き生きとしていた。直観的に弁証法に熟達していた彼は、たちまち虚偽を見抜き、それを皮肉の針で突き刺し、ずば抜けた明晰さで世界を見ていた。ある日のこと、私たち二人は、レーニンの死の翌日にロシア共産党への駆け込み入党を許された25万人の労働者たちのことを話し合った。彼らが党にやってくるのに、ウラジーミル・イリイチの死を待たなければならなかったとすれば、そのようなプロレタリアに何の価値があるというのか？

マッティオッティ〔統一社会党の議員で、ファシストに暗殺された〕の場合と同じく、その後代議士として脅迫に囲まれた生活を送ったグラムシは、ムッソリーニに憎悪されながらも尊敬され、身体が弱く不自由であったにもかかわらず、あくまでもローマにとどまって闘い続けた。彼はよく自分の惨めな子供時代の話をしてくれた。また、家族が就かせようとした聖職者への道をどのようにして阻止したかを話してくれた。彼は、自分のよく知っている一部のファシズム指導者の正体を、ときおり短く発せられる冷笑的な笑いとともに暴露した。ロシアでの危機が悪化しはじめると、グラムシはそれに巻き込まれたくなかったので、党を通じて自分をイタリアに送り返させた。だが彼は、その身体障害と突き出た額ゆえに、一目でグラムシとわかった。彼は1928年6月に、ウンベルト・テルラチーニらとともに投獄された。ファシストの監獄は、世界のいたる所で彼と同世代の闘士たちを絶滅に導いた分派闘争の影響からグラムシを遠ざけた。われわれにとって暗黒の年月は、彼にとっては頑強な抵抗の年月だった（12年後、私がロシアでの追放期間を終えてパリに戻ってきた1937年のこと、人民戦線のデモに参加しているとき、誰かが共産党のパンフレットを私の手に押し込んだ。そのパンフにはアントニオ・グラムシの写真が掲載されていた。彼は、8年もの投獄を経て、イタリアの監獄病院に移されたのち、その年の4月27日に死んだ）。[56]

このようにセルジュはきわめて高くグラムシを評価している。ところで、この文中、セルジュは興味深いことを書いている。つまり、グラムシがイタリアに向かったのは、ロシアでの危機（すなわち、トロイカとトロッキー派との闘争）が激化したので、それに巻き込まれたくなかったからだ、というのだ。真偽のほどはわからないが、少なくともセルジュはそう見ていたか、あるいは、その種のことをグラムシ自身がセルジュに洩らし

たのだろう。また、セルジュは、グラムシがファシストに投獄されていたので、同世代の活動家を絶滅に導いた分派闘争の影響から免れたとも述べている。おそらくセルジュは、もし投獄されていなければグラムシもスターリンによって粛清されていたかもしれないと見ていたのだろう。

　グラムシとセルジュとの親しい関係は、グラムシがローマに戻ってからも続いたと推測される。というのは、『ウニタ』の各号にたびたびセルジュが登場し、長文の評論を書いているからである。ちなみに、その論文の一つは、トロツキーの『レーニンについて』の書評である[57]。

　セルジュがグラムシに与えた影響は二重であったと思われる。一つは、直接的な対話を通じての影響である。ドイツ情勢についての詳しい情報を伝えただけでなく、ロシアで進行中であった反対派の闘争とその意味について、疑いもなくトロツキー寄りの姿勢で説明したに違いない。二つ目は、セルジュが編集していた諸雑誌を通じての影響である。セルジュは、自分が編集していた諸雑誌に積極的にトロツキーの論文を掲載していた。グラムシは基本的にフランス語文献を通じてロシア共産党とコミンテルンに関する情報を得ていたが、その一つがセルジュ編集のこれらのフランス語雑誌だった[58]。

　いずれにせよ、こうした一連の影響を受けつつ、グラムシはウィーンの地からイタリアの同志たちに次々と手紙を書いて、イタリア共産党の新しい指導集団を形成するためのイニシャチブをとるのである。

6. グラムシの書簡闘争Ⅰ──1924年1月の手紙

　当時、党内におけるボルディガの影響力はまだ圧倒的に大きく、トリアッティやテルラチーニやスコッチマルロなどの旧トリノ・グループの主要な仲間たちはすでに、ボルディガの宣言に署名する気になっていた。それだけに、グラムシによるこの書簡闘争は迅速かつ徹底して行なわれなければならなかった。もし旧トリノ・グループを含む党の多数派がボルディガの宣言に賛成したなら、少数派がコミンテルンの信任を受けてイタリア党の指導を任せられることになるのは目に見えていたからである。そうなれば、新しい指導集団を形成するというグラムシの構想は完全に覆ることになる。

一見して困難な状況にあるにもかかわらず、この時の彼の一連の手紙には、たとえ孤立しても断固として目的を達成するという並々ならぬ決意がみなぎっている。その筆致は自信にあふれ、理論上の確信と実践上の意志とが緊密に結びついており、すでに新しい指導者としての風格が感じられる。偉大なことをなしとげた歴史的人物には、一見混沌としているように見える状況の中でも、自らの進むべき一筋の道がくっきりと浮かび、その道を断固として進む決意と自信とが自らの中で横溢するように感じられる瞬間というものがあるものだ。モスクワから戻ってきたグラムシがこの一連の手紙の中で表明しているものこそ、そのような感覚である。それはうぬぼれ屋の軽薄な自信とはおよそ異質であり、歴史の歯車と自らの人生における歯車とがぴったり噛みあっているという歴史的な感覚なのである
(59)。

　これらの手紙の中で最も重要なのは有名な1924年2月9日の手紙だが、まず1月の手紙を検討しておきたい。

　まず最初は1月1日に妻のジュリアに宛てた手紙である。これは、新しい党指導部の形成とは直接は無関係だが、その中でグラムシは「トロツキーの『革命はいかに武装されたか』はもう出版されましたか」とわざわざ尋ねている (60)。これは、グラムシがモスクワを出発する前から、この著作に興味を持ち、それを入手しようとしていたことを示している。実際に手に入れてそれを読んだのかどうかについては、何の資料も残っていないが、その可能性はきわめて高いと言えるだろう。東方と機動戦とを結びつけ、西方と陣地戦とを結びつけるという「獄中ノート」での発想はまさに、『革命はいかに武装されたか』に収録されている「軍事理論か似非軍事教条主義」や「第11回党大会に向けた軍代議員会議への報告」に見られるものだからである (61)。

スコッチマルロへの手紙

　次に1月5日にネグリ（スコッチマルロ）に宛てた手紙を見てみよう。この手紙は主に、ボルディガが起草した宣言書——多数派のこれまでの見地を擁護し、コミンテルンとの公然たる論争を意図したもの——の第2次案になぜ自分が署名できないかを詳しく説明し、今後の党指導部の基本的方向性について展開している。宣言の第1次案と第2次案とがどのように

異なるのかについて、私は何の資料的検証手段も持っていないが、周辺的資料によるかぎり、論争的性格が多少やわらげられ、指導部内でより同意をとりやすい形になったものと思われる。実際、トリアッティやスコッチマルロ、テルラチーニなどの主要な幹部はすっかり署名する気になっていた。

　グラムシは、宣言に署名できない理由を、法的・形式的側面からと、実質的・内容的側面の両方から詳しく述べている。まず、形式的に見れば、こうした論争的宣言書は、単なる個人やグループの宣言としてなら大いに結構なことだが、これまで党を運営してきたし今後も運営していく多数派の宣言としては馬鹿げたものである。なぜなら、多数派は、これまでの大会および執行委員会総会等で繰り返し中央集権主義と国際的単一党を支持しているのみならず、その宣言自身が奉じている中央集権的な党概念からしても、そのような宣言の公表は認められないからである。

　　　実際、宣言が公表された以上、多数派がまとめて代表の資格を剥奪され、コミンテルンから除名される可能性さえあるのだ。もしイタリアの政治情勢によって妨げられていなければ、除名になっていただろうと私は思う。宣言に由来する党概念の基準にもとづくなら、除名は有無を言わせぬものでなければならないはずである。もしわれわれのある地方委員会が、党多数派がコミンテルンに対してやりたがっていることの半分でもしようものなら、即座に解散させられるだろう。[62]

　以上の形式面で重要なのは、グラムシが、個々の党員や党員グループの意見表明としてなら、そのような論争的宣言を公表することも「結構なこと」だとしていることである。ここには、後にコミンテルンで普遍的となる一枚岩的で分派禁止的な党組織観は見られない。

　グラムシは続けて、形式面のみならず、宣言の内容にも踏み込んで、署名しない理由を説明する。

　　　しかし私は宣言の中身についてもまったく同意しない。私は、党とその機能について、党と党外大衆、党と一般住民との間の関係について異なった考えを持っている。拡大執行委員会総会と第4回大会によって展開された戦術が誤っているとはまったく思わない。一般的規定においても、重要な細部においてもそうである。……君たちは、私がローマ大会

の時期に置かれていたのと同じような気分でいるように見える。この間、私が党内活動から遠ざかっていたからだろうが、そのような気分は消え失せた。実際には、それが消え失せたのには、他の理由もある。最も重要な理由の一つはこうだ。つまり、アマデーオとの妥協が絶対にできないことを確信したことである。彼はあまりにも強烈な個性を持った人物であり、自分が正しいというきわめて深い確信を持っているので、妥協によって彼をまるめ込むことができると考えるのは馬鹿げている。[63]

この引用文ではっきりしているのは、党概念におけるグラムシとボルディガとの違いが宣言署名拒否の有力な理由になっていること、グラムシが第4回大会と拡大執行委員会総会におけるコミンテルンの方針について「一般的規定においても重要な細部においても」同意していること、そしてボルディガとの妥協が不可能であると確信していることである。ここで出されている「私がローマ大会の時期に置かれていたのと同じ気分」とは、十分に同意していないテーゼに対し党内規律と分派的思惑から賛成するにいたった不安定な「気分」のことを指しているのであろう。グラムシはモスクワ滞在を通じて、そしてボルディガとの「話し合い」を通じて、そのような気分をしだいに払拭し、妥協によってでも、分派的策動によってでもなく、原則的な討論を通じてボルディガおよびボルディガ主義と正面から対決しようとしていたのである。

このような確信を抱いていたグラムシは、今なお妥協を求めるトリアッティについて次のように厳しく批判している。

パルミ〔トリアッティ〕は、われわれが独立した行動を開始して新しい組織編成（formazione）をつくり出すには今は適切な時機ではないと考えているが、私はそれは誤りだと思う。この新しい組織編成は、「領域的に（territorialmente）」のみ中間に見えるが、実際には、今日歩みを進めることのできる唯一の道である。[64]

ここで言う「『領域的に』のみ中間に見える」というのは、左派のボルディガ派だけでなく右派のタスカ派とも異なる「新しい組織編成」をめざすので、位置関係的には「中間」になるが、いわゆる「中間主義」ではなく、真の指導的中核をめざすということであろう。そして、この中核を形成する上で決定的だったのはコミンテルンの権威だった。

ペトログラードの学校の経験は雄弁である。実際、党の同志たちを結
　束させるのは、インターナショナルの威信と理念であって、党の特殊な
　行動が引き起こす結びつきではないと私は確信している。われわれはま
　さにこれにもとづいて独自の少数派を作り出した。そして、この少数派
　に、イタリアにおけるインターナショナルの代表者たる資格を与えてい
　る。(65)

　そしてグラムシはこの基盤にもとづいて、分派的ではない討論を組織し、
有機的で大衆的な党を建設しようとする。

　　人々が大衆の前に討論を持ち出す決心をしている今こそ、われわれは
　明確な立場をとり、自らのしかるべき輪郭を整える必要がある。討論が
　ごく限られた範囲で行なわれ、五人、六人、十人の者を等質的な機関に
　組織することが問題であったかぎりでは、個人的妥協を求めたり、当面
　現実性のないある種の問題をなおざりにすることも可能であった（その
　場合でも完全に正しいわけではなかったが）。しかし、今日人々は、大
　衆の前に進み出て、討論をし、短命に終わることのない大衆的な組織編
　成をつくり出すことを決意している。よろしい、それなら、いかなる曖
　昧さもほのめかしもなしにそうするべきであり、この組織構成が有機的
　なものとなり、党そのものに発展することが必要である。だから私は宣
　言に署名しない。(66)

　グラムシは、かつてイタリア共産党結成の際に、ボルディガ派との協力
を重視したためにトリノ・グループからも孤立したことを想起しつつ、次
のように述べている。

　　当時、社会党内で将来の党の基本的中核を作り出すためには、棄権主
　義者〔ボルディガ派〕に依拠する必要があったが、それに対し今日では、
　党の発展を望むのなら、そしてそれが社会党の外部の一分派にすぎない
　存在であることをやめるのを欲するのなら、極端主義者と闘わなければ
　ならない。(67)

　そして、グラムシは孤立を恐れずわが道を行くことを次のようにきっぱ
りと宣言している。

126

たぶん私は孤立するだろう。私は、党中央委員会とコミンテルン執行委員会の一員として報告書を書き、左派をも右派をも論駁し、両者のこの同じ罪〔党の役割の引き下げ〕を非難し、コミンテルンの教義と戦術から、われわれの将来の活動のための行動綱領を引き出すことにする。これが私の言いたいことである。君たちのどのような議論も、私をこの立場から動かすことはできないと断言しておく。(68)

　以上の手紙の全体としての方向性、内容は明白である。コミンテルンの教義と戦術にもとづいて、分派主義的ではない有機的な党を建設すること、そのために場合によっては左派および右派と公然たる論争を行なう必要があること、である。
　グラムシはこの基本路線にもとづいて、スコッチマルロだけでなく、テルラチーニ、トリアッティ、レオネッティといった近しい同志たちに次々と手紙を書いて、自分の側に獲得しようとする。次にそれを見てみよう。

テルラチーニへの手紙

　グラムシは、1月12日付テルラチーニ宛ての手紙(69)の中でまず、ボルディガの宣言書の第2次案なるものが、最初の案と本質的に異ならないことを指摘している(70)。すなわちその第2次宣言書は、「統一戦線」や「労働者農民政府」、および第3回大会によって承認された組織的決定（社会党との合同）などに根本的に対立している。
　続けて、6月の拡大執行委員会の席上で、タスカに話した内容を詳しく展開している。その中で示されているグラムシの党概念は興味深い。

　　共産党の内部生活を、さまざまな分派が特定の機能を果たす議会型の闘争の場として、あるいは、種々の起源を有し社会内部の種々の階級に依拠しているさまざまな議会政党のそれとして理解することはできない。党にはただ一つの階級が代表されており、その時々に諸潮流および諸分派に成るさまざまな立場は、進行中の事件についてのまったく異なった評価によって規定されており、したがって永続的な構造に凝固しえないものである。党中央委員会は、一定の条件、時、状況の中で一定の方向を持ちうるが、時や状況が以前とは異なるものになれば、その方向性を変えることができる。(71)

諸潮流および諸分派の発生する可能性を認めるとともに、そのような事

態は党中央委員会の、時と状況に応じた正しい方向設定によって克服しうるものとみなしている。これは、一枚岩的でも分派主義的でもない党概念を示すものである。

しかし他方で、「党にはただ一つの階級が代表されている」としており、同じ階級の中の異なった階層の利害が党の各分派に反映され凝固される可能性については十分な考察が見られない[72]。この弱点はのちに、ソ連共産党における党内闘争に対する正確な判断を狂わせる一因にもなっている。

さらにグラムシは、イタリアの共産主義運動が「歴史的大転換」に直面しているとして次のように述べている。

> 実際、われわれはイタリアの共産主義運動の歴史的大転換（svolta）に直面している。今こそ、大きな決断力と非常な緻密さをもって、党の発展を新しい基盤に据えるべき時である。宣言は明らかにこの新しい基盤を代表していない。[73]

続けてグラムシは、テルラチーニ、スコッチマルロ、トリアッティに対して、諸分派間の「かけ橋（ponte）」という旧来の役割ではなしに、自分の内的確信により近い立場をはっきりと選びとるべきであると強く迫っている[74]。

手紙の残りの部分は、今後出す予定にしている雑誌の論文の担当について述べている。この部分は本稿のテーマとはあまり関連がないので[75]、先に進もう。

ジュリアへの手紙と新路線論争

次に検討するのは、1月13日付けで妻のジュリアに宛てた手紙である。この手紙も直接には新しい党指導部形成の問題とは関係ないが、ロシアで繰り広げられていた新路線論争に関する情報を求める次のような重要な文章が含まれている。

> ロシアで展開されている討論の正確な状況は、まだ私にはわかりません。私が見たのは党内民主主義に関する中央委員会の決議だけで、他の決議は一つも見ていません。トロツキーの論文も読んでいないし、スター

リンの論文すら読んでいません。スターリンによる攻撃は私には理解できません。それは、ひどく無責任で危険であるように思えます。でも、資料がないので私の判断が誤っているのかもしれません。[76]

ここに出てくる「党内民主主義に関する中央委員会の決議」とは、12月5日に中央委員会と中央統制委員会の合同総会で採択され、2日後に『プラウダ』に発表されたものである。これはトロツキーを含む数名によって起草され、事実上、トロツキーと46人の声明が求めたものを受け入れるものであった[77]。グラムシが「無責任で危険」だと感じたスターリンの論文はおそらく、「討論について」と題されて12月15日に『プラウダ』に掲載されたものだろう[78]。この論文は、党内民主主義に関する中央委員会決議をふまえてトロツキーが書いた書簡(「新路線」という題名で12月2日付『プラウダ』に発表[79])やその他反対派の論文や演説を批判したもので、卑劣な揶揄とデマゴギーをふんだんに用いたまさに「無責任で危険」なものだった。

ジュリア宛てのこの手紙は、グラムシがロシアで進行中の論争に非常に大きな関心と不安を抱いていたこと、そしてその第一印象としてスターリンの反対派攻撃をきわめて否定的に見ていたことをはっきりと示している。

グラムシが「不安」を抱くのも無理はない。なぜならグラムシの新しい路線の成否は、コミンテルンとの安定した合意をとりつけることができるかどうかにかかっていたからであり、それはまたコミンテルン指導部自身が安定した一体性を保っているかどうかに深くかかわっていたからである。グラムシがボルディガ主義から転換するうえでレーニンと並んで決定的な役割を果たしたトロツキーが、他の指導者たちとの鋭い対立関係に置かれるなら、その影響はグラムシにとってもはかり知れない。しかも、ただでさえ不安定なイタリア党にそのロシア党内部の対立が及ぶなら、安定した党指導部のもと大衆的で有機的なイタリア共産党の建設を推進するというグラムシの展望も深刻に脅かされることになる。

しかし、それにしても、グラムシは手紙でスターリンの論文をまだ読んでいないと言いながら、「無責任で危険」という印象を持つに至ったのはどうしてだろうか? この時点ですでにセルジュとの交際が始まっていた

としたら、セルジュからの情報にもとづくものであろう。だが、この時点ではまだ交流が始まっていない可能性、ないし、少なくともつっこんだ情報交換をしていない可能性もあるので、その場合には、他のより間接的な情報にもとづく判断であろう。

　いずれにせよグラムシが、正確な判断をするために実際の資料を入手しようとしたのは間違いない。それは手に入ったのだろうか？　おそらくそうだ。というのは、ロシアにいるジュリアが関連する『プラウダ』をグラムシに送り届けた可能性も十分あるが、それだけでなく、この時期にあいついで、セルジュが編集していたフランス語のコミンテルン機関誌『コレスポンダンス・アンテルナショナル』や、セルジュの親友であるスヴァーリンが編集していた『共産主義ブレティン』にトロツキーの一連の新路線論文がフランス語に翻訳されているからである[80]。1月末から2月初頭にかけて各種のフランス語雑誌に掲載されたトロツキーの新路線論文には、以下のものがある[81]。

- 「グループと分派の形成」……1924年1月18日付『共産主義ブレティン』に掲載
- 「党内の世代の問題」……1924年1月25日付『共産主義ブレティン』に掲載
- 「新路線」……1924年1月31日付『コレスポンダンス・アンテルナショナル』に掲載
- 「党の社会的構成」……1924年2月8日付『共産主義ブレティン』に掲載

　これらのフランス語論文をグラムシが読んだことは間違いない。同時に、これらのフランス語雑誌には、トロツキーらを非難したトロイカ側の論文も訳出されている。したがって、グラムシは両方の論文を読んで、どちらの言い分が正しいかを判断することができた。その影響は、1924年2月9日の手紙にはっきりと示されている。しかし、この問題に入る前に、他の指導者たちに宛てた1月の手紙をさらに検討しておこう。

130

トリアッティへの手紙

　グラムシは1月27日付けでトリアッティに宛てて重要な手紙を書いている。その手紙は次のような出だしで始まっている。

　　君が釈放直後に手紙を送って以来、それきり君の手紙を一つも受け取っていない。私の二つの手紙——一つはネグリ宛て、もう一つはウルバニ宛て——が君に伝えられたものと思う。その中で私は、党の現状について、そして問題解決にとって適切かつ必要と思われる対策について、自分の見解をより詳しく説明しておいた。だから、私に反論するか同意する君の手紙が来るのを、首を長くして待っている。[(82)]

　グラムシは、こう前置きした上で、「現在の状況下で根本的」である「特殊問題」に話を移している。それは、「党の活動全体、および党を指導してきた同志たちの特有な方法」を判断する上で決定的なものである。グラムシは、この活動と指導のあり方を、「同志ティトー〔フォルティキアーリ〕に特有のもの」と呼んでいる[(83)]。

　その実態をグラムシは、1923年3月のエピソードに即して詳しく説明している。それは、2～3月にボルディガやグリエコをはじめとするイタリアの国内指導部が一斉逮捕されたのに、イタリア代表のグラムシは何の情報も得られず、コミンテルン指導部から手厳しく批判され、非常に困った立場に置かれた事件である[(84)]。この時、最初、テルラチーニからは国内の党組織と指導部の崩壊を知らせる手紙が届き、それ以外に情報がなかったので、コミンテルン指導者の厳しい批判と指導のもと、グラムシは「この状態にきっぱりとけりをつけ、インターナショナルの権威によって選ばれた新しい分子によって、外部から党を再組織するのがよかろう」と言うにいたった[(85)]。そこで、以上の情報にもとづいて採るべき方策について書いた手紙をグラムシは党に送った。ところが、その後、ティトーから返事が来て、そこには国内の党組織が健在であることが書かれていたのである。騒ぎは大きくなり、グラムシの立場はますます悪くなった。このような事態が示しているのは、党組織の無秩序状態、責任の分散、権威ある中央部の欠如であった。

私は、自分が痛い目にあったことからも確信しているが、イタリアの党のあれほど称賛された中央集権制は、実際には、責任および権限の正確な配分と分業が欠如しているというありふれた状態に堕している。(86)

　では、どうするべきか？　グラムシは言う。

　すぐれた技術的機構を建設すること、その歯車の中に、よりすぐりの分子、すなわち経験豊かで、十分に鍛えられ、試されずみの分子、いかなる不慮の事態にも度を失わないだけの冷静さを備えた分子を引き入れること、これはわれわれにとって死活にかかわる問題である。それを達成するには、過去の党に見られた状態の多くを一掃しなければならない。すなわち、放任主義の習慣、責任を的確かつはっきりと確定しないこと、軽薄で軽率な行動を検証したり即座に処分したりしないこと、である。党は中央集権化されなければならないが、中央集権化とは何よりも、組織性と一定の基準にもとづいた線引きを意味する。決定が下されたときには、誰によっても——たとえ「中央部」に属している人であれ——修正することができず、誰も既成事実を作り出すことができないことを意味する。(87)

　ついでグラムシは、すでに引用したが、事情を知らないままモスクワに向かったこと、多数派を分裂させて少数派を活気づけてはならないことから多くのことを我慢したこと、健康がすぐれなかったので重責を担う地位を固辞したことなどを説明したあとに、次のように述べている。

　情勢は今では大きく変わっている。諸問題が公然と提起されるに至っているが、それは明らかに私のせいではなく、人々が、その時どきの私の助言に従うのではなく、自主的に解決することを欲していることが理由の一つである。それゆえ私は、これまで私がとってきたし最後まで維持しようと思っている態度をとることが必要であると考えたのである。(88)

　グラムシは手紙の最後に追伸をつけて、この組織問題が実際には政治問題であるという正しい指摘をしている。そして、今日、問題を全面的に提起しないことは社会党の伝統に戻ることを意味すると述べ、再び1919～20年の誤りに言及しつつ、こう締めくくっている。

われわれが 1919 〜 20 年に犯した誤りは、トリノの外まで広がる分派、『オルディネ・ヌオーヴォ』のなしえた宣伝以上の存在である分派を形成することによって——たとえ除名されることになったとしても——社会党指導部をより決然と攻撃するべきだったのにそうしなかったことである。現在は、この極端にまで行くことは問題になっていない。しかし、関係が引っ繰り返っているとはいえ、状況はほとんど同じであり、決意と勇気をもって取り組まなければならない。[89]

「関係が引っ繰り返っている」というのは、かつては右との関係で優柔不断であったのに対し、現在問題になっているのは「極左」との関係だからである。

レオネッティへの手紙

1924 年 1 月の手紙として最後に 1 月 28 日付のレオネッティ宛ての手紙を検討しよう。それまでの手紙が、主に叱責と批判を基調としていたのに対して、レオネッティ宛ての手紙は基本的な論点に関する意見の一致を基調としている。冒頭、グラムシはこう切り出している。

君の手紙は非常にうれしかった。というのは、それは、ある種の不安を抱いているのが私だけではないこと、そして、われわれの問題の一定の解決が必要であると考えている点でも私と同じであることを示しているからである。君の行なった分析に私はほぼ完全に同意する。[90]

このように、自分の近い弟子であるレオネッティ（後にコミンテルンの「第 3 期」路線に反対して党を除名されてイタリアの左翼反対派を結成した人物）と基本点で意見が一致していることを高く評価している。だが、いくつかの欠陥もあった。一つはボルディガとの関係における楽観的な見方である。

党内状況がアマデーオの立場にとって不利になったのを見て彼がもっと極端に走るかもしれないと私は思っている。彼は自分が正しく、イタリアのプロレタリア運動の最も切実な利害を代表していると強く断固として信じており、インターナショナルから放逐されることになっても尻込みしないだろう。[91]

もう一つの欠陥は、トリノ・グループを再生させるべきだというレオネッティの意見の誤りである。グラムシの見るところでは、トリノ・グループの再生は二つの点から不可能なことだった。一つは、それの主たる指導者だった人々のはらむ問題、もう一つはその基本思想が時代錯誤的である点、である。

　グラムシは、かつてのトリノ・グループ指導者に対し一人一人詳しい評価を与えている。タスカは、グループの最終段階ですでにグラムシと対立していた点をいっそう推し進めて今や少数派の指導者になっている。トリアッティは、ボルディガの強烈な個性に引きつけられて、中途半端な立場をとっている。テルラチーニは、「ボルディガからその考えを吸収しながら、ボルディガの持つ知力と実践的感覚と組織能力とをそなえていない」[92]。グラムシは言う、「とすれば、いったいどういう点でトリノ・グループを再生させることができるというのか？」[93]。

　トリノ・グループの基本構想に関しては、何度も繰り返している 1919 ～ 20 年の誤りがここでも指摘されている [94]。今日問題になっているのは党組織の問題であり、トリノ・グループはまさにこの問題を避けたところに主要な欠陥があった。

　さて、以上で 1 月の手紙の検討は終わりである。次にいよいよ、トリアッティ、テルラチーニその他に宛てた 2 月 9 日の手紙の検討に移る。

7. グラムシの書簡闘争 II ―― 1924 年 2 月の手紙

結節点としての「2 月 9 日の手紙」

　1924 年 2 月 9 日付のグラムシの歴史的な手紙である「トリアッティ、テルラチーニその他宛ての手紙」[95]こそ、グラムシとトロツキーの交差が最も濃厚なものであり、グラムシの知性・思想・経験とトロツキーのそれとがぶつかりあい、融合しあって、独特の輝きをたたえている。それは、「南部問題に関する覚書」と並んで、投獄以前のグラムシによって書かれた最も重要な政治文献であると言っても過言ではない。

　この手紙は、全体としては、これまでの一連の手紙と同じ流れに属するものであり、この時のグラムシの最大の問題意識、すなわち分派主義や無責任体制を一掃し、イデオロギー的に同質的な指導部をもった強力な共産

党を建設することである。

だが、それだけなら、これまで詳しく見てきたように、グラムシはすでに1月の手紙で個々の指導者に宛ててその必要性を力説しており、今さら繰り返すまでもない。だが、この手紙には、その間のセルジュとの対話やトロッキーの新路線論文を読んだことなどに触発されて、以下の新しい重要な特徴が見られる。

まず第1に、ロシア共産党内部の党内闘争において明確にトロッキーの側を支持する発言をしていることである。そこでは、永続革命の解釈に始まって、党内民主主義の問題に至るまで、主要な問題に関して、完全に左翼反対派の立場で説明されている。

第2に、ドイツの情勢、とりわけ前年の10月蜂起の失敗をめぐって非常に詳しい事実関係が展開されていることであり、その情報源の一つはセルジュであったと思われる。何しろセルジュは、その蜂起の時にドイツにいて調整にあたっていたのだから、セルジュに優る情報源はなかった。

第3に、トロッキーが起草した特別書簡「ローマ・テーゼについて」に依拠しつつ、ローマ・テーゼとボルディガの宣言を具体的に批判し、コミンテルンの戦術を正当化していることである。これまでの手紙にもコミンテルンの戦術の正当性が言われていたが、それはまだ抽象的で、単なる断言で終わっていた。それが、今回はトロッキーの起草した公開書簡にもとづいて、具体的に述べられている。

第4に、単にすぐれた党機構を建設し、すぐれた分子をそこに引き入れるという課題を越えて、党組織のより弁証法的で柔軟で民主主義的なあり方、機構と党との関係、指導部と党員大衆との関係に関するよりつっこんだ洞察が見られることである。これは明らかにトロッキーの新路線論文に触発されたものだ。

第5に、トロッキーの第4回大会報告およびその時期の論文に触発されて、西方と東方との対比、イタリア情勢の発展局面に関してすぐれた洞察を行なっていることである。

第6に、モスクワ時代以前からグラムシの関心を占めていた問題が、この手紙の中では新しい観点から再度取り上げられている。それはとりわけ、南部問題やミラノ労働者、海員労働者の問題である。

このように、この手紙には、グラムシがモスクワ時代以前に摂取したも

の、モスクワ時代に摂取したもの、ウィーン時代に摂取したものなどがすべて合流しており、彼の卓越した知性と意志の中で撚り合わされ、その新しい発展に向けて生き生きとした生命力を持ちはじめている。したがって、この「2月9日の手紙」はまさに、それ以前の流れと、後に「リヨン・テーゼ」や「南部問題に関する覚書」や「獄中ノート」に至る新しい流れとを媒介する真の結節点となっているのである。以上の点を具体的に確認しておこう。

ロシアの党内論争

冒頭、グラムシは次のように手紙を切り出している。

> なぜ私が現在の時機において、党員大衆の前で党内情勢について徹底した討論を行なうだけでなく、党の指導権をめざす新しいグループ編成に取りかかることも必要であると考えているのか、その理由を少なくとも輪郭だけでも明らかせよ、という同志ウルバニの勧告を、私は喜んで受け入れる。(96)

このようにグラムシは、「党員大衆の前で徹底した討論を行なう」ことを必要とみなしたうえで、最初にロシアの党内論争をめぐる問題に入っている。まずその前半部分を引用しよう。

> ロシアについて私は、諸分派と諸傾向の地形学においては、ラデック、トロッキー、ブハーリンが左派の位置を占め、ジノヴィエフ、カーメネフ、スターリンが右派の位置を占め、レーニンが中央にあって、情勢全体をふまえた裁定者の役割を果たしていることを常に心得ていた。もちろん、これは現在の政治的語法でのことである。いわゆるレーニン主義的中核〔トロイカ派〕は、周知のように、この「地形学的」位置関係がまったくの幻想で偽りであると主張し、いわゆる左派が革命的言辞を弄しているが現実の力関係を評価することのできないメンシェヴィキに他ならないと、論争において絶えず示そうとしてきた。たしかに、よく知られているように、トロッキーは、ロシアの革命運動史の全体を通じて政治的にボリシェヴィキよりも左であったが、組織問題ではしばしばメンシェヴィキとブロックを結ぶか、メンシェヴィキと混同されさえした。だが、1905年にトロッキーがすでに、ロシアで社会主義的な労働者革命が実現可能であるとみなしていたのに対し、ボリシェヴィキは、農民

と同盟したプロレタリアートの政治的独裁——それは、資本主義の経済構造に手をつけることなく、その発展のための外皮となることが予定されていた——を打ち立てることを意図していたにすぎないことも知られている。1917年11月に、レーニンと党の多数派はトロッキーの考え方に移り、〔ブルジョアジーの〕政治的支配だけでなく、産業的支配をも破壊しようと意図したのに対し、ジノヴィエフとカーメネフは党の伝統的見解にとどまり、メンシェヴィキや社会革命党との革命的連立政府を望み、そのため中央委員会を飛び出して、非ボリシェヴィキの新聞に声明や論文を公表し、もう少しで分裂を引き起こすところであったことも知られている。昨年10月のドイツの運動が失敗したように、もし1917年11月にクーデターが失敗していたなら、ジノヴィエフとカーメネフがボリシェヴィキ党から離れ、おそらくメンシェヴィキと行動をともにしていたことは、間違いない。[97]

　このように、グラムシは、レーニンと党の多数派が1917年2月に「トロッキーの考え方に移った」おかげでロシア革命が成功したとみなしており、それに対して、現在「レーニン主義的中核」を称しているジノヴィエフとカーメネフは、党の古い伝統である民主主義独裁論に固執してあやうく分裂寸前まで党を追い込んだと指摘している。さらには、もし10月の蜂起が昨年10月のドイツの運動の場合のように失敗していたら、ジノヴィエフとカーメネフはボリシェヴィキ党を離れてメンシェヴィキの側に移っていただろうとさえ述べている。
　こうした評価の背景には、セルジュとの対話のみならず、グラムシが読んだであろう「新路線」に関する諸論文があるのは間違いない。というのは、その論文の一つには、ここでグラムシが言っていることと——言い回しを含めて——ほぼ同じことを述べている一節があるからである。

　　同志レーニンの4月テーゼに対しても、党内の思想的に旧習墨守的な部分が、「旧来のボリシェヴィズム」——実際には、形式的で架空の偽の伝統——という旗印をかかげて反対した。わが党の「歴史家」の一人……は10月の事件がまさにたけなわの頃、私にこう言ったことがある、「私はレーニンに賛成できない。というのも私は古参ボリシェヴィキであり、プロレタリアートと農民の民主主義独裁という基盤に踏みとどまるから」と。[98]

最も恐るべき意見の相違は、世界史の重大課題、権力奪取の課題をめ
ぐって 1917 年の秋に党内で発生した。事態の展開のテンポが急速であっ
たため、問題の鋭さは意見の相違に、ほとんどすぐに分派的性格を付与
した。権力奪取の反対者たちは……党外の出版物紙上で自らの声明を公
表したりした。党の統一は薄氷の上にあった。いかにして分裂を回避す
ることができたか？　事態の急速な展開とその勝利の結末によってであ
る。事態が、あと数ヵ月も長引いていたら、分裂は避けがたかったろう。
蜂起が敗北に終わったとしたら、なおさらのことである。[99]

　ここではトロツキーは「思想的に旧習墨守的な部分」とか「権力奪取の
反対者たち」と表現して、それが誰であったのかを名指ししていないが、
グラムシは非公開の手紙なので、それを名指しし、あまつさえ、敗北した
場合にはジノヴィエフとカーメネフはメンシェヴィキと行動をともにした
だろうとさえ述べている。
　同じ年の末、トロツキーは――今度はグラムシと同じく名指しで――、
同趣旨のことを自分の著作集の『1917 年』の巻に長大な序文として書い
たのだが[100]、それは、おそらくは歴史上類例を見ないような猛烈な反ト
ロツキーの大カンパニアをもたらした（いわゆる「文献論争」）。そして、
このカンパニアの一環として書かれたブハーリンのデマゴギー的論文「10
月革命史をいかに書いてはならないか」を『ウニタ』が何回かに分けて連
載翻訳し、その最初の回にグラムシはこの論文を紹介する序文を書くこと
になる[101]。それは、この 2 月 9 日の手紙が書かれたほんの 9 ヵ月後のこ
とであった。
　この文献論争における壮大な歴史偽造とイデオロギー的洗脳の過程を経
て、世界の多くの共産党員たち――指導部から末端まで――は、1917 年
にレーニンと党の多数派がトロツキーの考え方に移ったという常識を反革
命理論とみなすようになり、「いわゆるレーニン主義的中核」が一貫して
正しく党を指導し続けてきたと――心の底からか、あるいは保身のために
――信じるようになった。
　おそらく同じ影響をグラムシも受け、自分のかつての手紙とは正反対に、
「獄中ノート」において、永続革命を「4 才の女の子を暴行しようとした」
理論として断罪するようになるのである[102]。しかし、これはずっと先の
話である。

次に、ロシアの党内論争における党内民主主義の問題について見てみよう。ここでも、グラムシの立場は完全にトロツキーの側にある。

　　ロシアで勃発した最近の論争の中で、トロツキーおよび一般に反対派は、党指導部におけるレーニンの不在が長引くのを見て、革命にとって有害になるであろう古い精神状態に戻る危険性を強く憂慮していたことは明らかである。彼らは、党生活により多くの労働者分子を参加させ、官僚主義の権力を弱めることを要求し、要するに、革命の社会主義的・労働者的性格を確保し、革命が、発展しつつある資本主義の外皮としての民主主義独裁――1917年11月においてもなおジノヴィエフ一派の綱領であったそれ――に変質するのを阻止しようと欲したのである。これが私の見るところロシアの党内情勢であり、ウルバニの見るところよりもはるかに複雑で重大である。ただ一つ新しいことは、ブハーリンがジノヴィエフ、カーメネフ、スターリンのグループに移ったことである。[103]

　このようにグラムシは、現在「レーニン主義的中核」を詐称している主流派における日和見主義の問題と、党内における官僚主義の台頭とを密接に結びつけて考えており、この問題においてもトロツキーら反対派の立場を支持している。明らかにグラムシは、セルジュの話を聞いただけでなく、トロツキーの一連の新路線論文とそれを論難したスターリンらの論文を読み比べたうえで、そのように自分の頭で判断したのである。事実、トロツキーの一連の「新路線」論文には、この引用箇所とほぼ同じ内容の一節が存在する。

　　若い世代を教育用の受動的な材料と化し、機構と大衆、老人と青年の間に不可避的に疎遠な関係を植えつけるような機構的・官僚主義的政治方法の増大と強化がこのまま党内で進行するならば、……プロレタリア的および革命的精神がしだいに気づかぬうちに弱まっていくことになるであろう……。疑う余地のないこの危険に対処するには、路線を党内民主主義の方向へと本格的かつ深く抜本的に転換させ、かつ、現場にとどまっているプロレタリアをますます多く党に迎える以外に手はない。[104]

　以上見たように、グラムシは、永続革命の解釈に関しても、党内民主主義の問題に関しても、はっきりとトロツキーと左翼反対派を支持しているのである。

ドイツの情勢

　グラムシは、ロシアの党内情勢について述べたことに続いて、今度はドイツ情勢についても詳しく述べている。

　　ドイツの情勢に関しても、事態はウルバニの描いているのとはかなり異なった発展を遂げているように思われる。ドイツでは二つのグループが党の指導をめぐって争っているが、どちらも不十分で無力である。いわゆる少数派グループ（フィッシャー＝マスロフ）は、疑いもなく革命的プロレタリアートの多数者を代表している。だがこれは、ドイツ革命を勝利に導くのに必要な組織的力も、10月の破局よりひどい破局を防ぐ堅固で確実な指針も持っていない。それは、党活動における新参分子から構成され、ドイツの特徴となっている指導者不足のおかげで反対派の先頭に立っているにすぎない。[105]

　続けてグラムシは、多数派のブランドラー＝タールハイマー派についても次のように厳しい診断を下している。

　　ブランドラーとタールハイマーのグループは、イデオロギーの点でも、革命的経験の点でも前者〔少数派〕より強力だが、いくつかの点では、先のグループよりもはるかに大きく有害な弱点を有している。ブランドラーとタールハイマーは革命の教典学者になっている。彼らは、労働者階級と何が何でも同盟を結ぼうと欲し、結局は労働者階級そのものの役割をなおざりにすることになった。社会民主党に支配されている労働貴族を獲得しようと欲し、工場評議会と労働者管理に依拠する産業的性格を持った綱領を発展させなくてもそれが達成されると信じ、民主主義の分野で社会民主主義者と競争しようとして、労農政府のスローガンを堕落させるにいたった。この二つのグループのうち、どちらが左でどちらが右か。問題はいささか衒学（ビザンチン）的である。……ある点ではブランドラーは、右派である以上に一揆主義者であり、右派だから一揆主義者なのだと言うこともできる。[106]

　両グループに対するこのような厳しい評価は明らかにセルジュの見方と完全に合致している。ここで批判されているブランドラー＝タールハイマー派は、後に、コミンテルンの極左転換に反対してドイツ共産党から追放されている。さらに、グラムシは昨年10月におけるドイツ革命の実態

について次のように述べている。

　　ブランドラーは、昨年10月には、ドイツでクーデターを起こすこと
　は可能であったと断言し、党は技術的に準備ができていると断言した。
　これに反してジノヴィエフはずっと悲観的であって、情勢は政治的に成
　熟しているとはみなさなかった。……ところで問題の核心はどこにある
　か？　ハーグ平和会議の後、7月に派遣先からモスクワに帰ったラデッ
　クは、ドイツ情勢について災厄的な報告をした。その報告から明らかに
　なったのは、ブランドラーの指導する中央委員会がもはや党の信用を得
　ていないこと、少数派は無能で、しばしばいかがわしい分子から構成さ
　れながら、党の多数派を味方につけ、ライプツィヒ大会〔1923年1月
　〜2月に開かれたドイツ共産党第8回大会のこと〕では、中央集権制と
　コミンテルンのブランドラー支持によって妨げられなければ、少数派が
　多数を制したであろうこと、中央委員会はモスクワの決定を形式的に適
　用しただけで、統一戦線についても労働者政府についても、いかなる系
　統的カンパニアも行なわれず、労働者の読まない理論的で難解な新聞論
　説を出しただけである、ということであった。ラデックのこの報告の後、
　ブランドラー・グループは行動を開始し、少数派が優勢になるのを避け
　るために新しい1921年3月を準備した。誤りが犯されたとすれば、そ
　れはドイツ人によって犯されたのである。ラデックやトロツキーらのロ
　シア人同志は、ブランドラー一派の法螺を信じるという誤りを犯したが、
　実際にはこの場合の彼らの立場は右派ではなく左派であり、一揆主義の
　非難を受けかねないだけになおさらそうだった。[107]

　コミンテルンのロシア人指導者がドイツ共産党のブランドラー派の法螺
を信じるという誤りを犯したという判断は、セルジュが回想録で述べてい
るのと基本的に同じである。

コミンテルンの路線

　グラムシはドイツ情勢について詳しく述べた後、「共産主義左派の宣言」
と題して、今一度ボルディガの宣言を議論の組上にのせている。

　　ところで、直接われわれに関わる問題に立ち返ろう。同志ウルバニは、
　私が宣言の一般的性格の評価において大いに誇張したと書いている。だ
　が、私は今でも、この宣言がインターナショナルに対する徹底した闘争

の開始を意味するものであり、そこでは、第3回大会以後に生じた戦術的発展の全体を修正することが要求されていると主張する。宣言の結論的諸項目のうち、（ｂ）項は、インターナショナルのしかるべき機関で、ここ数年来におけるイタリアのプロレタリア闘争の条件について、状況的で短期的な整理を越えた広範囲な討論を引き起こす必要があると述べている。そうしないと、最も重要な問題の検討と解決がしばしば押さえつけられることになる、というのだ。これが、第3回大会以後のイタリアにおけるコミンテルンの戦術の修正だけでなく、この戦術の基礎になっている一般原則についての討論をも要求しそれが可能であると考えているものでないとしたら、いったい何を意味するというのか。[108]

　こう述べた後、グラムシは、トロツキーが起草した特別書簡「ローマ・テーゼについて」を取り上げ、イタリアの党がこれを指針とするべきことを力強く訴えている。

　　雑誌『共産主義インターナショナル』第23号に、インターナショナル執行委員会のイタリア共産党中央委員会宛公開状が掲載された。この手紙は1922年3月半ばごろ、つまり2月の拡大執行委員会の後に書かれたものである。この中で、ローマ大会に提出された戦術テーゼの構想の全体が論駁され否認され、それが第3回大会の諸決議と完全に対立することが断言されている。手紙でとくに論じられているのは、以下の項目である。（1）多数者獲得の問題、（2）闘争が必要となる情勢とその可能性、（3）統一戦線、（4）労働者政府のスローガン。
　　第3項では、労働組合の分野と政治の分野における統一戦線の問題が述べられている。すなわち、党は闘争と扇動のための合同委員会に参加しなければならないと明言されている。第4項では、労働者政府を導くべきイタリアの闘争にとっての直接の戦術方針が素描されている。手紙は次の言葉で終わっている。すなわち、イタリアの中央委員会と公然かつ精力的に論争することを執行委員会に余儀なくさせるようなテーゼを提出するのではなく、第3回大会と2月の拡大執行委員会が作成したテーゼを受け入れ、自己のテーゼを放棄することが望ましい、と。十分明確な価値と意義を有している執行委員会のこの手紙がある以上、宣言が言うように、状況的な事実を越えて全討論をやり直すことを要求できるとは思えない。それは、イタリアの党が第3回大会以後、コミンテルンの方針と系統的かつ恒常的に対立状態にあり、原則問題での闘争の開始を望んでいることを公言することを意味するだろう。[109]

『共産主義インターナショナル』はロシア語のコミンテルン機関紙で、この特別書簡が掲載されたのは 1922 年 3 月のことである。この特別書簡は主に第 3 回世界大会の「戦術に関するテーゼ」に依拠している [110]。この事実は重要である。大月書店版『コミンテルン資料集』の編者は、第 3 回世界大会の戦術テーゼについて、次のように述べている。

> 「戦術についてのテーゼ」の作成の経過は、支配的な「左翼主義的」傾向とたたかい、新しい情勢に適応した共産主義運動の戦術を確立するためのレーニンの熱情的な闘争の記録である。[111]

その解説によると、最初草案はラデックによって起草されたが、当時ラデックは、ブハーリン、ベラ・クン、ジノヴィエフらとともに攻勢理論に傾倒していたので、その原案には左翼主義的性格が濃厚であった。そのためレーニンはこの作成過程に精力的に介入し、繰り返し修正を加えさせて、ようやく攻勢理論的色彩を完全に取りのぞくことに成功した。つまり、この「戦術に関するテーゼ」は、レーニン的な統一戦線戦術を真に具体化したものなのである。グラムシが手紙の中で、この戦術テーゼにもとづいたコミンテルンの特別書簡（トロツキーが起草）を特別に重視していることは、まさにレーニン＝トロツキー路線にもとづいてイタリア党の戦術的路線を確立しようとしたことを意味している。ちなみに、この特別書簡は、イタリア共産党の機関紙である『スタート・オペライオ』の 1924 年 4 月 23 日号にも掲載されており、グラムシがイタリア党にこの書簡の路線を徹底させようとしていたことがわかる。

グラムシは以上のことにもとづいて、ボルディガの路線に対するきっぱりとした姿勢をとるよう厳しく要求している。

> 党の伝統とは宣言に反映しているそれだということを私はきっぱり否認する。そこに示されているのは、最初にわが党を形成した諸グループの一つの伝統とその考え方であり、党の伝統ではない。同じように、インターナショナルと党全体との間に信頼の危機が存在するということも私は否認する。この危機は、インターナショナルと党指導者の一部との間に存在するにすぎない。……党の指導権を握っているアマデーオは、自分の考えが支配的になり党の考えになることを望んだ。今日でもやは

り彼は、宣言を持ち出すことで、そうしようと望んでいる。過去、この
ような試みが成功するのをわれわれは許容してきたが、このことと、今
もそれを望み、宣言に署名することでこうした状況を是認し、党を閉塞
状態に置くこととは別問題である。[112]

　このようにグラムシは、これまでのような妥協的姿勢を排し、ボルディ
ガ主義と決別して、コミンテルンの基本路線（＝特別書簡の路線）に立っ
た新しい道に足を踏み出すよう説得しているのである。

党の組織問題

　党の組織問題は、2月9日以前の手紙においても、グラムシの一貫した
テーマであった。しかしながら、2月9日以前の手紙においては、それは
基本的に、どのようにして責任あるきちんとした中央部をつくるか、いか
にして堅固な機構を建設し、そこに優秀な人材を選抜するのか、という問
題であった。すなわち、民主主義的中央集権制における中央集権制のモメ
ントに主たる力点を置くものであった。たとえば、すでに検討した1月
27日付けトリアッティ宛ての手紙には次のような一節が見られた。

　　　イタリアの党のあれほど称賛された中央集権制は、実際には、責任お
　　よび権限の正確な配分と分業が欠如しているというありふれた状態に堕
　　している。[113]

　　　すぐれた技術機構を建設すること、その歯車の中に、よりすぐりの分
　　子、すなわち経験豊かで、十分に鍛えられ、試されずみの分子、いかな
　　る不慮の事態にも度を失わないだけの冷静さを備えた分子を引き入れる
　　こと、これはわれわれにとって死活に関わる問題である。[114]

　この2月9日の手紙においても、そうした関心は引き続き見られる。た
とえば、「将来の活動についての指摘」と題された部分でグラムシはこう
述べている。

　　　組織の分野では、中央委員会の地位を高め、情勢の許すかぎりにそれ
　　を機能させることが必要だと考える。分業と責任の確定をより正確かつ

厳密に行なうことによって、さまざまな党機関の間にある関係をより明確に確立する必要がある。……執行委員会と非合法ビューロー（ＵＩ）との間に的確な分業が確立されなければならない。的確な責任と権限が確立されるなら、これを侵害する者は重大な規律上の制裁を免れないだろう。私は、これがわが党の最も弱い側面の一つであり、いかにこれまでの中央集権制が、厳格な組織体系というよりも、むしろ官僚主義的形式であり、責任と権限の陳腐な混同に堕していたかを示すものだと思う。(115)

しかし、この２月９日の手紙においては、これまでの手紙では見られなかった要素として、単にすぐれた「技術的機構」をつくることのみならず、機構そのものの位置づけ、あり方が問題にされ、党内民主主義、党員大衆の受動性、指導部と党員大衆との分離、党と大衆との弁証法的関係といった新しい問題群がクローズアップされている。これらの新しい問題群こそ、トロツキーの新路線論文に触発されたものであることは疑いない。それをそれぞれ対比的に見てみよう。

まずもって、党が新しい段階に直面しており、新しい路線（新路線！）に足を踏みださなければならないという問題意識である。たとえばグラムシは、「宣言の思想」と題した部分の冒頭で次のように述べている。

　　今や党に対して、これまでとは異なった方向性を与える時機にいたったと私は考える。わが党にとってばかりか、わが国にとっても新しい歴史の局面が始まっているのだ。(116)

トロツキーの新路線論文も、それぞれ置かれている状況は大きく異なっていたとはいえ（方やこれから革命をめざす若い党、方やすでに権力を奪取した古い党）、やはり新しい転換、新しい局面が始まっているという認識に貫かれている。

　　今日、われわれが体験している軋轢や困難の本質は、……党が全体としてより高い歴史的水準へとまさに移行しようとしている点にある。(117)

　　今日の転換は先行する発展の全体の中からあらわれた。党の生活と意識のなかの、皮相的に見たのでは目にとまらないような分子的過程はずっと前から転換を用意していた。(118)

党は新しい発展段階に突入しようとしている。[119]

　ついでグラムシは、少数派という分派の発生と成長が、党内における論争と具体的な指導の欠如によって生じたとみなしている。

　　実際のところ、少数派が発生し追随者を獲得したのは、党内に議論と論争が欠けていたからであり、個々の党員を重視せず、公式声明や強制的な命令で行ないうるよりも多少とも具体的な形で指導するよう努めてこなかったからである。[120]

　同じくトロツキーの「新路線」論文も、党内の官僚主義こそが分派主義の源泉であるとみなしている。

　　党は、労働者民主主義をめざす路線を発展させ、確かなものにして初めて、分派主義の危険を立派に克服することができる。機構の官僚主義こそ分派主義のきわめて重要な源泉の一つである。それは批判を圧殺し、不満を内攻させる。それはあらゆる個人的ないし集団的な批判や警告の声に分派のレッテルを張りつける傾向がある。機械的な中央集権制は……分派主義によって不可避的に補完される。[121]

　さらにグラムシは、現在のイタリア党に見られるような、党員大衆の受動性、幹部選抜の恣意性、党員大衆と指導者との正真正銘の分離といった否定的側面を問題にする。

　　個々人の活動の不毛化、党員大衆の受動性、すべてを考えすべてについて配慮する者がいるという愚かしい安心感。この状態は、組織の分野に最も重大な影響を及ぼした。党には、一定の仕事をまかせることのできる信頼すべき分子を合理的な基準にしたがって選抜する能力が欠けていた。選抜は、個々の指導者の個人的な面識にしたがって経験的に行なわれ、地方組織に信任されないような、したがって活動をサボタージュされるような分子が選抜されることもしょっちゅうであった。また、遂行された仕事に対して最小限の統制しかなされておらず、したがって党内には大衆と指導者との正真正銘の分離が生じている。[122]

　以上の文言はまさに党内における「代行主義」を問題にしているのだが、トロツキーもまた、「新路線」論文において、このことを鋭く問題にして

146

いる。

　　党員大衆は次のように……感じている。「正しいか正しくないかはともかくとして物事は党の機構で考えられ、決められる。しかし、そこではあまりにもしばしば、われわれ抜きで、われわれに代わって考えられ決められている」。(123)

　　旧路線の主たる危険性は、それが、指導的幹部を構成する数千の同志たちを、働きかけの対象としての他の党員大衆全体にしだいに対置していく傾向を露わにしつつあるという点にある。この体制がこれからも根強く続いていくとすれば、それは疑いもなく党の変質……を招くおそれがある。(124)

　　旧路線が、締めつけや……人為的選抜、おどし、要するに党に対する官僚主義的不信に起因する方法によって何とか生き延びようとするかぎり、重要な幹部層が変質する現実的な危険性は不可避的に増大するだろう。(125)

　以上に加えてロシアの党内論争のところですでに引用した一節（本書の139頁参照）をも参考にしていただきたい。
　次にグラムシは党機構の問題を正面から取り上げる。それは、すぐれた機構をつくり上げるという技術的問題としてではなく、より根本的な政治的問題として提起されている。

　　党の誤りは、党組織の問題を抽象的な形で前景に押し出したことである。組織問題といっても、要するに、単に公式の見解に正統的に従う役員の機構をつくり出そうとしただけであった。革命はもっぱらこのような機構の存在に依存していると信じられてきたし、今なお信じられており、このような機構の存在が革命を起こしうるとさえ信じられるにいたっている。(126)

　グラムシは、党を機構に還元するこのような思考こそ官僚主義と政治的受動性の温床であること鋭く指摘しているのだが、このような発想はまさにトロツキーの一連の「新路線」論文から摂取したものである。たとえばトロツキーは次のように述べている。

147

機構の役割を過大評価し、党の自主性を過小評価する傾向のある保守的な心情を持った一部の同志たちは、政治局決議に危機感を抱いている。彼らは言う、中央委員会は遂行不能な義務を引き受けた、決議は偽りの幻想をまくだけで、否定的な結果をもたらすだろう、と。問題に対するこうした態度には、党に対する官僚主義的な不信がしみ込んでいることは明らかである。中央委員会の決議で唱えられている新しい路線は、旧路線のもとで不当に機構の側に移動させられていた重心を、今や新しい路線のもとでプロレタリアートの組織された前衛としての党の能動性、批判的自主性、自主管理の側へと移動させなければならないという点にある。(127)

　民主主義と中央集権制とは党建設における二つの側面をなす。課題はこの二つの側面が最も正しい形で、すなわち情勢に最も照応する形で均衡させるという点にある。最近はこの均衡が存在しなかった。重心は誤って機構の側に移されていた。党の自主性は最小限に縮減されていた。そこから、プロレタリアートの革命党の精神と根本的に矛盾する党運営の慣行や方法が生み出されていった。党の自主性を犠牲にした機構的中央集権制の極度の強まりが党内に病の徴候を生み出した。(128)

　機構的な方法が有力になればなるほど、それだけ党の指導は執行諸機関（委員会、ビューロー、書記等々）の行政的指令によって置き換えられていく。そうした路線が強まっていけば、万事が小グループの人々の手に、時には一人の書記の──人を任命したり、更迭したり、指令を発したり、責任を追及したり等々をする──手に集中されていく。……指導はまったく組織上の性格を帯びるようになり、しばしばただの命令や引き回しへと変質する。(129)

トロッキーの以上の諸言説がグラムシの手紙の中でも力強く反響しているのは明らかだ。グラムシはさらに、党と大衆との弁証法的関係についても次のような鋭い指摘を行なっている。

　大衆が党活動と党内生活に参加することは、大がかりな機会や党中央部の正式の指令による場合を除いては、すべて統一と集中にとって危険なものとみなされた。党は、革命的大衆の自然発生的運動と中央部の組織的・指導的意志とが結合する弁証法的過程の結果であるとは考えられず、宙に浮いたものとしてひとりでに自己発展するものとみなされた。(130)

148

続けてグラムシは言う、ボルディガの機械的な党概念によるなら、党を純粋に保ちつつ、「革命の波涛が最高の高みに達する」ときに党が攻撃の合図を送れば、自動的に大衆が党のもとにやってくるものとみなされていた。しかし、実際にはそんなふうに事態は進行しないので、日和見主義が党内の各部署に感染し、「より有機的に少数派に影響する」ことになる、と[131]。このようにグラムシはボルディガ的官僚主義がタスカ的日和見主義と相互に補完しあっているとみなしている。これもトロツキーの見方と基本的に合致している。

以上、党内民主主義と党組織のあり方、党と指導部との関係、党と大衆との関係をめぐるグラムシの基本的な立場は完全にトロツキーと一致しており、明らかに、この間に読んだ一連の「新路線」論文の影響を受けている。これはもちろん、トロツキーの思想がグラムシに「外部注入」されたということではなく、以前からグラムシの中にあった問題関心や理論的・実践的志向の蓄積（分子的過程！）がトロツキーの諸論文に触発されて、はっきりと結晶化するにいたったということである。無から有は生じない。しかし、その結晶化においてトロツキーの一連の「新路線」論文が果たした決定的な役割を見逃してはならないだろう。

イタリア革命の発展過程

さて、グラムシは、この手紙の中で、一般にヨーロッパ革命の発展、および、特殊にイタリア革命の発展局面について、後の「獄中ノート」での優れた洞察につながる思想の最初の表明を行なっている。そして、そのどちらも、トロツキーの第4回大会報告と同時期のトロツキーの論文に触発されたものであると思われる。まずヨーロッパにおける革命の発展についてグラムシはこう述べている。

　　中央ヨーロッパと西ヨーロッパでは、資本主義の発展は、プロレタリアの広範な諸層の編成を規定しただけでなく、また——そしてそれゆえに——プロレタリアの最上層たる労働貴族と、付属物たる労働組合官僚と社会民主主義グループをもつくり出した。ロシアでは直接的で大衆を革命的強襲の道に向かわせた規定関係は、中央ヨーロッパと西ヨーロッパでは、資本主義の高度な発展によってつくり出されたこれらすべての政治的上部構造によって複雑になっており、大衆の行動をより緩やかに

より慎重にし、したがって、1917年3月から11月にかけての時期にボリシェヴィキに必要だったものよりもはるかに複雑で息の長い戦略と戦術の全体を革命党に要求している。[132]

　同じく、トロツキーは第4回大会報告において、次のように述べている。長いが一通り引用しよう。

　　われわれは1917年2月7日に容易に権力を獲得したが、この容易さは内戦の無数の犠牲によって相殺された。資本主義的な意味でわが国より古くより文化的な国々においては、情勢が著しく異なるだろうことは疑いない。……西欧のブルジョアジーはあらかじめ反撃を準備している。西欧ブルジョアジーは、頼るべき相手を多少は知っており、反革命の要員をあらかじめ組織している。このことはドイツにおいて見られるし、それほど明確ではないが、フランスでも観察されている。そして、最後に最も完全な形式でイタリアにおいて観察されている。イタリアでは、革命が未完に終わった後に、完成された反革命が存在している。この反革命は、革命のいくつかの手法や方法を巧みに利用したのである。このことは何を意味しているだろうか？　これが意味しているのは、われわれがロシアのブルジョアジーの不意を突いたようにはヨーロッパのブルジョアジーの不意を突くことがおそらくはできないということである。ヨーロッパのブルジョアジーは、より賢明で先見の明があり、時間を無駄にしない。ヨーロッパのブルジョアジーは、われわれに反対して立ち上がらせることのできるいっさいのものを今すでに動員しつつある。したがって、革命的プロレタリアートは、権力への途上で反革命の戦闘的前衛部隊に遭遇するだけでなく、同時に反革命の最も重要な予備軍にも遭遇するだろう。このような敵の兵力を粉砕し、解体し、戦意を喪失させた時にはじめて、プロレタリアートは国家権力を奪取するだろう。[133]

　このようにトロツキーは、ロシアと対比させてヨーロッパではブルジョアジーがあらかじめ準備を整え、頼るべき相手（社会民主主義や労働貴族など）をしっかり確保していること、したがって、そこでの革命の発展過程が長期で困難なものになることを明らかにしている（陣地戦！）。さらにトロツキーが、そのようなヨーロッパ型の支配の「最も完全な形式」がイタリアにおけるファシズムだと述べているのは興味深い。この観点は、グラムシが「獄中ノート」で考察したような、「陣地戦的反動としてのファ

シズム」という観点と共通するものである。

　さらにグラムシは、特殊にイタリア革命のありうる発展諸局面について次のように述べている。これも相当に長いので、前後二つに分けて引用しよう。まず前半である。

　　　政治の分野では、イタリア情勢およびその今後の発展のありうる諸局面についてのテーゼを正確に定める必要がある。1921～22年に党は、ファシスト独裁または軍事独裁が出現することなどありえないという公式の見解を持っていた。私はたいへん骨を折って戦術テーゼの第51項と第52項を抜本的に修正させ、この考えをテーゼから取りのぞき、それがテーゼに書き込まれないようにした。(134)

　この一文を読むとただちに想起されるのは、トロツキーが1932年に亡命地で書いた最も重要な反ファシズムの論文である「次は何か」の中にある次の一節である——「イタリア共産党は、グラムシただ一人を除いて、ファシストによる政権獲得の可能性さえ認めていなかった」(135)。トロツキーはグラムシのこの手紙を知っていたのだろうか？　もちろんそんなことはありえない。この一文の直前に、「イタリアの友人からの情報によれば」という一句があり、この「イタリアの友人たち」とは、言うまでもなく、グラムシの最も近しい弟子であり1930年の極左転換に反対して除名されトロツキストとなったレオネッティやトレッソなどの「三人組」のことである。レオネッティたちは、当然ながらこれらの一連の手紙をよく知っており、それにもとづいてトロツキーにグラムシの先見性を教えたに違いない。

　さて、続けてグラムシは後半部で、現在党が陥っている誤りについて次のように述べている。

　　　ところが現在、以前の誤りと密接に結びついているもう一つの誤りに陥っているように思われる。その当時われわれは、ファシズムに対する工業ブルジョアジーの内心の隠れた反対を正しく評価せず、社会民主主義政府がありうるとは考えず、ありうるのは次の三つの解決策だけだと考えていた。すなわち、プロレタリアートの独裁（可能性の低い解決）、工業ブルジョアジーと宮廷のための参謀本部の独裁、ファシズムの独裁がそれである。こうした考えはわれわれの政治行動を拘束し、われわれ

第2章　トロツキーとグラムシの交差点

151

を多くの誤りに導いた。現在またしてもわれわれは、現われはじめた工業ブルジョアジーの反対――とりわけ、はっきりと地域的性格を帯び民族問題のいくつかの側面を見せている南部のそれ――を考慮していない。プロレタリアートの再生はわが党の利益になるだけであるという意見が一部に見られる。だが私は、プロレタリアートが再生してもわが党はまだ少数派であり、労働者階級の多数派は改良主義者につき、民主主義的自由主義ブルジョアジーはまだまだ語るべき多くの言葉を持っている〔大きな役割を果たしうる〕だろうと思う。情勢が活発で革命的であることに疑いはなく、したがってある一定の期間ののちには、わが党は多数を獲得することができるだろう。しかし、この期間は時間的にはおそらく長期にわたるものではないにせよ、間違いなく補足的な諸局面がつまったものとなるだろう。われわれは、うまく立ち回れるよう、そしてプロレタリアートの経験を長引かせるという誤りに陥らないよう、この諸局面をある程度正確に予見しなければならない。[(136)]

　以上の展望も実は、トロツキーの第4回大会報告および同時期の論文に触発されたものであると見て間違いないだろう。言葉使いもよく似ている。まず、第4回大会報告から引用しよう。

　　もちろん、情勢がいっそう鋭く展開する可能性もある。賠償問題やフランス帝国主義やイタリアのファシズムが事態を革命的結末にまで持っていき、ブルジョアジーにその左翼を前面に押し出す機会を与えない可能性もありえないことではない。しかしながら、きわめて多くの事実が物語っているのは、プロレタリアートが決定的な攻撃のための準備が整った感じる前に、ブルジョアジーは改良主義的で平和主義的な方向性に訴える必要に迫られるだろうということである。これはヨーロッパにおけるケレンスキー主義の時代を意味するだろう。……したがってわれわれがロシアのケレンスキー主義を受け入れたように、ある一定の条件のもとではヨーロッパのケレンスキー主義をも受け入れるだろう。われわれの任務は、改良主義的・平和主義的欺瞞の時代を革命的プロレタリアートによる権力獲得につながる直接の序曲に転化することである。わが国のケレンスキー主義はせいぜい9ヵ月ほど続いただけである。もしケレンスキー主義の時代が訪れるとすれば、諸君の国ではどれぐらいの期間続くだろうか？　もちろん、今この問題に回答を与えることはできない。これは、どれだけ速やかに改良主義的・平和主義的幻想が清算されるかにかかっている。すなわち、かなりの程度、諸君の国のケレンス

キーたち……がどれほど抜け目なく立ち回れるかにかかっているのである。しかし、それと同時に、われわれ自身の党がどれぐらいのエネルギーと決意と柔軟性を持ってうまく立ち回れるかにもかかっているのである。(137)

　グラムシの手紙もトロツキーの演説も、情勢が直接的な革命的結末に至るよりも、改良主義的・平和主義的政権が支配する中間的・補足的諸局面が先に存在することの可能性の方が高いことを指摘し、この中間的期間がどれだけ長く続くかは、革命党が先を見通して「うまく立ち回る」ことができるかどうかにかかっているとみなしている。ここで「うまく立ち回る」と訳した単語はそれぞれ、英語でいう「maneuver」(マヌーバー)と同じ単語であり、普通は「機動戦」というときの「機動」という意味だが、ここではむしろその逆で、さまざまな駆け引きや統一戦線戦術などの柔軟な戦術を用いて巧みに前進することを意味している。
　またトロツキーは、同時期の論文「政治的展望」の中で、この問題をとくにイタリア情勢に即して具体的に説明している。

　　イタリアにとって政治的予測はいかなるものだろうか？　ムッソリーニが長期にわたって権力を維持し、その間に、都市と農村の労働者がムッソリーニに反対して結集し、彼らが自らの階級的力に対する失われた信頼を回復し、共産党の周囲に結集するだけの時間があると仮定するなら、その場合には、ムッソリーニの体制がプロレタリア独裁の体制に直接移行することも、ありえないことではない。しかし、別の展望も存在しており、少なくともそれは最初の仮定と同じくらい可能性がある。すなわち、イタリアのプロレタリアートが1920年9月の時のような状況に――しかも当時とは違って確固とした決然たる革命的指導部のもとで――到達する以前に、ムッソリーニの政治体制がそれ自身の社会的基盤の内部矛盾と、国内的および国際的な状況の諸困難にぶつかって崩壊する可能性である。その場合には、大言壮語と無能力な中間体制が再びイタリアで樹立されることは、まったく明らかである。たとえば、ニッティ内閣あるいはトゥラティ内閣、あるいはニッティとトゥラティの連立内閣が、要するにイタリア版ケレンスキー体制が樹立され、それは必然的に、みじめな破産をとげ、最終的に革命的プロレタリアートに道を開くだろう。この二番目の仮説は、最初の仮説よりも可能性が低いわけではけっ

してない。……イタリア・プロレタリアートは分散させられた状態に置かれているので、イタリアのわが同志たちは、武力によってファシズムを打倒することを直接的な課題とすることはできない。イタリア共産党は、将来の武装闘争の諸要素を慎重に準備しながら、まず何よりも、広範な政治的方法を通じて闘争を展開しなければならない。彼らの当面する準備的課題は──そしてこれは巨大な重要性を持った課題なのだが──、人民諸階層、とりわけ労働者階層の中に入っていき、ファシズムを支えている諸要素を解体し、ますます多くのプロレタリア大衆を、特殊的ないし一般的な、防衛と攻勢のスローガンのもとに再結集することである。(138)

　ここでもトロツキーはファシズム独裁がプロレタリア独裁に直接席を譲るよりも、改良主義的な中間的体制が現出する可能性の方を重視し、この展望と結びつけて、「広範な政治的方法を通じて闘争を展開」し、「人民諸階層、とりわけ労働者階層の中に入っていき、ファシズムを支えている諸要素を解体」するべきだと述べている。これは明白に陣地戦的な反ファシズム闘争の展望である。

　トロツキーのこの論文は 1922 年 12 月に書かれ、第 4 回世界大会の機関誌『ボリシェヴィキ』に掲載され、同年 12 月 13 日に『コレスポンダンス・アンテルナショナル』に仏訳が、さらにすでに述べたように、同年 12 月 25 日に『ラヴォラトーレ』にイタリア語訳がそれぞれ出ているので、いずれかによってグラムシが読んだことは間違いない。

南部問題、その他

　最後に、これまでの手紙には見られなかった要素として、グラムシが以前から問題関心を抱いていた諸問題が改めてクローズアップされている。それは、何よりも南部問題だが、それ以外にも、ミラノ・プロレタリアートの問題、船員労働者の問題、鉄道労働者の問題である。

　いかにコミンテルンの路線が全体として正しくても、それを抽象的に繰り返すだけでは意味がなく、イタリアの具体的な情勢を正しく分析し、それに応じてその路線を具体化し、豊かにしなければならない。それなしには、いかなる革命も革命党もありえない。ただ、社会主義の諸原則やコミンテルンの諸方針をおうむ返しにするだけなら、革命は一歩たりとも前進

しない。トロツキーやレーニンがロシアの状況に即してやったことを、ヨーロッパ各国の具体的な状況に即してやらなければならないのである。

　ヨーロッパ各国の共産党指導者の多くは、まさにこの決定的な点でその無能を暴露してきたし、その後も暴露し続けた。その中で例外的とも言える才能を発揮したのが、グラムシだった。とりわけ、逮捕直前に書かれた「南部問題に関する覚書」は、トロツキーの「総括と展望」を彷彿とさせるようなきわめて鋭く生き生きとしたイタリア社会の分析となっている。

　それはともかく、その片鱗がこの手紙の末尾で展開されている。ここでは、南部問題のところだけを引用しておこう。

　　　これらの問題のうち第4のそして最後の問題は、南部問題である。われわれはこの問題を社会党と同じように無視し、われわれの一般政治活動の通常の枠内で解決できるものと考えてきた。私は常に、南部がファシズムの墓場になるだろうと確信してきたが、同時に、もしわれわれが、革命の前にこの問題をきちんと研究せず、あらゆることに備えておかないならば、南部はファシズムの最大の貯水池、練兵場になるだろうとも考えていた。[139]

　南部のより遅れた経済環境が、党のヘゲモニー闘争しだいで、一方では「ファシズムの墓場」になりうるとともに、他方では「ファシズムの最大の貯水池、練兵場」にもなりうることをグラムシは正しく指摘している。

　以上、この手紙には多くの支流からの流れが注ぎこみ、激しい知の渦をつくって、巨大な新しい流れへと続いていることがわかるだろう。そして、そこに流れこんでいる多くの支流のうち、最も重要なものがトロツキーからの流れ、あるいはレーニン＝トロツキーからの流れであることは、もはや明らかではなかろうか。

8. おわりに——交差から再分離へ

1924年3〜4月の手紙

　1924年2月9日の手紙はトロツキーとグラムシとの交差が最も濃厚な地点であるが、この手紙に続く3〜4月の手紙は、すでにして曖昧な様相を帯びはじめる。たしかに、イデオロギー的に同質な指導部をもった強力

な大衆党を建設するという最も重要な目標に関しては引き続きいかなる揺らぎもないし[140]、2月9日の手紙で触れられていた論点を継承ないし敷衍している論点も見られる。だが、他方では、ロシア党内の論争に対して、両派に距離を置いた姿勢が登場する。その様子を簡単に見ておこう。

まず、2月9日の手紙における論点を敷衍している部分についてだが、グラムシは3月21日付「トリアッティ、スッコチマルロ、レオネッティ」宛ての手紙の中で、憲法制定議会のスローガンに言及しつつ、「中間的諸局面」の問題について次のように述べている。

憲法制定議会のスローガンが再び現実的となることがあるだろうか？ もしあるとしたら、この点におけるわれわれの立場はどのようになるであろうか？ 要するに現情勢は何らかの政治的解決にいたるにちがいないが、その解決がとる最もありそうな形態は何であるか？ ファシズムからプロレタリアートの独裁に直接移行すると考えることは可能だろうか？ どのような中間的諸局面が可能で蓋然的か？ われわれはこの政治的検討の作業に取り組まなければならない。われわれはこれを、われわれ自身のため、党員大衆のため、一般大衆のために遂行しなければならない。わが国が今後経るであろう危機の中で、この必然的な移行過程を最もよく理解している党、したがって、広範な大衆に自党の重要性を印象づける党が、優位に立つことになるだろう。[141]

憲法制定議会のスローガンについては、トロツキー自身、1930年にイタリアの新反対派への手紙の中で、それが現実的となりうる局面があることを示唆している[142]。同じ頃、獄中でグラムシは、スターリンの「第3期」論を拒否し、憲法制定議会のスローガンが現実性を持ちうることを示唆した[143]。トロツキーのコミンテルン第4回大会報告から新反対派宛ての1930年の手紙まで1本の線を引くことができるのと同様、この時期のグラムシの手紙から獄中における1930年のグラムシの政治的態度との間にも1本の線を引くことができるだろう。そしてこの二つの線は、部分的にずれたり逸れたりすることがあったとしても、基本的に並んで伸びており、そしてその出発点は同じところにあるのである。

また、3月27日付けのテルラチーニ宛ての手紙ではコミンテルンの路線に関して次のように述べられている。

統一戦線と労農政府の問題に関して言うと、これまで知られている文献とコミンテルンによって与えられた方向性は、その一般線においては情勢と合致しており、大体において是認されていると思われる。[144]

しかし、グラムシにとって、単に「一般線において」情勢と合致しているだけでも、「大体において」是認されているだけでもだめであり、問題はそれを個々の国の具体的な情勢に即して具体化され創造的に適用されるかどうかであった。この点では、どの国もうまくいっていなかった。その原因の一つは、コミンテルンにおける中央集権制の理解の仕方にあった。諸大会で決定された一般的な行動計画に合致させつつ「自主的で創造的な政策」を実施し、かつ「自律的に中央集権化される」ような党がまだできていないところに問題があった[145]。

グラムシのこの問題関心は重要である。コミンテルンへの機械的な追随でもなければ、国際的な経験と理論化とを無視した機械的な反発でもない、各国支部の「自主的・創造的」なあり方が探求されなければならなかった。だが、問題は、コミンテルンがそのような「自主性」や「創造性」を許さなくなったときにはどうするのか、である。コミンテルン指導部の態度がしだいに機械的で偏狭になり、異論や自主的な発展の余地を残さなくなるにつれて、この問題はイタリア共産党指導者であるグラムシにとって、深刻な意味を帯びることになる。その徴候はすでに、同じ手紙の中にある次の一節に見られる。

トロツキー・ジノヴィエフ問題の実情について知らせてもらえるとありがたい。この問題は第5回大会に反映し、たぶんその対決の中で態度を決める必要がありそうに思われる。[146]

このように、2月9日の手紙でははっきりとトロツキーと反対派の方を支持していたにもかかわらず、この手紙では、コミンテルン第5回世界大会での結果を見た上で態度を決定しようとしている。2月9日の手紙以来、トロツキーの立場がしだいに悪化していったこと、トロイカが状況の勝利者であることが国外にいる人々からもしだいにはっきりしてきたことが、おそらく最も大きく影響している。コミンテルンの権威という正統性とその路線の「一般線における」正しさという二つの武器をともに用いることで党内ヘゲモニーを獲得しようとしていたグラムシにとって、ロシアの党

内論争がトロツキーに不利な形で進行することは大いに困惑させることであった。たとえ、トロツキーの主張そのものがいかに正しかったとしても、敗北したトロツキーを公然と支持するならば、グラムシはイタリア共産党のヘゲモニーを獲得するどころか、そもそも党からさえも追放されかねなかったからである。実際、フランス共産党の指導者であったスヴァーリンは、新路線論争においてトロツキーを公然と支持し『新路線』を翻訳したかどでコミンテルン第5回大会で除名になっている。ちなみに、ボルディガ、トリアティらのイタリア共産党代表団はスヴァーリンを弁護するとともに、この除名に反対票を投じている[147]。この勇気ある投票行動にグラムシの意向も反映していることは間違いないだろう。

　結局、1924年6〜7月に開かれたコミンテルン第5回大会は、トロツキーと反対派を厳しく非難する決議を採択した[148]。「対決」の決着は圧倒的にトロイカの勝利として着いた。こうしてグラムシはマヌーバー（うまく立ち回り、迂回行動をとること）を用い、トロツキーから形式的に距離をとることを余儀なくされるのである[149]。

トロツキーとグラムシの再分離

　2月9日の手紙において、グラムシは、明らかに、「レーニン主義的中核」に対するトロツキーの闘いと、ボルディガ主義に対する自分の闘いとを重ねあわせて見ていた。左か右かという地形学的構図に必ずしも拘泥することなく、グラムシはあくまでも、その時の具体的な情勢と課題に即してそれぞれのグループが果たしている現実的な役割を評価した上で、イタリアのボルディガ主義とロシアのトロイカとを重ねあわせ、自分の闘いとトロツキーの闘いとを重ねあわせたのである。どちらも、現在危機に陥っている古い主流派と、転換の必要性をいち早く察知した党内の先進的部分との闘争という意味合いを持っていた。しかしながら、この基本的構図における同一性は、その後の情勢の流れの中で、そして、他の諸要素との関係の中で、急速に崩壊する。

　まず第1に、グラムシは、あの一連の手紙を通じて親しい同志たちを最終的に獲得し、1924〜25年の期間を通じてしだいに全党のヘゲモニーを掌握し、1926年第3回大会（リヨン大会）において圧倒的多数を獲得した。それに対して、トロツキーは、その後の一連の会議、大会においてことご

158

とく敗北し、とりわけ1924年末の「文献論争」を通じて徹底的に誹謗中傷され、おとしめられた。1925年初頭には軍事人民委員の職も解かれた。グラムシが昇り龍のような上昇過程のただ中にあったのに対し、トロツキーは坂道を転がり落ちるような下降過程にあった。

第2に、グラムシが直接対決していたのは、ボルディガを筆頭とする極左主義の路線であったのに対し、トロツキーが直接対決していたのは、スターリン、ジノヴィエフ、カーメネフを筆頭とする右翼日和見主義（時おり極左主義に転じる）の路線であった。こうした「地形学的」構図は、やがて、政治的に重要な意味を帯びるようになる。2月9日の手紙では抽象的な左右の図式に拘泥していなかったグラムシは、その後、むしろ積極的に「地形学的な」左右の図式に事態をあてはめるようになり、ボルディガ的極左主義とトロツキーの左翼反対派とを重ねあわせるというシンボル操作をするようになる。そして、ボルディガ自身が1925〜26年に公然とトロツキーを支持するに至って、この「地形学的」図式は揺るぎないものとなる。

第3に、党の組織問題に関しても、たしかにグラムシの手紙の中には、党内民主主義、下からの運動と参加の要素、大衆との弁証法的結合といった問題関心が重要な役割を果たしているとはいえ、当時の若いイタリア共産党においてより切実な意味を持ったのは、堅固で権威のある中央部を建設し、技術的にすぐれた機構を整備し、隅々にまで規律と責任の党風を確立することであった。それに対して、すでに長い経験を有し、数年前に権力を獲得して唯一の政権党として君臨していたソ連共産党においては、決定的な問題はまさに党内民主主義の充実であり、強すぎる中央と機構の力を制約することであった。

かくして、両者における「歴史と知の交差」は両者の再分離に席を譲った。だが、グラムシは、政治路線や思想の上でもトロツキーから完全に離れてしまったのだろうか？　本稿の最初の部分で紹介したロベルト・マッサリと同じく、私もおそらくそうではないと考える。とはいえ、いずれにせよ、この分離がグラムシの思想に深刻な影を落とすようになったことは間違いない。

トロツキーの影響がコミンテルン指導部から取りのぞかれたのち、コミンテルン内で権勢をふるったのは、弁証法的な立場や民主主義的な指導と

は縁のないジノヴィエフであり、その後はブハーリンとスターリンであった。レーニンとトロツキーの学校にグラムシが入学していたのは、モスクワ滞在中のほんの1年半にすぎない。そこから得たものは、もちろんその後の理論と実践において決定的な意味を持ったが、その後入学したジノヴィエフの学校とスターリン・ブハーリンの学校は著しく否定的な影響をグラムシに及ぼした。1924〜25年におるセクト主義的な「ボリシェヴィキ化」路線、そして1926年以降の右翼日和見主義路線、そしてその間一貫して強化される官僚主義の万力と異端狩りの風潮、これらが、グラムシのような偉大な革命家にも深刻な影響を及ぼしたことは間違いない。それは1925〜26年におけるグラムシの一連の政治論文や党指導者としての報告のうちに容易に見てとることができるし、「獄中ノート」におけるきわめて一面的なトロツキー批判にも反映している。にもかかわらず、2月9日の手紙に流れこんでいるトロツキーの思想・理論・戦略・党概念が、その後のグラムシ思想においてきわめて重要な位置を占め続けたこともまた、否定することのできない事実である。この点をしっかりと理解しなければ、本当の意味でグラムシの思想を理解したことにはならないであろう。

【注】
(1) とくにレーニンのことを「深く国民的」と論じた『レーニンについて』(原著は1924年。邦訳は、トロツキー『レーニン』光文社古典新訳文庫、2007年)や、アメリカニズムとフォーディズムについて論じた『ヨーロッパとアメリカ』(原著は1926年。邦訳は、トロツキー『ヨーロッパとアメリカ』柘植書房、1992年)。

(2) ロベルト・マッサリ「トロツキーとグラムシ」上下、『ニューズ・レター』第19号、20/21合併号、1998年。マッサリはイタリアの元トロツキスト(統一書記局派)。

(3) 石堂清倫編『グラムシ政治論文選集Ⅰ　ロシア革命とヨーロッパ社会主義』五月社、1979年。手紙の訳者については、この翻訳書のどこにも記載されていないので不明である。なお、この一連の手紙の中で最も重要な1924年2月9日付の手紙は、別の全訳が『第三インターとヨーロッパ革命』(紀国屋書店、1975年)に、一部訳が『グラムシ・リーダー』(御茶の水書房、1995年)に収録されている。

(4) たとえば、G・フィオーリ『グラムシの生涯』平凡社、1972 年、河野穣『イタリア共産党史：1921 ～ 1943』新評論、1980 年、片桐薫『グラムシ』リブロポート、1991 年、など。

(5) Antonio Gramsci, *Selections from Political Writings: 1921-1926*, trans. and ed. by Quintin Hoare, University of Michigan Press, 1990.

(6) Antonio Gramsci, *Lettere: 1908-1926*, a cura di Antonio A. Santucci, Einaudi, 1992.

(7) たとえば、「共産主義インターナショナルの第 3 回大会でのイタリア問題についての演説」（1921 年 6 月 29 日）、「共産主義青年インターナショナル第 2 回大会での総括演説」（1921 年 7 月 14 日）、「革命的戦略の学校」（1921 年 7 月）、「政治的展望」（1922 年末）など（いずれも、トロツキー『コミンテルン最初の 5 ヵ年』上下、現代思潮社、1962 年、に所収）。トロツキーの主な担当はフランス支部だったので、イタリア問題についてはフランス問題ほど論じていないが、イタリア委員会のメンバーでもあったので、折に触れてイタリア問題についても言及している。

(8) 「ローマ・テーゼについて」『トロツキー研究』第 27 号、1998 年。これは、イタリア委員会にいたトロツキーがラデックとともに起草したものである。なお、ローマ・テーゼそのものの一部訳が、前掲『第三インターとヨーロッパ革命』に訳出されている。

(9) グラムシは後に手紙の中で次のように述べている。「進行中の問題の 10 分の 1 も知らされないままモスクワに行った私は、『汝に神のご加護がありますように』というグリッロ博士〔中世のほら吹き男で多くのアネクドートのネタになった人物〕の言葉のほかには何の備えもなくて、いかに軽率に代表者が指名されたかがばれぬよう、知ったかぶりをし、前代未聞の軽業を演じなければならなかった」（Gramsci, *Lettere*, p. 215〔前掲『グラムシ政治論文選集』第 2 巻、220 頁〕）。この部分の既訳には細かいミスがいくつか見られる。

(10) トロツキー『文学と革命』上、岩波文庫、1993 年、所収。このグラムシの手紙はすでに戦前に訳された『文学と革命』にも収録されており（茂森唯士訳『文学と革命』改造社、1925 年）、したがって、日本で最も早く訳されたグラムシの文献はこの手紙であるが、ほとんどのグラムシ日本語文献目録では無視されている。同時期に出された英訳ではこの手紙は割愛されているが（Leon Trotsky, *Literature and Revolution*, G. Allen & Unwin, 1925.）、同時期に出たドイツ語訳ではちゃんと訳出されている（L. Trotzki, *Literatur und Revolution*, Verlag für Literatur und Politik, 1924, pp. 95-98）。

(11) この点につき、前掲拙稿「トロツキーとグラムシ研究の新しい課題」を参照。

(12) この演説の翻訳は、『トロツキー著作集 1932』上（柘植書房新社、1998 年）に所収。その演説では、憤激した小ブルジョアジーの特殊な役割が強調されている。

(13)「イタリア問題についての決議」『コミンテルン資料集』第2巻、大月書店、1979年。

(14)トロツキー「ソヴィエト・ロシアの新経済政策と世界革命の展望」『社会主義と市場経済』、大村書店、1992年。ちなみに、この報告の一部訳が、1922年11月26日付『オルディネ・ヌオーヴォ』にも掲載されている。

(15)「戦術方法の修正をはじめる一つの試みは、L・ダヴィドヴィチ・ブロンシュテインが第4回大会で説明したことであったに違いない」(前掲『グラムシ・リーダー』、273頁)。この文章を含む前後一文がまるまるトリアッティ版『獄中ノート』では削除されていた。

(16)前掲『グラムシ・リーダー』、230～235頁。

(17)最も重要なのは、グラムシがロシアに滞在している1922年末に発表された「政治的展望」である(本文で後述)。この論文は1922年12月25日付『ラヴォラトーレ』(トリエステのイタリア共産党機関紙)にイタリア語訳が出ている(Lev Trotsky, Scritti sull'Italia, a cura di Antonella Marazzi, II edizione, Roma, 1990)。また、この第4回大会において採択された「戦術テーゼ」には、イタリアにおける革命的発展の展望と深くかかわる箇所(ファシズムや反動体制の破綻がただちにプロレタリア革命に結びつくのではなく、ブルジョア的平和主義の中間段階がありうることを明記した部分)が存在するのだが、これはもともとのテーゼ案にはなく、トロツキーの提案で修正された箇所である(西島栄「『トロツキー=グラムシ関係』についての補論――『トロツキーとグラムシ』の諸論稿に寄せて」、『トロツキー研究』第31号、2000年)。このような展望は後でも見るように、グラムシの新しい路線・展望に大きな影響を与えている。

(18) Gramsci, *Lettere*, p. 262. 〔前掲『グラムシ政治論文選集』第2巻、249～250頁〕。グラムシは、同じ手の中で、ボルディガの「三人分の価値」、「アマデーオほどの意志と活動能力がなければ打破することのできないこと」についても語っている。

(19) Gramsci, *Selections from Political Writings: 1921-1926*, pp. 132-133.

(20) Ibid, p. 133.

(21) Ibid.

(22) Ibid, pp. 133-134.

(23) Ibid, p. 136.

(24) Gramsci, *Lettere*, p.118. 〔前掲『グラムシ政治論文選集』第2巻、198頁〕

(25) Ibid. 〔同前〕この部分の既訳は次のように正反対に訳されている。「私は第4回大会中に、アマデーオと何回か対談した。彼は、今日知的な口論と思われているもの、またそのように思われそうな問題について、われわれの間で公開の決定的な討論が必要だということを私に信じさせようとしたが、私は、そうしたことは、イタリア情勢の革命的発展のなかでは、党の危機と内部分解の理由になると考えている」。このように、ボルディガが公然たる討論をグラムシに持ちかけたのに対し、グラムシはそれは党の危機と内部分解の理由になるので反対であるという立場を

とったことになっている。しかし、同じ手紙の後の内容から明らかなように、グラムシはこれまでのような諸分派間の妥協にもとづくやり方にはっきりと反対しているのである。だから「公然たる討論」（「率直な討論」と訳してもいいかもしれない）に否定的ではない。また既訳は文法的にも成り立たない。それは、「私に信じさせようとした」主語を「彼」（ボルディガ）としているが、イタリア語原文を見ると、「させようとする」と訳されている動詞は三人称複数形である。つまり、「彼」がこの動詞の主語には絶対にならない。主語は、「彼」ではなく「対談」（複数形）の方である。また、「内部分解の理由になる」という部分も複数形を受ける形になっているので、単数形である「討論」ではなく、複数形の「問題」を受けている。

(26) Ibid.〔同前〕

(27) Ibid.〔同前、199 頁〕ここの既訳の前半は次のように正反対に訳されている。「われわれは 1919 〜 20 年に分派を作りだそうとして拒否をくらったため、孤立した単なる個人にとどまるか、または……」。この既訳だと、グラムシは、自分たちは分派を作りだそうとしたのに拒否をくらった（誰から？）ので孤立した個人にとどまっていると言っていることになる。だが後でも紹介するように、グラムシは繰り返し、1919 〜 20 年の自分たちの誤りを、「分派を作ろうとしなかったこと」に求めているのである。

(28) Ibid, p.119.〔同前、119 頁〕

(29) Ibid.〔同前、119 〜 200 頁〕

(30) Ibid., p. 120.〔同前、200 〜 201 頁〕

(31) Ibid.〔同前、200 頁〕

(32) ただし、後の手紙（1924 年 1 月 28 日付のレオネッティ宛ての手紙）で示されているように、グラムシはかってのトリノ・グループをそのまま再生させることには否定的だった。

(33) 前掲『コミンテルン資料集』第 2 巻、423 頁。

(34) 同前、424 頁。

(35) Gramsci, *Selections from Political Writings*: 1921-1926, pp. 143-153.

(36) Ibid., p. 157.

(37) Ibid., p. 157-158.

(38) Ibid, p. 158.

(39) Gramsci, *La Construzione del Partito Communista: 1923-1926*, Einaudi, 1978, p. 456.〔前掲『グラムシ・リーダー』、138 頁〕

(40) Ibid, pp. 456-457.〔同前、138 〜 139 頁〕

(41) Ibid.〔前掲、134 頁〕

(42) Ibid, p. 457 の注 1 より。

(43) Ibid, p. 457.〔同前、134 〜 135 頁〕

(44) Ibid.〔同前、135 頁〕

(45) Gramsci, *Lettere*, p. 127.

(46) たとえば、前掲フィオーリ『グラムシの生涯』の 231 〜 232 頁に引用

されている 1926 年の手紙。

(47) Gramsci, *Lettere*, p. 126.

(48) Ibid, pp. 129-130.

(49) Ibid, p. 175.〔前掲『グラムシ政治論文選集』第 2 巻、210 頁〕

(50) Ibid, p. 215.〔同前、220 頁〕

(51) これらの一連の論文（および書簡の一部）はトロツキー『新路線』（柘植書房、1990 年）に収録されている。その他、この新路線論争期における主要な手紙や声明は以下に訳出されている。『トロツキー研究』第 40 号、2003 年。英訳は以下の文献で見ることができる。Valentina Vilkova ed., *The Struggle for Power*, Prometheus Books, 1996; Leon Trotsky, *The Challenge of the Left Opposition: 1923-1925*, Pathfinder Press, 1975.

(52) 前掲片桐薫『グラムシ』、181 頁。ただし、片桐氏は、セルジュを 一貫して「セルジョ」と表記している。

(53) その論文の一つ「イタリアとジェノヴァ会議」が、1998 年 2 月に東京で開かれたシンポ「トロツキーとグラムシ——歴史と知の交差点」の特別パンフに訳されている。

(54) 「〔コミンテルン第 2 回大会において〕ボルディガは組織問題や一般的展望に関してレーニンに反対した。彼は、あえて口に出さなかったが、各国共産党に対するソヴィエト国家の影響力を、そしてその妥協・デマゴギー・腐敗の体質を恐れていた。とりわけ彼は、農民国ロシアが国際労働者階級の運動を指導できるとは信じていなかった。疑いもなく、彼は大会における最も透徹した知性の持ち主の一人だったが、彼を支持していたのは一握りのグループだけだった」（Victor Serge, *Memoirs of a Revolutionary*, Oxford University Press, 1963, p. 108.〔ヴィクトル・セルジュ『一革命家の回想』上、現代思潮社、1970 年、153 ～ 154 頁〕）。「〔1922 年に〕クレムリンで私はなつかしい雰囲気を再び見いだした。拡大執行委員会総会が開かれていたが、どんな問題が討議されていたか覚えていない。私はそこでアマデーオ・ボルディガに会ったが、彼はかってないほど陰鬱で、頑強で、喧嘩腰であり、今回は革命的道徳性をめぐって一戦を交えようとしていた。ジノヴィエフは微笑みを浮かべながら、彼の言葉を聞いていた」（Ibid, p. 165.〔同前、223 頁〕）。

(55) Ibid, p. 163.〔同前、220 頁〕

(56) Ibid, pp. 186-187.〔同前、249 ～ 250 頁〕。文中、「1928 年 6 月に投獄」とあるが、正確にはその月に禁固刑の判決を受けたのである。逮捕そのものは 1926 年 2 月。

(57) *L'Unita*, 12 Ottobre 1924, p. 3.

(58) たとえば、1924 年 2 月 16 日付けウルバニ（テルラチーニ）宛ての手紙の中で、グラムシは、コミンテルンのフランス語機関誌を受け取った旨を知らせ、それが「有用」であったと述べるとともに、「より直接的に役立ったフランス語文献」として、「6 月の拡大執行委員会総会のブレティン、第 3 回および第 4 回大会の報告、2 次的なタイプ打ち文献」を挙げてい

る（Gramsci, *Lettere*, p. 248）。

(59) この一種独特の「歴史感覚」を理解する上で、トロツキーが第2回党大会時におけるレーニンの「進化」について述べた以下の一文が役立つだろう――「革命が迫りつつある状況のもとでプロレタリア前衛の戦闘組織の直接的な指導権を自らの手に握るだけの能力が『労働解放団』にはないことを確信すると、彼はそこからあらゆる実践的結論を引き出した。古参派は誤っていた。……思うに、彼が古参の同志たちや教師たちと肩を並べて活動するようになったとき、そして自分が彼らよりも強力であり必要であることを確信するに至ったとき、決定的に、自分が指導者であることを自覚したのだろう」（前掲トロツキー『レーニン』、91～92頁）。

(60) Gramsci, *Lettere*, p. 158.

(61) たとえば以下の箇所――「人口密度が高く、巨大な人口密集地がいくつも存在し、白衛派のカードルがあらかじめ準備されている高度に発達した工業諸国においては、内戦はおそらく――そして多くの場合においては確実に――はるかに機動性が少なく、はるかに密集した性格をとるだろう。すなわちそれは、陣地戦に似たものとなるだろう。一般的に言うならば、絶対的な陣地戦というのは問題になりえない。とりわけ内戦においてはそうである。ここで問題になっているのは、機動戦の要素と陣地戦の要素との相互関係である。そして、この点で確信を持って言えることは、内戦におけるわが国のウルトラ機動戦的戦略においてさえ、陣地戦的要素が存在したし、場合によっては重要や役割を果たしたことである。だが、西方の内戦においては、陣地戦の要素は、わが国の内戦におけるよりもはるかに大きな位置を占めるだろう。このことにいかなる疑問の余地もない。……西方の内戦においては、プロレタリアートは、その数のおかげで、わが国におけるよりも大きく決定的な役割を果たすだろう。このことだけからしても、機動戦をプロレタリアートの階級的本質に結びつけることが誤りであるのは明らかである」（トロツキー「第11回党大会に向けた軍代議員会議における報告と結語」、『トロツキー研究』第28号、1999年、96～97頁）。

(62) Gramsci, *Lettere*, pp.159-160.〔前掲『グラムシ政治論文選集』第2巻、205頁〕。既訳はまず、「除名される可能性さえある」という可能形を「除外された」という過去形に誤訳し、さらに、「もしイタリアの政治情勢に妨げられていなければ」を「かりにイタリアの政治情勢がこれに反対しないとしても」と意味不明な文書に訳している。イタリアの困難な政治情勢からして除名になることはないが、もしそうでなければ除名になっているところだ、というのがここでグラムシが言いたいことである。

(63) Ibid, p. 160.〔同前〕

(64) Ibid.〔同前、206頁〕。既訳では、「実際には、今日歩みを進めることのできる唯一の道である」という一節が抜けているので、意味の通じない文章になっている。

(65) Ibid, p. 161.〔同前〕

(66) Ibid.〔同前〕。既訳では、「組織することが問題であったかぎりでは」が「組織することになるまでは」に誤訳されている。

(67) Ibid.〔同前、206 ～ 207 頁〕。既訳では、「社会党の外部の一分派にすぎない存在であることをやめる」が「社会党の外部の一分派に他ならないものと成る」というように正反対に誤訳されている。共産党が発展していって「社会党の外部の一分派に他ならないものに成る」？ これでは「発展」ではなく、「後退」であろう。

(68) Ibid, p. 162.〔同前、207 頁〕。既訳では、「左派をも右派をも」の部分が「前者をも、後者をも」と直訳されており、これでは、「党中央委員会をも、コミンテルン執行委員会をも」の意味だと解釈されかねない。

(69) 既訳も英訳もこの手紙を「1 月 12 日付け」としているが、イタリア語のグラムシ書簡集は「1 月 13 日付け」としている。

(70) Ibid, p. 174.〔同前、209 ～ 210 頁〕。ちなみに、既訳には、「私は修正された宣言しか見ていない」という一文があるが（同前、209 頁）、その 3 行前に「私が読んだ原案」という一節が出てくる。いったいグラムシは原案を読んだのか読まなかったのか？ 実は「私は修正された宣言しか見ていない」という訳が誤りであり、正しくは「ここには修正された宣言しかない」である。この文の直後に、「原文が手元にないので」という一節が続くので、つじつまが合う。

(71) Ibid, p. 175.〔同前、210 頁〕

(72) 労働者階級そのものが一枚岩でも等質的でもなく、諸階層に深刻に分岐し、ただ革命的情勢においてのみその一致団結を獲得するという点は、トロツキーが、『新路線』所収の「官僚主義と革命」をはじめ機会あるごとに強調してきたきわめて重要なポイントである。これは権力獲得後における官僚主義の物質的基盤を明らかにする（この点につき以下も参照、橋本剛「前衛と多元主義——トロツキーの組織論」、『トロツキー研究』第 16 号、1995 年）。「獄中ノート」を含めグラムシにはこの視点が弱かったように思われる。これは、グラムシが新路線論文のうち「官僚主義と革命」を読まなかったからかもしれない。トロツキーの新路線論文はほとんどすべてこの時期の前後に仏訳されたが、「官僚主義と革命」だけは仏訳されなかった。

(73) Ibid, p. 176.〔同前、211 頁〕

(74) Ibid, p. 177.〔同前、212 頁〕

(75) ただし、1 ヵ所、既訳に重要な誤訳があるので、それだけ指摘しておく。『グラムシ政治論文選集』第 2 巻の 213 頁に「とくにロシアでは討論が広まりすぎたことを君に警告しておく」という一文が出てくる。これは、コミンテルンの綱領草案に関する論文を書くことをテルラチーニに依頼する文脈で、草案と討論の両方を検討した上で書くようアドバイスしている中に出てきている一文である。この翻訳だと、あたかもグラムシが「討論の広まり」を否定的に見ているかのような印象を与えてしまう。しかし、

原文を見るとそういう表現にはなっておらず、単にこう言っているだけである。「言っておくが、とくにロシアでは討論はかなり広範な（abbastanza ampia）ものになった」（Ibid, p. 178）。つまり、ロシアでは討論が非常に広範に行なわれたので、そのフォローはたいへんだぞ、と注意しているにすぎないのである。

(76) Ibid, p. 182. 片桐氏は『グラムシ』の中でこの手紙をテルラチーニ宛てとしているが（前掲『グラムシ』、163 頁）、手紙冒頭の呼びかけ「cara（親愛なる〜）」が女性形なので、妻宛てだろう。

(77) 翻訳は前掲『新路線』の 186 頁以下、および『トロツキー研究』第 40 号、139 頁以下、に収録されている。

(78) 翻訳は、大月書店の邦訳『スターリン全集』第 5 巻の 376 頁以下に収録されている。

(79) 翻訳は前掲『新路線』の 104 頁以下、および『トロツキー研究』第 40 号、150 頁以下に収録されている。

(80) これらの「新路線」関連の諸論文のフランス語訳は 1924 年にパンフレットにまとめられてスヴァーリンによって出版されている（ロシア本国でもロシア語で出版されている）。フランス語版『新路線』とグラムシ「獄中ノート」との関係については、以下を参照。志田昇「トロツキーの『新路線』とグラムシ「獄中ノート」『トロツキー研究』第 51 号、2007 年。

(81) トロツキーの各論文がどの雑誌のどの号に訳出されたかについては基本的に、ルイス・シンクレアが編集した記念碑的な労作『トロツキー文献目録』（Luis Sinclair, *Leon Trotsky: A Bibliography*, Hoover Institution Press, 1972)）に依拠している。ただし、このシンクレアの目録にはいくつか欠点もあって、イタリア語文献に関しては、『ラヴォラトーレ』や『ウニタ』を調べていない。私がマイクロフィルムで実際に調べたところ、『ウニタ』にはトロツキーの重要な論文・著作がいくつか訳出・紹介されている。

(82) Gramsci, *Lettere*, p. 211.〔前掲『グラムシ政治論文選集』第 2 巻、215 頁〕。既訳では、「釈放直後」が「やっと暇になったが」と誤訳されている。ここの「in liberta」は「暇になった」という意味ではなく、「釈放されて自由の身になった」という意味である。実際、トリアッティは 1923 年 9 月 21 日にミラノで他の幹部といっしょに逮捕され、その 3 ヵ月後の 12 月に釈放され、その直後の 12 月 29 日にグラムシに手紙を書いている。

(83) Ibid.〔同前、216 頁〕。ここの既訳の全体は次のような意味不明の文章になっている。「われわれが諒解しあうための活動を、私は同志ティトー特有のものと呼ぼう」。これは、「はっきり言うと」を意味する熟語「per intenderci」を直訳し、しかもそれを直前の「attivita」にかけてしまった結果生まれた誤訳である。

(84) Ibid.〔同前〕

(85) Ibid, p. 212.〔同前、217 頁〕。ここの既訳にはとくに問題はない。

(86) Ibid, p. 214.〔同前、218 頁〕。既訳では、「自分が痛い目にあったことからも」が「自分の責任で」と誤訳されている。

(87) Ibid, pp. 214-215.〔同前、219 頁〕。いくつかの細かい誤訳がある。

(88) Ibid, p. 215.〔同前、220 頁〕。既訳には多くの誤訳があるが、とりわけ「自主的に」を意味する「autonomamente」が「自動的に」を意味する「automaticamente」と取り違えられて訳されており、ほとんど正反対の印象を与える結果になっている。同じ間違いは同書の 257 頁にもあり、「コミンテルンの戦術を受け入れ、これを自主的に展開する」と訳すべきところが、「コミンテルンの戦術を受け入れ、これを自動的に展開する」になっている。

(89) Ibid, p. 217.〔同前、221 頁〕。ここの既訳の前半は、「われわれは、1919 年と 1920 年に、トリノの外まで広がり、『オルディネ・ヌオーヴォ』がすることのできたような宣伝以上のものであった一分派を形成しながら、社会党指導部を決然と攻撃しないという重大な誤りを犯した」というふうに正反対に誤訳されている。先に引用した部分でも（本書、106 頁）、次に紹介する 1 月 28 日付けレオネッティ宛ての手紙でも言われているように（注 94 参照）、1919 ～ 20 年の誤りは分派を形成しようとせず、それをイタリア全土に広げようとしなかったことである。

(90) Ibid, p. 220.〔同前、222 頁〕。この部分の既訳にも細かい誤訳がたくさんある。

(91) Ibid.〔同前〕。既訳では、「アマデーオの立場にとって」が「アマデーオのせいで」と誤訳されている。原因は「causa」（英語の「cause」と同じく「原因」と「大義」の両方の意味がある）の意味の取り違えである。

(92) Ibid, pp. 220-221.〔同前、223 頁〕

(93) Ibid, p. 221.〔同前〕。既訳はこの文章を反語として訳していない。

(94)「われわれは 1919 ～ 20 年にきわめて大きな誤りを犯し、結局今日その報いを受けている。野心家とか出世主義者と呼ばれるのを恐れて、われわれは分派を形成せず、それをイタリア全土に組織しようとしなかった」（Ibid.〔同前〕）。

(95) この手紙の既訳は、すでに述べたように『グラムシ政治論文選集』第 2 巻に所収のもの、『第三インターの革命論争』に所収のもの、『グラムシ・リーダー』に所収の一部訳というように 3 種類あるので、それぞれ既訳①、既訳②、既訳③として、それぞれの頁数と誤訳の有無を指摘する。

(96) Gramsci, *Lettere*, p. 223.〔既訳① 225 頁、既訳② 525 頁、既訳③なし〕。既訳①は、「同志ウルバニの勧告」が「同志ウルバニと相談するようにという勧告」と誤訳されている。

(97) Ibid, pp. 223-224.〔既訳① 226 ～ 227 頁、既訳② 525 ～ 526 頁、既訳③なし〕。強調は引用者。以下同じ。既訳①は、「レーニン主義的中核」を云々している文章で、「まったくの幻想で偽りであると主張し」と訳すべきところを、「主張し」の部分を脱落させている。また、「メンシェヴィキと混同されさえした」が「まっすぐメンシェヴィキに合流した」と誤訳され、ジノヴィエフとカーメネフのところでは、「ボリシェヴィキ党から離れ」の一文が脱落している。

168

(98) トロツキー「伝統と革命的政策」、前掲『新路線』、64 頁。この論文は、2 月 9 日以前にはフランス語雑誌には訳出されていないが、5 月にセルジュの『クラルテ』に訳出されており、この発表以前にセルジュを通じてグラムシはこの論文を入手していたと思われる。

(99) トロツキー「グループと分派の形成」、同前、38 頁。すでに述べたように、トロツキーのこの論文は、1924 年 1 月 18 日付け『共産主義ブレティン』に訳出されており、グラムシがこの手紙を書く前に読んだのは間違いないと思われる。

(100) トロツキー「10 月の教訓」、『トロツキー研究』第 41 号、2003 年。

(101) 『グラムシ政治論文選集』第 3 巻（五月社、1979 年）の 82 〜 83 頁に全訳がある。ブハーリンの論文そのものには戦後の翻訳はない。この紹介文の前半（トロツキーを誹謗する典型的にスターリニスト的な文章）は実はグラムシが書いたものではなく、その後半部（トロツキーを「ロシア共産党の戦士であり、ボリシェヴィキ革命の兵士」として擁護した部分）のみがグラムシの執筆した部分であるが、イタリア語のグラムシ選集でも、翻訳でもそのような区別はまったくなされていない。本書の第 3 章を参照。

(102) 前掲『グラムシ・リーダー』、274 頁。

(103) Gramsci, *Lettere*, p. 224.〔既訳① 227 頁、既訳② 526 頁、既訳③なし〕

(104) トロツキー「新路線」、前掲『新路線』、108 頁。これも、1 月 31 日付け『コレスポンダンス・アンテルナショナル』に訳出されているので、グラムシはこの手紙を書く前に読んでいたと思われる。また、この新路線書簡は、1924 年 5 月 7 日付け『スタート・オペライオ』にイタリア語訳が掲載されている。

(105) Gramsci, *Lettere*, p. 225.〔既訳① 227 頁、既訳② 526 頁、既訳③なし〕。既訳①は、「どちらも不十分で無力である」が欠落し、「10 月の破局よりもひどい破局を防ぐ堅固で確実な指針」が何と「10 月のそれよりもいっそう悪い破局を保障する堅固で確実な指針」と誤訳されている。「破局を保障する堅固で確実な方針」？　誤訳の原因は、「garantisca da catastrofi」の「da」（英語の from）を無視したことにある。

(106) Ibid.〔既訳① 227 〜 228 頁、既訳② 527 頁、既訳③なし〕

(107) Ibid, pp. 225-226.〔既訳① 138 〜 139 頁、既訳② 527 頁、既訳③なし〕。既訳①は、ラデックの報告の内容がどこまでなのか不明確。また、既訳①の訳注は、1923 年 1 月のライプツィヒ大会（第 8 回大会）を 1924 年 4 月の第 9 回大会と取り違えている。この手紙は 1924 年 2 月に書かれているのに、どうして、1924 年 4 月の大会の結果がわかるのか？

(108) Ibid, p. 227.〔既訳① 229 頁、既訳② 528 頁、既訳③なし〕。既訳①は、（ｂ）項の主張について、およそ理解できない日本語で訳している。

(109) Ibid, p. 227-228.〔既訳① 229 〜 230 頁、既訳② 528 〜 530 頁、既訳③なし〕。既訳①②ともに、『共産主義インターナショナル』の号数が間違っている。それぞれの底本の時点ですでに誤植されていたかもしれない。その他、

既訳①には細かい誤訳がいくつもあり、きわめて理解しにくい訳文になっている。

(110) 前掲「ローマ・テーゼについて」、『トロツキー研究』第 27 号、32 〜 35 頁。

(111) 『コミンテルン資料集』第 1 巻、大月書店、1978 年、591 頁。この資料集の編者はスターリニストなので、もっぱらレーニンの役割のみを強調しているが、当時最も精力的に戦術転換を唱道したのはレーニンとトロツキーであり、この「戦術テーゼ」の修正には、第 4 回大会の「戦術テーゼ」の場合と同じく、トロツキーも一定の役割を果たしている可能性は高い。

(112) Gramsci, *Lettere*, p. 228-229.〔既訳① 230 〜 231 頁、既訳② 529 頁、既訳③なし〕。この後半部分は、既訳①、②ともに間違っている。ここの構文は英語で表すと、「A is one thing, B is another thing」というもので、「AとBとは別問題だ」という意味である。意味上、Aは消極的に是認されているが、Bの方は強く否定される。しかし、既訳①も②も構文として訳しておらず、したがって、意味が不鮮明になっている。この構文は実は後でももう 1 回出てくるのだが（Ibid, p. 233.〔既訳① 235 頁、既訳② 532 〜 533 頁、既訳③ 140 頁〕）、そこでもやはり既訳はすべて間違っている。

(113) Ibid, p. 214.〔前掲『グラムシ政治論文選集』第 2 巻、218 頁〕。

(114) Ibid, pp. 214-215.〔同前、219 頁〕。

(115) Gramsci, *Lettere*, pp. 234-235.〔既訳① 236 〜 237 頁、既訳② 533 〜 534 頁、既訳③ 141 〜 142 頁〕

(116) Ibid, p. 229.〔既訳① 231 〜 232 頁、既訳② 530 頁、既訳③ 136 頁〕

(117) トロツキー「党内の世代の問題」、前掲『新路線』、18 頁。すでに述べたように、この論文は 1 月 25 日付けの『共産主義ブレティン』に訳出されているので、グラムシはこの手紙を書く以前に読んでいたと思われる。

(118) 同前、19 頁。グラムシがよく用いる「分子的過程」という用語がここにあることに注意せよ。この「分子的過程」や「分子的変化」という概念については、以下の論文を参照せよ。志田昇・西島栄「トロツキーとグラムシにおける『分子的』の概念」上下、『トロツキー研究』第 52 号、53 号、2008 年。

(119) 同前、21 頁。

(120) Gramsci, *Lettere*, p. 230.〔既訳① 232 頁、既訳② 530 頁、既訳③ 137 頁〕

(121) トロツキー「新路線」、前掲『新路線』、110 〜 111 頁。

(122) Gramsci, *Lettere*, pp.230-231.〔既訳① 232 〜 233 頁、既訳② 530 〜 531 頁、既訳③ 137 頁〕

(123) トロツキー「党内の世代の問題」、前掲『新路線』、22 頁。

(124) 同前、23 頁。

(125) 同前、24 頁。

(126) Gramsci, *Lettere*, p. 231.〔既訳① 233 頁、既訳② 531 頁、既訳③ 137 頁〕

(127) トロツキー「新路線」、前掲『新路線』、104 〜 105 頁。

(128) 同前、105 〜 106 頁。

(129) トロツキー「党の社会的構成」、同前、32 頁。すでに述べたように、この論文も 1924 年 2 月 28 日付け『共産主義ブレティン』に翻訳されている。

(130) Gramsci, *Lettere*, p. 231.〔既訳① 233 頁、既訳② 531 頁、既訳③ 138 頁〕

(131) Ibid.〔既訳① 234 頁、既訳② 531 頁、既訳③ 138 頁〕

(132) Ibid, p. 233.〔既訳① 235 頁、既訳② 532 頁、既訳③ 139 〜 140 頁〕。既訳①②では「直接的で」が欠落し、既訳①では「革命党」が「革命家」に誤訳されている。

(133) トロツキー「ソヴィエト・ロシアの新経済政策と世界革命の展望」、前掲『社会主義と市場経済』、10 〜 11 頁。

(134) Gramsci, *Lettere*, p. 235.〔既訳① 237 頁、既訳② 534 頁、既訳③ 142 頁〕

(135) トロツキー「次は何か——ドイツ革命とスターリン官僚制」、『トロツキー研究』第 34 号、2001 年、157 頁。この一文を含む前後の文章を参考のため引用しておく——「イタリア共産党は、ファシズムとほとんど時を同じくして生まれた。しかし、ファシズムを権力へ押し上げた革命的退潮の情勢は、共産党の発展を押しとどめた。共産党は、ファシズムがどれぐらい危険であるかを理解せず、革命的幻想を抱いて、統一戦線政策に断固として反対していた。要するに、イタリア共産党は、あらゆる左翼小児病にかかっていた。それも驚くべきことではない。党が生まれて、まだ 2 年しか経っていなかったのだから。党は、ファシズムを『資本主義的反動』としか考えなかった。小ブルジョアジーをプロレタリアートに対して動員するというファシズム独自の特徴を、共産党は見わけられなかった。イタリアの友人たちからの情報によれば、イタリア共産党は、グラムシただ一人を除いて、ファシストによる政権獲得の可能性さえ認めていなかった。プロレタリア革命が敗北を喫し、資本主義が持ちこたえ、反革命が勝利したのに、これ以上さらにどんな反革命的クーデターが起こるというのか？　いくら何でも、ブルジョアジーが、自分自身に対して蜂起するなどということはありえない！　イタリア共産党の政治的姿勢の本質は、このようなものであった。さらに、イタリア・ファシズムが当時は新しい現象であり、まだ形成途上にあったことを忘れてはならない。より経験をつんだ党にとっても、ファシズム独自の特徴を見定めることは、容易ではなかっただろう」（同前、157 〜 158 頁）。

(136) Gramsci, *Lettere*, pp. 235-236.〔既訳① 237 〜 238 頁、既訳② 534 頁、既訳③ 142 〜 143 頁〕

(137) 前掲『社会主義と市場経済』、70 〜 71 頁。

(138) トロツキー「政治的展望」、前掲『コミンテルン最初の五ヵ年』下、385 〜 386 頁。訳文はロシア語原著にもとづいて修正。

(139) Gramsci, *Lettere*, p. 237.〔既訳① 238 〜 239 頁、既訳② 535 頁、既訳③ 144 頁〕

(140) たとえば、3 月 27 日付け「テルラチーニ宛ての手紙」にある以下の文章を見よ。「いずれにしても、私はますます次のような確信を強めてい

る。すなわち、政治的にも組織的にもよく準備され抵抗力のある強力な党、非常に明晰で個々人の意識の中にもしっかり根づいた全般的な諸構想を備えた党、情勢の発展と革命運動の強化にともなって日々生じる多くの危険な諸問題とぶつかっても解体することのない党、そういう党を建設するための活動がわが国で求められているということだ」(Gramsci, *Lettere*, p. 303.〔前掲『グラムシ政治論文選集』第 2 巻、268 〜 269 頁。既訳には多くの細かいミスが見られる〕)。

(141) Ibid, pp. 283-284.〔前掲『グラムシ政治論文選集』第 2 巻、256 頁〕

(142) トロツキー「イタリア革命の諸問題——イタリア新反対派の同志たちへの回答」『トロツキー研究』第 27 号、58 〜 59 頁。

(143) この点については以下の論文を参照のこと。湯川論文「イタリア新反対派の誕生とトリアッティ、グラムシ、トロツキー」、片桐薫・湯川順夫編『トロツキーとグラムシ——歴史と知の交差点』社会評論社、1999 年。

(144) Gramsci, *Lettere*, p. 301.〔前掲『グラムシ政治論文選集』第 2 巻、267 頁〕。既訳では「その一般線においては」が欠落している。

(145) Ibid.〔同前、257 頁〕

(146) Ibid, p. 302.〔同前、268 頁〕ちなみに、ここでトロツキーを中心とする左翼反対派とジノヴィエフ、カーメネフ、スターリン、ブハーリンなどの多数派を中心とするグループとの対立が「トロツキー・ジノヴィエフ問題」とされているのは興味深い。この時点ではスターリンは党内闘争の中心に位置するとは考えられていなかったのである。

(147) デグラス編『コミンテルン・ドキュメント』Ⅱ、現代思潮社、1977 年、154 頁。

(148)「ロシア問題についての決議」、『レーニン主義の敵＝トロツキーズム』大月書店、520 〜 521 頁。

(149) グラムシが「獄中ノート」の中でトロツキーのことを「正面攻撃が敗北の原因でしかない時期の正面攻撃の理論家」と表現したのは有名な話だが、これはトロツキーの 1905 〜 17 年における実践を指しているのではなく（なぜなら、そのような評価はまったく当てはまらないからだ）、1923 〜 27 年における左翼反対派の闘争のことを指している可能性がある。この時期、トロツキー率いる左翼反対派は、スターリン体制に対して「正面攻撃」をして追放され、グラムシは面従腹背の「迂回行動」をとることで、追放を免れた。

第3章 グラムシはトロツキーを非難したのか？
——ある「前書き」の謎

【解題】本稿はもともと、『葦牙』第34号（2008年）に掲載された論文である。本文に書いてあるように、ロシアのグラムシ研究者が書いたある論文の注を読んでびっくりし、すぐに大学図書館に行って、その研究者の言うとおりであるかどうかを調べた上で一気に書き上げた。私がここで書いた事実についてはおそらく今なお多くの研究者が知らないことだと思われるので、ぜひともグラムシ研究者に読んでもらいたいと思っている。

1.グラムシの「前書き」の謎

　周知のように、イタリア共産党の指導者であり「獄中ノート」でその優れたマルクス主義的洞察を遺憾なく発揮したグラムシは、1924年前半の段階では、党内闘争において明確にトロツキーを支持する姿勢を示していた。もちろん、党の公式の指導者として、自己の「親トロツキー的」見解を公にすることはなかったが、イタリアの親しい同志たちに宛てた手紙の中で、誤解の余地なく、自分の親トロツキー的姿勢を語っており、ボリシェヴィキの革命が成功したのはレーニンをはじめとするボリシェヴィキが1917年にトロツキーの立場に移ったからであるとしていた。

　以上の点についてはすでに、少なからぬ文献でかなり明確に証明されている[1]。しかし、「獄中ノート」では、グラムシは、明らかにスターリニストによるトロツキー批判を彷彿とさせるような論調でトロツキーおよびその永続革命論を非難している（それとは異なるニュアンスの文章もそれなりに存在するとはいえ）。そこで次のような疑問が生じる。いったいいつグラムシはトロツキーを支持する立場から離れ、むしろ永続革命論を批判するような立場に移ったのか、と。グラムシが逮捕される直前に書いた有名な1926年10月のトリアッティ宛ての手紙でも、合同反対派の主張に対する「同業組合主義」という批判が見られることから、グラムシがトロツキーから距離をとり始めたのがそれ以前であると推測することができる。

173

そこで問題となるのが、1924 年 11 月 19 日付『ウニタ』に掲載された「ボリシェヴィキ革命史をいかに書いてはならないか——レオン・トロツキーの『1917 年』について」という一文である。これは、1924 年 10 月頃に出版されたトロツキーの『1917 年』（ロシア語版『トロツキー著作集』の第 3 巻）に付された長大な序文「10 月の教訓」を批判した無署名論文（実はブハーリンの筆によるもの）のイタリア語訳を『ウニタ』に連載するにあたって、その最初の掲載時に「前書き（cappello）」として掲載されたものである。この中で、「トロツキーの第 2 の攻撃」とか、「今日トロツキーはレーニン主義の名においてボリシェヴィズムを修正しようとしている」というまったくスターリニスト的な非難がなされている。

　この一文はこれまで、その全文がグラムシによって書かれたものであるとみなされ、実際、イタリア語版『グラムシ著作集』第 12 巻の『共産党の建設』にも全文がそのまま収録されている [2]。この日本でも、『グラムシ問題別選集』ないし『グラムシ政治論文選集』にその全文がそのまま訳出されている [3]。

　当然、読者は、この収録されている文章の全体がグラムシの筆によるものだと考えるだろう。もしこの一文の全体がグラムシによるものだとすると、グラムシは、1924 年 11 月の時点ですでに、トロツキーをスターリニストばりに批判していたことになり、グラムシのトロツキーからの離反がすでに 1924 年の 11 月以前に生じたという結論になる。

　私もこの一文の全体がグラムシによるものだと思っていた。しかし、この一文は、その前半と後半とではまったく論調が異なっており、非常に不協和音を奏でている。後で全文を引用するが、前半においては、先に述べたように、「トロツキーの第 2 の攻撃」とか「レーニン主義の名においてボリシェヴィズムを修正しようとしている」というきわめて打撃的な論調の非難があるにもかかわらず、後半ではがらっとその論調が変わり、むしろトロツキーを弁護するような一文が存在するのである。とりわけ、その最後の一文には次のようにある。

　　　事実、この共産主義的規律に苦情を唱えない第一の人物は、これまでもずっとロシア共産党の戦士であり、ボリシェヴィキ革命の兵士であった同志トロツキーその人である。[4]

174

このように、「レーニン主義の名においてボリシェヴィズムを修正しようとした」という評価と、「これまでもずっとロシア共産党の戦士であり、ボリシェヴィキ革命の兵士であった」という評価とが、ごく短い一文の中に並存している。もしこの一文の全体がグラムシの筆によるものだとすると、このまったく異なる評価が、同一人物によってごく短い一文の中で書かれたということになる。

私もこの一文を最初に読んだとき、前半と後半の論調のあまりの違いに困惑を感じたことを覚えている。なぜグラムシはこのようなスターリニスト的非難を 1924 年後半の時点でトロツキーにしているのか？ 半年前にはトロツキーをあれほど評価していたのに、なぜわずか半年でこんなに評価が変わるのか？ それでいてなぜ「前書き」の後半ではトロツキーを擁護するようなことを書いているのか？ なぜ前半と後半とでこれほどまでに論調が異なるのか？ しかし、そうした疑問は明確な理論的問題意識にまでは高まらずに、そのまま長らく放置されていた。

2. グリゴリエヴァ論文と謎の氷解

そうしたところへ、『トロツキー研究』第 51 号に、ロシアのグラムシ研究者イリーナ・グリゴリエヴァの論文「グラムシとソ連共産党の党内闘争」が掲載された。この論文は、ロシアの貴重なアルヒーフ資料にもとづいて、1920 年代のロシア共産党内部の党内闘争とグラムシとの関係を考察したものである。この中で、グリゴリエヴァは注の中でこの「前書き」に関して次のような重要な情報をわれわれに伝えている。

> グラムシのものとされているこのテキストは、ごく一部だけが彼の手になるものである。それは『アヴァンティ』のいくつかの主張を批判した部分である（その前の部分は『インプレコール』の再録である）。トロツキーに関してグラムシ自身が用いているトーンは『インプレコール』のきわめて攻撃的なそれとは異なるものである。[5]

この短い一節は、すべての謎を一気に解決するものであった。ここで触れられている『インプレコール』というのは、コミンテルンが英語、ドイ

ツ語、フランス語で発行していた国際機関誌のことである。私はさっそく英語版の『インプレコール（International Press Correspondence）』を図書館でチェックし、この「ボリシェヴィキ革命史をいかに書いてはならないか」の論文が掲載されている号を確認してみた[6]。すると、まさにグリゴリエヴァの言うとおり、そこには最初から「前書き」があり、その内容は、グラムシが書いたとされる「前書き」の前半部分とまったく同じであった（ただし『ウニタ』では直接にはフランス語版の『インプレコール』が用いられているので、ごく細かい語句や語順の相違は見られたが、訳し方の違いにすぎないと思われる）。

　当時、ジノヴィエフ、ブハーリン、スターリンを筆頭とするソ連共産党指導部主流派（「トロイカ」）は、トロツキーの「10月の教訓」に対して国内で大規模な中傷キャンペーンを行なうだけでなく、それと並行して国際的な非難の大キャンペーンを組織しようとしていた。その第一弾が、コミンテルン向けにブハーリンが書いた論文「ボリシェヴィキ革命史をいかに書いてはならないか」（ブハーリンのロシア語論文では「10月革命史をいかに書いてはならないか」となっている）をコミンテルン機関誌に掲載することだった。そしてそれには、最初から「前書き」があったのだ。

　そして、これを皮切りに、1925年初めまで『インプレコール』には続々と、トロツキーの「10月の教訓」およびトロツキーの全活動・全理論を猛烈に攻撃するスターリン、ジノヴィエフ、カーメネフ、ブハーリン、クーシネン、ベラ・クン、ソコーリニコフらの諸論文が掲載される[7]。それは一方にレーニン主義的正統を置き、他方にトロツキー的異端を配して、詭弁と曲解を駆使しながら後者がいかに前者と違っているか、いかに後者が前者を裏切っているかを延々と描き出すものであり、まさに中世の宗教的異端狩りの様相を呈するものであった。その論文の多くが「レーニン主義かトロツキー主義か」とか「ボリシェヴィズムかトロツキー主義か」という形式の表題を持っていたことはけっして偶然ではない。

　驚くべきことに、非難されている当のトロツキーの「10月の教訓」が『インプレコール』に掲載されるのは、そうした大量の非難論文がすべて掲載し終わった後の、そして、トロツキー自ら軍事人民委員を辞して、この論争が完全な決着を見た後の、1925年2月になってからのことであった[8]。つまり、各国共産党員は、トロツキー自身の文章を読むことなく、延々と

それを非難する論文だけを数ヵ月にわたって読まされ続けたことになる。それはまさに国際的規模の組織的思想改造であり、一種のイデオロギー的洗脳であった。グラムシ自身もまたこの組織的洗脳の影響を受けたと考えられる。公式にもトロツキーに対して距離をとり始めるのはこのキャンペーンを経た後だからだ[9]。

さて、トロイカ派は、無署名のブハーリン論文をコミンテルンの機関誌に掲載するだけでなく、それとほぼ同時に各国共産党の中央機関紙にもこの論文と「前書き」をただちに掲載するよう指令した。コミンテルンの命令は絶対である。それゆえ、イタリア共産党の『ウニタ』にもそれが掲載されたのである。

これですべての謎が解けた。「トロツキーの第2の攻撃」とか「トロツキーはレーニン主義の名においてボリシェヴィズムを修正しようとしている」といった非難は、グラムシが書いたものではなく、最初からこの論文に付されていた「前書き」に書かれてあったのである。それがいかにもスターリニスト的非難であるのも当然である。スターリニストが書いたのだから。

グラムシは、コミンテルンの指令にもとづいてこの論文と前書きを掲載せざるをえなかったのだが、その「前書き」があまりにもトロツキーに対して不当なものであったために、あえて、その文章に後半の部分を書き加えて、そのひどさを緩和しようとしたのではなかろうか。もちろん、後半の文章に見られるように、この党内論争をイタリア社会党の『アヴァンティ！』が悪用しようとしたことに反撃するという意図もあっただろう。また、トロツキーのような大人物でさえ規律に従うと強調することで、イタリア共産党内部で問題となっていたボルディガ派への牽制の意味もあったろう。だが、いずれにせよ、前半の論調と明らかに正反対の調子のトロツキー評をあえて最後に付け加えることによって、コミンテルン指導部による歪んだトロツキー像を是正しようとしたことは間違いないと思われる。

以上のことが明らかになるならば、この「前書き」の性格全体もまったく異なったものとしてわれわれの前に現われる。グラムシが執筆した後半部分に限定するなら、グラムシは1924年11月の時点でトロツキーを非難したのではなく、その逆にコミンテルンによる不当な非難からトロツキー

を擁護しようとしたと解釈することができる。グラムシはそれを公然とできなかったので、コミンテルンによる「前書き」にそのまま文章を続けたのであり、しかも『アヴァンティ！』に対する反論という体裁をとったのである。当時すでに、コミンテルンによる各国共産党への締めつけは逃れようのないものになっていた。とりわけトロツキー問題ないし反対派問題においてはそうであった。この問題でコミンテルンに公然と逆らうことは、党からの追放、あるいは少なくとも指導部からの追放を意味していた。グラムシが指導部から除かれれば、イタリア共産党ははるかにコミンテルンの誤った指導に機械的に追随することになり、イタリア革命をますます遠ざけることになっただろう。グラムシは、コミンテルンに公然と歯向かうことなく、それでいて、トロツキーに対する不当な非難を是正しようとしたのであろう。その苦肉の策が、あの「前書き」への追加なのである（「正面攻撃」の回避）。

　このように解釈すれば、グラムシによる「前書き」は、グラムシがトロツキーから離反しはじめた証拠ではなく、その反対に、この時点でもなおグラムシがトロツキーを高く評価していたこと、コミンテルン指導部の攻撃からトロツキーを擁護しようとしていたことの証拠になるだろう。

3.「前書き」の具体的検討

　では次に、「前書き」の全文を引用した上で、どこまでが『インプレコール』からの翻訳で、どこからがグラムシによる独自の追加であるのかを確認しよう。

　まず、以下に、グラムシ著作集『共産党の建設』に掲載されたままの全文を掲載する。訳文は基本的に『グラムシ政治論文選集』に掲載された訳を踏襲するが、部分的に、イタリア語原文および英語版の『インプレコール』にもとづいて修正してある。以下の文章で、※が付された注部分は『グラムシ著作集』における編集者の注であり、『ウニタ』の原文にはない。

178

ボリシェヴィキ革命史をいかに書いてはならないか
レオ・トロツキーの『1917年』について[※]

[※]ロシア共産党中央機関紙『プラウダ』ならびに共産主義インターナショナルの機関誌に発表された論文の翻訳への「前書き」（参照、『コレスポンダンス・アンテルナシオナル』、1924年11月13日、第4巻第76号）。[(10)]

共産主義インターナショナル第5回大会ならびにロシア共産党第13回大会は、同志トロツキーに率いられたロシア反対派の政策を、満場一致で日和見主義的・小ブルジョア的な政策だと非難した。

他方、同志トロツキーは新しい形態でその闘争[(11)]を継続している。レーニンに関する著作はその最初の試みであった。多くの同志がこの書物の文学的価値に魅了されているが、ロシア共産党とドイツ共産党の機関紙はさっそくこの著作の傾向に厳しい科学的批判を加えた[(12)]。

今やわれわれはトロツキーの第2の攻撃に直面している。

出版されたばかりの彼の著作集第3巻（『1917年』）には約60ページもの序文がついている。マルクスの亜流がかつてマルクスの旗を掲げてマルクス主義の修正を試みたのと同じように、今日トロツキーはレーニン主義の名においてボリシェヴィズムを修正しようとしている。

ロシア共産党中央機関紙『プラウダ』はただちに一論文をもってトロツキーの企て[(13)]に回答したが、今回その最初の部分をイタリアの同志諸君の理解のために紹介しよう[(14)]。

＜以下がグラムシによる追加＞

いつでも自己の反革命的使命の遂行に熱心な『アヴァンティ！』[※]は昨日のベルリンからの通信の中で、トロツキーの著作が「ソヴィエト政府によって押収された」と述べ、「言うまでもなく、このことは論争が終わったことを意味しはしないし、とりわけ、トロツキーが誤っていることを意味しはしない」と付け加えている。

[※]参照、「トロツキーのある書物の不幸」、『アヴァンティ！』11月11日付。

国際的分野で羅針盤も持たずに最も無分別な日和見主義へと急速に突き進んでいる党の機関紙である『アヴァンティ！』は、共産主義インターナショナルの政策と意見が一致しないと表明したあらゆる人物のあとを

追いかけざるをえない。昨日はポール・ルイやフロッサールやレーデブールのような人物やスウェーデン共産党の無規律分子とともに第2インターナショナルのために活動し、そして今日では、トロツキーの書物の「押収」という記事を読者に提供しているのである。それは、第13回党大会の時期にいくつかの論説で、トロツキーを筆頭とする潮流――結局この潮流は第13回党大会そのものによってかくも騒々しく退けられることになったのだが――の意義を十二分に持ち上げたのと同じである。

たしかに、いわゆる最大限主義の党と同じく方向性を欠いた民主主義の党にとっては、レオ・トロツキーほどの共産主義者でも、鉄の規律に服さなければならないということに思いも及ばない。事実、この共産主義的規律に苦情を唱えない第一の人物は、これまでもずっとロシア共産党の戦士であり、ボリシェヴィキ革命の兵士であった同志トロツキーその人である。

　　（無署名、『ウニタ』、1924 年 11 月 19 日、240 号）

　このようにグラムシは、本来は、「今その最初の部分をイタリアの同志諸君の理解のために紹介しよう」で終わるべきであった「前書き」に、前半部分とほぼ同じ量の文章を付け加えている。その中で、『アヴァンティ！』の記事に反論するという体裁をとりつつ、トロツキー個人に対する自己の高い評価を提示している。慎重に、「トロツキーを筆頭とする潮流」に対しては距離をとった言い方をしているし、またトロツキー個人についても「規律に服する人物」という形で評価するという遠まわしなやり方をとっているが（このような慎重さは当時の情勢を考えれば理解できる）、トロツキー個人にかぎればその評価はきわめて高い。これまでもずっとトロツキーは「ロシア共産党の戦士であり、ボリシェヴィキ革命の兵士であった」人物なのである。

　これは、1926 年 10 月の手紙で、トロツキーやジノヴィエフを「われわれの師であった」と表現していたことを思い起こさせる。グラムシは慎重に、潮流としての、分派としての左翼反対派や合同反対派に与しない立場を取りつつも、それとは区別して革命家としての、共産主義者としてのトロツキー個人に対しては大いに敬意を抱いてことがわかる。1926 年 10 月の時点ではそうした評価は未発表の手紙の中でしか表明できなかったが、1924 年 11 月の時点では発表された文章でそうしたきわめて高い評価が示

されているのである。しかも、トロツキーを攻撃する論文に対する「前書き」にあえてそうした高い評価を挿入するという形で。

4. なぜ前半部分は注釈なしにそのまま収録されたのか？

　しかしそれにしても、なぜイタリア語版著作集の編集者は、この「前書き」の前半部分がグラムシの筆によるものではないことを指摘する注釈を付けることなく、そのまま前半部分も著作集に収録して、読者に誤解を与えるようなことをしたのだろうか？　知らなかったのだろうか？　しかし、あの「前書き」の前半部分が『インプレコール』からの翻訳であるのは、編集者にとっては自明のことであった。実際、この『グラムシ著作集』には、『ウニタ』の原文にはない注（※で表記した部分）が二つ付されており、その最初の注には、これがまさに、「ロシア共産党中央機関紙『プラウダ』ならびに共産主義インターナショナルの機関誌に発表された論文の翻訳への『前書き』」であることが明記されているのである。『グラムシ著作集』の編集者は、したがって、この全体が最初からグラムシの筆によるものではなく、あくまでも途中からそうであることを知っていたわけである。

　にもかかわらず、なぜ、どこまでが、すでに論文に付されていた「前書き」の翻訳で、どこからがグラムシ自身の筆によるものであることを指摘しなかったのだろうか？　それはちょっと調べればわかることであり、注の作成時に実際に調べたはずである。なぜこの点に関して編集者は何も注釈をつけなかったのか？　考えられる理由はただ一つである。あえて何も注釈をつけないことで、グラムシがすでに1924年の11月段階でトロツキーを「レーニン主義の名においてボリシェヴィズムを修正しようとしている」人物だと非難しているのだという印象を読者に与えようとした、あるいは、そこまでいかなくても、そうした誤解が生じても別にかまわないとみなしたのであろう。

　奇妙なことに、ジュゼッペ・ヴァッカのようなイタリアの指導的なグラムシ研究者は、かなり早くからスターリニズムを公式には批判する態度を取りながら、トロツキーに対してはあいかわらず敵意を持ち続けている[15]。今ではほとんどマルクス主義からさえ決別しているようだが、トロツキーに対する敵意だけはなくしていない。そうした反トロツキーの全般

的姿勢からこのような誤解を生みやすい編集の仕方が生じたのだと推測することも可能だろう。

いずれにせよ、長らく放置されてきた誤解は取り除かれなければならない。グラムシは、「ボリシェヴィキ革命史をいかに書いてはならないか」の「前書き」において、トロッキーを非難したのではなく、むしろトロッキー個人をコミンテルンによる歪んだ評価から擁護したのである。これは、グラムシの不名誉ではなく、名誉である。

【注】
(1) 本書の第2章「トロッキーとグラムシの交差点」を参照。
(2) Gramsci, *La construzione del partito comunista: 1923-1926*, Einaudi, 1978, pp. 210-212.
(3) 石堂清倫編『グラムシ政治論文選集』第3巻、五月社、1979年、82〜83頁。
(4) 前掲『グラムシ政治論文選集』、83頁、訳文は必ずしも既訳に従っていない、以下同じ。
(5) イリーナ・V・グリゴリエヴァ「グラムシとソ連共産党の党内闘争」、『トロッキー研究』第51号、2007年、119頁。
(6)How One should not Write the History of October (Comrade Trotzky's Book: "1917".), *International Press Correspondence*, Vol.4, No.79, 18th November 1924.
(7) たとえば以下の諸論文（以下はあくまでも主なものであって、それ以外にも多くのトロッキー攻撃記事や決議等々が掲載されている）。Sokolnikov, How should the History of October be Treated? (On the "Lesson of October" by Comrade Trotzky), *International Press Correspondence*, Vol.4, No.83, 11 December 1924; Zinoviev, Bolshevism or Trotzkyism?: Where the line of Trotzkyism is Leading, *International Press Correspondence*, Vol.4,, No.84, 15 December 1924;; Stalin, Leninism or Trotzkyism?, *International Press Correspondence*, Vol.4, No.87, 18 December 1924; Kamenev, Leninism or Trotzkyism, *International Press Correspondence*, Vol.4, No.89, 30 December 1924; Kuusinen, A Misleading Description of of the "German October", *International Press Correspondence*, Vol.5, No.1, 5 January 1925; Brandler and Thalheimer, On Trotzky's Attack, Ibid; Ottomer Geschke, The German Trotzkyists and Comrade Trotzky's Attitude, Ibid.; N. Bucharin, A New Revelation as to Soviet Economics, or How the Workers' and Peasants' Bloc can be Destroyed: A Discussion on the Economic Substantiation of Trotzkyism;

International Press Correspondence, Vol.5, No.6 (現物は NO.5 と誤記), 20 January 1925. I. Stalin, October and Comrade Trotzky's Theory of Permanent Revolution, *International Press Correspondence*, Vol.5, No.8, 23 January 1925; A. I. Rykov, The New Discussion, Ibid.; V. Kolarov, The "Lessons of October" and the Communist Party of Bulgaria, Ibid.; M. Oliminsky, Preface to the book "Lenin on Trotzky and Trotzkyism," Ibid.; L. Kamenev, Was Lenin the Leader of the Proletariat and of the Revolution, Ibid.; N. Krupskaja, The Lessons of October, Ibid; Bela Kun, The Ideological Principles of Trotzkyism, *International Press Correspondence*, Vol.5, No.10, 29 January 1925; G. Sokolnikov, The Theory of Comrade Trotzky and the Practice of our Revolution, Ibid; S. Gussyev, How the Revolution took up Arms, Ibid; N. Bucharin, Concerning the Theories of Permanent Revolution, *International Press Correspondence*, Vol.5, No.13, 7 February 1925.

(8) L. D. Trotsky, The Lessons of October, *International Press Correspondence*, Vol.5, No.16, 26 February 1925.

(9) たとえば 1925 年 2 月の中央委員会報告における「トロツキー問題」と題された部分。Gramsci, Report to the Central Committee: 6 February 1925, Antonio Gramsci, *Selections from Political Writings: 1921-1926*, trans. and ed. by Quintin Hoare, University of Michigan Press, 1990, p. 284. 興味深いことに、この中でグラムシは、アメリカ資本主義の強大な経済力がヨーロッパ資本主義を救う可能性について述べているトロツキーの主張を取り上げて、それがヨーロッパ革命を不確定な将来に先送りするものだと批判している。ここには、後に「獄中ノート」で展開されたような「アメリカニズム」に関する深い洞察は見られない。

(10) 既訳では、この（　　）は「共産主義インターナショナルの機関紙に発表された論文」の後に挿入されているが、ここでは「前書き」の後に入れておいた。

(11) 既訳では「行動」になっている。イタリア語原文は「azione」であり、たしかに「行動」と訳せる単語だが、「戦闘、戦い」という意味もあり、英語版の『インプレコール』では「struggle」となっている。また文脈的にも「行動」では曖昧であり、「闘争」の方が適切だと思われる。

(12) 既訳では「批判を加える手筈をととのえた」となっている。イタリア語原文は「provveduto」であり、たしかに「準備を整える」とも訳せるが、「必要な処置を講じる」という意味もあり、ここでは明らかに後者の意味であろう。英語版の『インプレコール』でもそうなっている。

(13) 既訳では「企図」になっている。イタリア語原文は「tentativo」であり、「企図」という意思的なものではなく、「企て、試み」という意味である。英語版『インプレコール』でも「attempt」となっている。

(14) ここは、『インプレコール』の「前書き」末尾と少し異なる。『インプレコール』では、「その全文をここに再録しよう」となっている。イタリア共産党の機関紙に載ることを考慮して「イタリアの同志諸君の理解のために」

という一句が挿入されたのと、全文の一挙掲載ではなく、連載という形態をとったので「その最初の部分」となったのだろう。

(15) ヴァッカに対する批判としては以下を参照。西島栄「トロツキーとグラムシ研究の新しい課題」、『トロツキー研究』第 27 号、1998 年。

第4章 トロツキーの永続革命論とグラムシの受動的革命論

【解題】この論考はもともと、『トロツキー研究』第51号（2007年）に掲載されたものである。これまで私はグラムシの理論にトロツキーが与えた影響という観点から多くの論文を書いてきたのだが、ここでは、このような影響関係とは別に、両者の（弁証法的な）思考や理論に一定の相似性が認められることを明らかにしようとした。他の諸論点に即してもこのような議論は可能だろう。いずれにせよ、グラムシの理論を理解するには、同時代の最も優れた理論家との関係において考察することが最も有益であるのは間違いないところである。今回、収録するにあたって若干の加筆・修正を行なっている。

これまで、トロツキーの永続革命論は実にさまざまな誤解と勘違いに囲まれ、そうした誤解にもとづいた非難や時には賞賛を浴びてきた。それが最初に定式化されたころやスターリニストによる意図的な曲解と攻撃にさらされた時代は言うまでもなく、スターリニズムの権威が崩壊し、トロツキーが復権したずっと後になってもまだ、そうした誤解と勘違いは絶えることなく、トロツキーの永続革命論につきまとい続けた。そうした誤解と勘違いには、「民主主義革命の飛び越え」や「農民の無視」といったごく初歩的なレベルのものから、もう少し高度なレベルに至るまで、さまざまな水準のものが存在する[1]。

ここで取り上げるのは、グラムシが「獄中ノート」で展開している「永続革命論」批判[2]に見られる、一つの典型的な誤解のパターンである。

しかし、グラムシの「永続革命論」批判が根拠のないものであるというだけに議論がとどまるなら、それはすでに過去の議論の蒸し返しの域をそれほど越えるものではない。ここでは、グラムシの永続革命論批判の誤りにもかかわらず、実際には、グラムシは別の面で、トロツキーと同じ問題意識、そして機械的ではない弁証法的な分析視角を共有しており、それが事実上、永続革命論的発想と通底していることを示したい。より直接的に言えば、グラムシの「受動的革命」論の内的構造が、トロツキーの「永続革命」論の内的構造とかなり共通しており、いわば、永続革命論の「ネガ」

とも言うべき議論になっていることを示唆したい。

1.トロツキーの永続革命論の基本性格

トロツキーの永続革命論はもともと、すなわち、それが形成された当初（1905 ～ 1907 年）の形態においては、支配権力（あるいは国家）に対する、被支配階級ないしその党派の側が多少なりとも主体的に選択しうる何らかの特殊な攻撃方法を表現したものではなかった。グラムシが「獄中ノート」で永続革命論に対して軍事との比喩で描き出したような、敵の陣地ないし要塞を攻撃者の側が攻め落とす何らかの特定の戦法ないし戦術を表現したものではない。それは機動戦の表現でもなければ陣地戦の表現でもない。それどころか、それは、軍事戦術に似た何かではないというだけでなく、狭い意味での戦略にも還元されないものであった。いわゆる「2 段階革命論」は、革命を 2 段階に分けて遂行するという、革命党の何らかの特定の戦略を表現するものであり（したがって、権力への参加を主体的に自制する）、またレーニンの労農民主独裁論もそのようなものであった（したがって、権力に就いても社会主義的課題への着手を主体的に自制する）。しかし、トロツキーの永続革命論はそれとは違ったものを表現していた。それは、革命党が突き進むべき何らかの路線を表現したものというよりも、種々の路線の可能性を制約する全体としての歴史的構図を表現するものであった。いわばそれは、目的地まで矢印で表現された進路図というよりも、現在地と目的地とをそのうちに含む全体的な地形図を表現していた。この歴史的地形図から一定の進路図をある程度予測できるにしても、したがって、与えられた一定の諸条件にもとづいて何らかの戦術や戦略を引き出しうるにしても、永続革命論そのものはそのような進路図ではなかった。

トロツキーは、マルクス主義について、客観的過程の意識的表現という言い方で言い表すのを好んでいたが、とりわけ彼の永続革命論はそうしたイメージに合致している。トロツキーは、目的地へと至る明確な進路図を示したのではなく、20 世紀初頭のロシアという特殊な時代と特殊な国家における全体としての特殊な階級的諸状況、その意識性と組織性、その内的な階級的論理、等々を示す地形図を明晰に描いて見せた（その功績のかなりの部分はパルヴスにも帰する）。そして、他の諸党派・個人に対し、

186

それらが主張する道をたどって目的地に達することは不可能である、と告げたのである。逆にトロツキーは、この道をたどれば必ず目的地に達することができるということを示しもしなかったし、そんな道をあらかじめ提示することは不可能であった。永続革命論はそのような道を表現するものではない。革命党が目的地に進むにあたってその進路を根本的に制約する客観的な地形を明らかにし、目的地に達することを可能とする（けっして必然的ではない）唯一の方向性を指し示すものでしかない。この方向性に進んだからといって必ず目的地に到達するとは言えないが、その他の道はすべて途中で行き止まりになっていること、いやむしろ断崖絶壁に至ることを、諸状況の鳥瞰図によってトロツキーは説得的に語ったのである。

したがって、トロツキーの永続革命論に対して、「民主主義革命の段階を飛び越そうとした」とか、「ロシアで専制体制から直接社会主義に移行しようとした」とか、「時期尚早に社会主義革命を実行しようとした」（グラムシの言う「4歳児への暴行」論）などという非難は、単に事実に反するだけでなく、根本的に永続革命論の性格を誤解しているのである。永続革命論はそのような主体的選択を表現するものでは最初からない。客観的な制約条件からして、主体にとって可能なことと不可能なことを、したがって主体の行動を制約する客観的な階級力学を明らかにしただけである。トロツキーは、1905年革命後の党内論争において次のようにはっきり述べている。

　　　われわれにとってロシアを「直接社会主義へ移行させる」ことが可能かどうかをめぐって問題が立てられたことはかつてない。そのような問題提起はまったく別の頭脳構造を要求する。われわれはロシア革命の階級力学をめぐる問いを発した。「永続革命」でも「社会主義革命」でもなくて、ロシアに現に生起していることをめぐってである。[3]

このようにトロツキーは、当時直接問題になっていたのが、何らかの特定の戦略としての永続革命でさえなく、ロシア革命の階級力学であったと断言している。この客観的な階級力学から永続革命的過程が生じるのであって、何らかの特定の個人や党派の主体的な戦術ないし戦略選択から生じるのではないのである。そして、この客観的な階級力学からして、革命主体には可能なことと不可能なことの諸条件が必然的に明らかになる。

まず、ブルジョアジーを主体とするブルジョア民主主義革命は最初から不可能である。ツァーリ政府による上からの資本主義導入によって育成され国外からの資本で成長したロシア・ブルジョアジーはそもそも最初から政治的に脆弱であり、ロシア民衆に対する「市民的ヘゲモニー」（グラムシ流に言えば）を何ら有していなかっただけでなく、専制政府にも大土地所有者にも国際帝国主義にも依存していたために、革命の主導勢力どころか基本勢力でさえない。彼らはたしかに革命の初期段階にはプロレタリアートを支援するだろうが、専制政府に対する憎悪よりも下からの革命に対する恐怖の方がはるかに優っているために、革命の波が一定の水準に達するやいなや専制政府の懐に逃げ込もうとするだろう。なぜ 1905 年革命がメンシェヴィキの図式どおりに進まなかったのかを分析しようとしたメンシェヴィキの理論家チェレヴァーニンは、その主たる原因を正しくもプロレタリアートの階級的役割（チェレヴァーニンはそれを「悲しむべき役割」と書いた！）そのものに帰した。トロツキーは、メンシェヴィキの自己破産を告白するものでしかないこの「分析」を受けて次のように述べている。

　　　言いかえれば、階級としてのプロレタリアートはメンシェヴィキ的自制を自らに課すことができなかったろう。階級闘争を展開することによって、ブルジョアジーを不可避的に反動陣営へと追いやったであろう。……したがって、「プロレタリアートの悲しむべき役割」はその階級的利害の本質によって規定されていた。……すなわち、プロレタリアートとブルジョアジーとの協力が不可能となったのは社会主義の考え方に欠陥があったためではなく、ブルジョア的「国民」の深い分裂のためなのだということである。[4]

　小ブルジョアジーも同じである。ロシアにおいて大都市は帝政によって上から行政的に建設されたため、中世の都市ギルドは未成熟であり、近代になってからは上からの大工業段階の工場群が接ぎ木されたために、ジャコバン主義を支えたような都市の革命的小ブルジョアジーは最初から不在であった。

　次に、プロレタリアートと農民を連立主体とするブルジョア民主主義独裁もまた不可能である。農民はたしかに巨大な革命的潜勢力であり、その無政府的な反乱によって専制政府の基盤を掘りくずし、弱体化させ、革命

を促進することができるだろうが、その経済的分散性と政治的後進性ゆえに、そしてそれを内的に分裂させている多様な階級利益の相違ゆえに、それは自己自身の組織された階級政党を形成しえないだろう。むしろ農民の主要部分が本格的に革命に引き込まれるのは、革命が勝利する前ではなくその後であろう。したがって、ちょうど革命が絶頂に達し権力獲得が直接の課題となるときにうまく間に合って革命的農民政党がプロレタリアートの党と同等な勢力として登場することを期待するのは、そのような革命的農民政党がそもそも可能だと仮定したとしても、まったくユートピアであろう。このブルジョア民主主義革命が勝利の軌跡をたどった場合には、その革命を主導しうる唯一の勢力、すなわちプロレタリアートとその党が政権の中核部分を構成するだろう。それは、ブルジョアジーの独裁でも、労農独裁でもなく、農民との階級同盟にもとづくプロレタリアート独裁（労農権力ブロックにおけるプロレタリアートのヘゲモニー）になるだろう。

　だが、プロレタリアートとその前衛党が権力を獲得し、自己の政治的独裁を確立したにもかかわらず、マルクス主義の図式にしたがって、その政治的・経済的課題をブルジョア民主主義的なものに制限することができるだろうか？　革命的高揚の中で政治的に権力を奪取した先進プロレタリアートが、経済的には各工場で引き続き賃金奴隷の地位に甘んじるなどと考えることができるだろうか？　あるいは、経済的になおその支配権を保持しているブルジョアジーが、政治権力をいつまでも自己の賃金奴隷たるプロレタリアートに許しているだろうか？　この政治権力と経済権力との根本的なねじれ、この独特の二重権力はいつまでも維持できるものではない。政治権力を獲得したプロレタリアートとその党は、革命的プロレタリアートと衝突して自己を破滅させたくなければ、ブルジョア民主主義的課題の制限を乗り越えて、社会主義的な課題へと進まざるをえない。これによって、ロシアのブルジョア民主主義革命は社会主義革命へと成長転化する。だが、気をつけよ。これは、ブルジョア民主主義革命が完成された後に、よっこらせと社会主義革命へと進むのではない。断じてそうではない。ブルジョア民主主義革命の主要課題が完遂される以前にすでに、権力基盤を安定させるためだけであっても、社会主義革命に向けた初歩的措置をとることを余儀なくされるだろう。政治権力を再獲得しようとするブルジョアジーの側からの反革命的攻勢そのものが、ブルジョアジーの経済的基盤

を破壊することを生まれたばかりのプロレタリア独裁に強制するだろう。したがって、レーニン流の「民主主義独裁」のみならず、パルヴス流の労働者民主主義（8時間労働制など）の課題に自己限定した労働者政府もまた不可能なのである。生きた現実は、マルクス主義的な歴史的分類にしたがって発展するのではない。1905年のレーニンがあれほどまでに非難してやまなかった民主主義的課題と社会主義的課題との混同なるものは、両者を実際に融合させている生きた現実の理論的反映にすぎない。顕微鏡とピンセットを使って、民主主義的課題と社会主義的課題とを分類することは、灼熱の革命情勢のもとではなおさら愚劣な衒学主義だろう。

　以上見たように、トロツキーの永続革命論はもともと、革命党の主体的な路線選択として提示された特定の戦術や戦略に還元されるものではなかった。それはむしろ、革命党の選択肢を根本的に制約する、当時のロシアの時代的・状況的現実の複雑な弁証法を表現するものに他ならない。まさにそれゆえ、トロツキーは、自己の永続革命論を党の綱領に反映させようとはしなかったし、それにもとづいて何らかの党派を形成しようともしなかったのである。客観的な地形は、誰に対しても有無を言わせずその存在を押しつけるだろうから、当面する課題としてのブルジョア民主主義革命論と、その基本的なヘゲモニー勢力としてのプロレタリアートとその党という基本点さえ共有されていれば、それでよいと考えたのである。まっすぐ進めば崖から落ちることがわかっていて、左側にしかそれを回避する空間がないならば、誰でもその生存本能にもとづいて左に曲がろうとするに違いない。正しい地形図を手にしているにこしたことはないが、たとえ全体としての地形に十分通じていなくても、実際に道を歩んでいけば、目の前に現れた崖や切り立った壁を回避しつつ歩むしかなく、結局は唯一前に進める道（永続革命の道）を発見することになるだろう。トロツキーはこのように考えた。後にそれは二重の意味で誤りであることが明らかとなる。まず第1に、自分のみならず革命とプロレタリアートそのものをも道連れにして、崖から足を前に踏み出す政党指導者がいくらでもいることがわかったからである。第2に、革命情勢下においては、人々はゆっくりと歩いて進むのではなく、いわば猛スピードのスポーツカーに乗って険しい山道を進むことになる。あらかじめ地形図を頭に叩き込んでいないならば、目の前に突然切り立った崖が現われたとしても、とっさにハンドルを左に

190

切れるものではない（レーニンという優秀な運転手は1917年4月に実際それをやってのけたのだが、それは例外的な事例である）。

2. 永続革命論の普遍的意義

　だが、以上のことだけでは、永続革命論の特殊ロシア的意義を示すものでしかない。もちろん、後にトロツキーは、この特殊ロシア的な歴史的地形図をより普遍化させて、後進諸国における革命の最もありうる展望として理論構築するが、それでも、なお後進国に限定されている。しかし、永続革命論のより普遍的な意義は、客観的な歴史的課題とその遂行主体とのズレ、不均衡、矛盾という問題に焦点を当てたことにある。この客観的に歴史的な課題とそれを遂行する階級的主体との独特の組み合わせを、グラムシの言う「歴史的ブロック」をもじって「革命的ブロック」と呼ぶとすれば、この歴史的な革命的ブロック内部のズレと不均衡に焦点を当て、その不均衡から生じる歴史的ダイナミズムを20世紀初頭のロシアという特定の状況に即して明らかにしたのが永続革命論であった。

　ブルジョア民主主義革命においてブルジョアジーを革命主体に設定するマルクス主義の従来の図式は、もちろん、それ自体は誤りではない。ブルジョア民主主義的課題は遂行する本来の階級的主体は、ブルジョアジー自身である。しかしながら——ブルジョアジー自身が独占段階以前はその競争主義と経済主義ゆえに政治的凝集性に乏しいという点を除いたとしても——この組み合わせの妥当範囲は、歴史的にも地理的にもきわめてかぎられたものでしかない。時代が早すぎれば、その課題を担いうるブルジョアジー自体がまだ未成熟で、旧支配層のより先進的・啓蒙的部分が代行するかもしれないし、時代が遅すぎれば、すでにブルジョアジーは保守化し、革命の手段よりも、妥協の手段を選ぶだろう。あるいは、ある国で生じたブルジョア民主主義革命は、周囲の諸国に巨大な衝撃を与え、それを担う勢力が十分に成熟する以前に、インテリゲンツィヤや支配層のより開明的部分が革命化するかもしれない。逆に、旧支配層がその革命に対する予防策をとり、ブルジョアジーと同盟を結んで上からの資本主義化を漸進的に遂行するかもしれない。まさに後年トロツキー自身が『ロシア革命史』の中で定式化する「不均等複合発展法則」の作用を受けて、本来の組み合わ

せとまったく異なった能動的ないし受動的な革命的ブロックが多様に生じうる。この革命的ブロックの内的不均衡、すなわち、いかなる階級的・政治的主体がいかなる状況のもとで、異なった歴史的課題を引き受けざるをえなくなるのかが、革命そのもの展開のみならず、その勝利ないし敗北後における、多様で複雑なダイナミズムをもたらすのである。

　したがって永続革命論とは、より普遍的に定式化すれば、ある国家領域において、その国にとって歴史的に未解決な歴史的課題を、本来の階級主体よりも進歩的で革命的な階級ないし階級分派が、他の被抑圧階級と同盟しつつ代行せざるをえないだけでなく、代行することが可能である場合に起こりうる事態を理論的に表現したものに他ならない、ということになる。革命的ブロックの内的不均衡は、このような組み合わせ（より古い課題をより新しい階級が担う）の場合には、その本来の客観的課題をも越えるようなとてつもないエネルギーを生み出す根源となり、こうして、事態はまさに局面的な意味での連続革命（革命の過程の中でますます急進的な層に権力のテコが握られていくこと）の様相を呈する。

　1789年以降のフランス革命の——ブルジョア革命の枠内での——急進的・連続革命的形態も、この革命的ブロックの部分的ズレによって一定説明できる。大ブルジョアジーではなく小ブルジョアジーが、さらにその中のより労働者に近い層が次々と革命の担い手となることによって、そしてそれが農村大衆と同盟しその土地要求を取り上げることによって、あのようなエネルギーが発揮されたと言える。別の階級ではないが、別のより進歩的な階級分派が、他の被抑圧階級と同盟しつつ客観的な歴史的課題を代行したのである。そのため、グラムシが言うように、ジャコバン革命は「本来最も強力なブルジョア的中核が『自発的』に占めようと望んだであろう位置よりも、また歴史的前提が許すかぎり最も進んだ位置よりも、はるかに進んだ位置にフランス・ブルジョアジーを導いた」のである [5]。しかし、革命を担ったのは広い意味でのブルジョアジーの中の一分派にすぎなかったし、また当時の歴史的状況からして、国家の近代化と近代的生産力の解放という課題を越える課題はまだ歴史的に登場していなかった。したがって、それはあくまでもブルジョア民主主義革命の枠内で「連続革命」的様相を呈したにすぎない。

　根本的に異なった階級、未来を代表する新しい階級によって古い歴史的

課題が代行された最初の例がロシア革命であった。しかも、その時にはすでに世界史的に新しい歴史的課題、すなわち資本主義的生産関係の枠を突破して労働者による集産主義的生産を実現するという課題が登場していた。このような歴史的状況下で、この新しい歴史的課題を実現する歴史的使命を持った新しい階級が、その国にとって未解決の古い歴史的課題をも担わざるをえなかったがゆえに、それは、ブルジョア民主主義革命の枠をも突破した真の連続革命（複合革命）となりえたのである。

　しかし、ロシアの場合、この「代行可能性」の水準はいわばぎりぎりのものであった。それゆえ、永続革命の勝利的帰結にもかかわらず、その後に起きた悲惨な内戦と経済封鎖によって、生まれたばかりのソヴィエト体制は破滅寸前にまで追い込まれ、大国ロシアを社会主義革命にまで導いていった巨人のようなロシア・プロレタリアートはこの歴史的事業によって使い果たされ、階級脱落し、革命的知識人と労働者出身の上層官僚によって権力が代行される事態に陥った。そして、その後、代行権力内部でさらなる権力移動が起こり、より保守的で反動的な官僚層の独裁へと、すなわちスターリニズム体制という悪夢へと結びつくことになったのである。トロツキー自身は、ロシア・プロレタリアートの力量も、その経済的・文化的水準もけっして過大評価してはいなかった。それゆえ、勝利したロシア・プロレタリアートの独裁体制は、革命を西欧における社会主義革命に波及させることができなければ、遅かれ早かれ滅亡する運命にあるだろうと予測した。

　永続革命論の普遍的意義をこのように理解するなら、ただちに次の問いが生じる。客観的な歴史的課題を、その本来の階級的主体が担わないだけでなく、他のどの主要な階級も代行することができない場合にはどうなるのか？　あるいは、本来の階級的主体の中の革命的部分ではなく、より保守的・反動的部分が担う場合にはどうなるのか？　あるいは、本来の階級的主体よりも反動的な旧支配階級が部分的に代行する場合にはどうなるのか？　あるいは、本来の階級と旧支配階級との同盟によって代行された場合はどうなるのか？　あるいは、より進歩的な階級が代行することになったにもかかわらず、その力量が乏しくて、途中で挫折した場合にはどうなるのか？　そしてこれらすべての事態において、その時々における国際的な階級関係や政治関係、戦争や他国の革命のインパクトによっても無数の

変異が生じうる。これらの種々のパターンないしそれらの混合こそまさに、近現代史のさまざまな歴史的諸事件の背景にあるものであり、トロツキーとグラムシがともに理論的および実践的に格闘した生きた現実そのものなのである。

3. グラムシの「永続革命」認識

　トロツキーの永続革命論の普遍的意義を前述のように理解した場合、永続革命論はもはや特定の時代と国家領域にのみ狭く妥当する何らかの特殊な戦術ないし戦略という狭い枠を越えて、不均等複合発展法則が作用する時代と状況全般に妥当する分析枠組みとなることができる。それは、1848〜50年のマルクスが想定したような、ごく短期間のうちに政治主体（指導層および下層の両者）の意識とその政策が急進化していき、政権が次々とより急進的な勢力によって取って代わられていって、ついには絶頂に至る連続した革命過程というイメージとさえ必ずしも合致しない。それは場合によっては、長い中断や部分的逆転や停滞などを伴った非連続的な長期的過程となるかもしれない。

　たとえば、ロシア革命は、1905年と1917年だけを取り上げれば、上述のイメージに近い過程が見られるが、しかし、国家の近代化と近代的生産力の解放という客観的課題を別の階級主体が代行して実現していく過程として理解するならば、ロシアの永続革命は、フランス革命の影響を受けた1825年のデカブリストの反乱（急進化した貴族による代行の試み）や、1853〜56年のクリミア戦争の衝撃のもとで「上からの近代化」を開始したアレクサンドル2世の改革（旧支配階級による代行）に始まり、1860〜70年代の革命的ナロードニキ運動（急進化したインテリゲンツィヤによる代行の試み）、1905年の革命（急進化したプロレタリアートによる代行の最初の試み）、その敗北後の長い反動期におけるストルイピン改革（帝政と大地主と大ブルジョアジーの階級同盟――いわゆる「6月3日体制」――による代行）を経て、さらには第1次世界大戦の衝撃のもと、1917年の2月革命（帝政は崩壊したが、プロレタリアートの政治的準備不足のために、旧支配勢力の一部たる大地主とブルジョアジーが代行する立場に立たされ、後にメンシェヴィキとエスエルを筆頭とする小ブルジョア政治

勢力によって代行される）、ついに10月革命（農民と階級同盟を結んだ革命的プロレタリアートとその党による代行）へと至る、きわめて長期にわたる非連続的過程であったと見ることができる。さらに、10月革命後にも、ネップ（農民および小ブルジョアジーとの階級妥協）、スターリニズム体制（より保守的で反動的な国家官僚層による代行）が続き、最後にスターリニズム体制の崩壊とブルジョア的復古革命（旧官僚層とロシアの新興ブルジョアジーと国際ブルジョアジーとの階級同盟）へと至ることを考えれば、まさに広大な国家領域たるロシアの近代化に向けた永続革命は、百数十年に及ぶ息の長い過程であり、その中の最も生き生きとした解放的局面（1905〜06年と1917〜18年）が、狭義の永続革命の過程であったとみなすことができる。

　ところが、グラムシは基本的に「永続革命」という用語でもって、特定の時代ないし特定の領域にのみ妥当する特定の戦術ないし戦略の体系だとみなし、直接にイメージしていたのはまさに、ごく短期間のうちに政治主体の意識と政策の急進化が連続して起こる政治過程に他ならなかった。グラムシはそうした過程をとりわけ機動戦や陣地戦、包囲戦、塹壕、外堀、トーチカ、正面攻撃といった軍事用語で表現することによって、なおさら狭い戦術的イメージを強化した。

　トロッキーの「永続革命論」（あくまでも括弧つきのそれ）に対するグラムシの態度は、少なくとも1924年時点の基本的な受容から、獄中ノートにおける基本的拒否（より正確には特定の時代と特定の国への妥当性の限定）に至るまで、きわめて大きな振り幅を持っているが、それにもかかわらず、グラムシが理解していた「永続革命論」は基本的に特定の戦術ないし戦略体系としてのそれであった。

　ロシア革命そのものに対するグラムシの当初の理解自体も、きわめて抽象的であり、過度に人間の意思や精神を強調するものであった。マルクスの史的唯物論の図式がロシア革命で成り立たなかったのは、このような人間の意思と精神が戦争の経験によって極度に高まり能動的になったからであると説明されている。

　　　ボリシェヴィキはカール・マルクスを否認し、展開された行動と実現された獲得物を証拠として、史的唯物論の諸規範は、人が考えることが

できたほどには……鉄の規範ではない、と主張する。……

　マルクスは予見可能なものを予見した。彼はヨーロッパ戦争を予見できなかった。というよりはむしろ、この戦争がどれぐらいの期間続き、どれほどの影響をもたらすかを予見できなかった。彼はこの戦争が呼び覚ました人民の集団意志が、ロシアにおいて言うに言われぬ苦痛、言うに言われぬ悲惨さの3年間に呼び覚まされようなどとは予見できなかった。通常、このような種類の意志は、それが形成されるためには、長期の毛細管的浸透の過程、長い一連の階級的経験を必要とする。……

　通常はこうである。……だが、ロシアでは戦争が人々の意志を喚起するのに役立った。3年間に積み重なった苦痛の中で、人々の意志がきわめて急速に一致した。飢饉が差し迫っていた。……はじめは機械的に、第一革命後には能動的、精神的に人々の意志が一致した。[6]

　だがこれだけでは、なぜそれが単なる人民反乱とならずにプロレタリア社会主義革命になったのかについては説明されない。それゆえグラムシは、社会主義の宣伝を説明要因として導入する。

　社会主義の宣伝がロシア人民を他国のプロレタリアートの経験に触れさせた。社会主義の宣伝はプロレタリアートの歴史、資本主義に反対するその闘争を一瞬のうちに劇的に体験させ、プロレタリアートを卑屈にしていた奴隷根性のくびきから観念的に解放され、きたるべき世界の新しい意識とな……るために払わなければならない長い一連の努力を体験させている。社会主義の宣伝はロシア人民の社会的意志を創造した。ロシア人民はどうして、イギリスの歴史がロシアで再現され、ロシアにブルジョアジーが形成され、階級意識が生まれてついには資本主義世界の破局が到来するまでに階級闘争が刺激されるのを待たなければならないのか？　ロシア人民はこれらの経験を、たとえ少数者の思想であれ、思想を持って経験し、これらの経験を乗り越えた。[7]

　これはグラムシなりの、歴史的段階の「飛び越し」の説明であり、その説明の中には、もちろん、不均等複合発展法則の作用の一側面を見出すことができる。しかし、ロシア社会の特殊性とそれを取りまく国際環境の特殊性、そして20世紀初頭という時代の特殊性、この3者の複雑な結合の産物としてのロシア革命に対する総体的分析はここには存在しない。たしかに、ここでグラムシが挙げている要因はいずれもそれなりに重要である

が、しかし、ロシアにおける革命がブルジョア民主主義革命を出発点としながらそれがプロレタリア独裁へと行き着いた過程においては、史的唯物論の法則がまぎれもなく働いていることが認識されていない。トロツキーはまさに、マルクス主義にもとづいてそうした展開の蓋然性をすでに1905年の時点で、すなわちグラムシが決定的に重視したヨーロッパ戦争の起こる9年前に予想していたのである。

その後、グラムシ自身、このようないささか観念論的な水準から脱し、洞察力あふれる卓越したマルクス主義者となった後でも、ロシア革命のダイナミズムに対する理解についてはけっしてトロツキーが達したような水準に達することはなかった。それゆえ、グラムシは、「獄中ノート」でも、永続革命論を特定の戦術・戦略体系と理解したうえで、一方では、「大きな大衆政党と大きな経済的労働組合がまだ存在しておらず、社会もまだ多くの局面でいわば流動的な状態であった一つの歴史的時代に特有なもの」[8]であると歴史的に限定し、他方では、「国家がすべてであり、市民社会が原初的でゼラチン状」[9]であった東方（ロシア）の特殊性として地理的に限定している。これは、トロツキーの歴史的地形図としての永続革命論と一致していないだけでなく、1905〜06年および1917〜18年に見られたような狭義の永続革命の展開過程の説明としてさえまったく不十分である。このような永続革命イメージはむしろ、ロシア革命の英雄時代（およびその後もしばらく）にロシア共産党内およびコミンテルンの一部に見られた攻勢理論に近い。トロツキーとレーニンは、コミンテルン第3回大会および第4回大会において、まさにこのような戦術・戦略的に矮小化された「永続革命論」の戯画と闘争し、とりわけ西欧における陣地戦と統一戦線戦術への転換を主導したのである。グラムシもこの点は「獄中ノート」で認めている通りである。

4.「獄中ノート」におけるグラムシの受動的革命論

しかしながら、そうした一面的な「永続革命」認識にもかかわらず、「獄中ノート」には、トロツキーの歴史的地形図としての永続革命論にも似た、イタリアの歴史分析、とりわけリソルジメント運動における穏健派のヘゲモニーの特殊性の分析が見出せる。グラムシはこのリソルジメントを可能

にしたヘゲモニーの過程を、「『テロリズム』のない『革命のない革命』として」、すなわちクオーコの言葉を借りて「受動的革命」として概念化した[10]。

イタリアにおけるブルジョア民主主義革命が受動的革命として起こったのは、フランス革命の衝撃が生み出したイタリアの旧支配階層および大ブルジョアジー自身の恐怖、イタリア・ブルジョアジーの脆弱さ、とりわけ革命的小ブルジョアジーの政治的脆弱さである。ジャコバン的な「永続革命」を避けるために、それでいて国家の近代化と近代的生産力の解放（それらは国家統一の事業と不可分だった）という歴史的に客観的な課題を実現するために、旧支配階級と大ブルジョアジーと大地主の階級同盟によって、急進的ではない形で、下層人民の広範なエネルギーを利用しつつも、それを自律的に集中させないやり方で達成されたのが、リソルジメント運動である。イタリアのジャコバン派とでも言うべき行動党は、ジャコバン派のようなヘゲモニーを発揮できなかった。その最大の理由は、土地に対する農民大衆の要求を取り上げることができなかったからである。

> 穏健派に効果的に対抗するためには、行動党は、農民大衆、とりわけ南部人と結びつき、気質という外面的「形態」だけでなく、とくに経済的・社会的内容として「ジャコバン主義者」でなければならなかったことは明らかだ。[11]

しかし行動党はそうすることができなかった。グラムシはこれを、フランス革命に対するブルジョアジーの恐怖でもって説明している[12]。したがって、イタリアの受動的革命、大衆の熱狂的参加のない革命は、資本主義的生産関係そのものの地理的不均等発展と、ブルジョア民主主義革命の地理的不均等発展という二重の不均等発展を基礎に、これらの不均等な諸要素がイタリアにおいて独特な形で結合すること（複合発展）で生じた、客観的・歴史的課題とその主体的な階級的担い手との「ずれ」、フランス革命とは逆方向で生じた「ずれ」によって説明できる。フランス革命においては、大ブルジョアジーではなく急進的小ブルジョアジーが担い手となり、それが農村大衆と階級同盟を結んだ。それによって生じた革命の急進的形態は、周囲の諸国の旧支配階層（王権、貴族）およびブルジョアジー自身に恐怖を抱かせた。ジャコバン主義的ではない形で国家の近代化が旧

支配階層とブルジョアジーの課題となった。こうして、旧支配階層と大ブルジョアジーとの融合が進むとともに、農村大衆とではなく大地主との階級同盟が追求されたのである。フランス革命が本来の担い手よりも、同じ階級内とはいえより左に、そしてより下層にずれたのに対し、イタリアではより右に、そしてより上層にずれたのである。

　以上の過程を歴史貫通的に表現すれば、ジャコバン的で急進的な「永続革命」の時代から、より自由主義的で穏健な受動的革命の時代というような時期区分が成り立つように見える。グラムシは、永続革命と受動的革命とを、このようにはっきりと歴史的に区分できる二つの時代に特有なものとみなし、戦術的には機動戦と陣地戦として対比し、地理的には東方と西方として対比した。しかし実際にはそうではない。「永続革命的なもの」と「受動的革命的なもの」とは、歴史的にも地理的にも横断してしばしば交互に、あるいは同時的に発生する現象なのである。それは、客観的な歴史的課題とその遂行主体とのあいだに安定した均衡関係が確立されるまで消滅しないさまざまな「ずれ」と不均衡、さまざまな階級的ないし階級分派的な代行関係によって生じる諸局面を表現するものである。したがって、たとえばロシア革命においても受動的革命の局面は繰り返し登場した。1860年代以降における旧帝政による農奴解放や上からの近代化過程がそうだし、1905年革命敗北後のストルイピン改革もまたそうである。

　しかしながら、旧支配階層と大ブルジョアジーと大土地所有者の階級ブロックによる代行は、けっして真の近代化を達成しえない。国家機関の徹底した民主化も、徹底した農地改革も、絶対に不可能である。したがって、このような権力ブロックによる改革（受動的革命）は中途半端にならざるをえず、歴史的課題は未解決のまま残ることになる。その矛盾が社会の深部でしだいに蓄積されていき（トロツキーもグラムシもともに頻繁に用いた「分子的過程」！）、この中途半端な代行的体制が歴史的課題の重みに耐えられなくなり、その代わりに新しい階級の政治的・経済的力量が高まってくると、再び局面はより急進的な解決をめざす運動が活力を帯びる方向へと質的に転換し、永続革命的な様相を持った新たな局面が生じるのである。対外戦争の有無や他の諸国での革命と反革命の帰趨は、この永続革命の過程を大きく左右し、それをより容易にしたり困難にしたりするが、過程そのものの内的発展力学は、けっして外的なものではない。

5. 受動的革命とファシズム

　周知のようにグラムシは「獄中ノート」において、19世紀における受動的革命ないし陣地戦の主たる形態が自由主義であったのに対し、「ファシズムはまさに20世紀特有の『受動的革命』の形態ではないだろうか」[13]という問いを発している。グラムシはなぜ、ファシズムを受動的革命とみなしたのか？　それは先に述べた革命的ブロックにおけるずれと関係している。今では歴史的課題となっているのは、単なる国家の近代化や近代的生産力の解放ではない。いまや問題になっているのは、計画経済を通じて生産力を発展させるという新しい歴史的課題である。この歴史的課題を本来の階級主体であるプロレタリアートとその党が実行するのではなく、別の階級、しかもより進歩的な階級でも階級分派でもなく、逆により反動的な階級（伝統的支配階級）が、より反動的な階級分派（反動化した小ブルジョアジー）との同盟を通じて担うことになったのが、ファシズムであるとグラムシは考えた。

　　国家の法的介入により、また協同体的組織を通じて、国の経済構造に「生産計画」的要素を際立たせるために、多かれ少なかれ深刻な修正が施されているという事実のうちに、個人や集団による利潤の横領には触れることなく……、生産の社会化や協同体化が強調されるという事実のうちに、受動的革命が見られるだろう。イタリアの社会的諸関係の具体的枠組みにおいて、原料を独占し巨額の資本を蓄積した先進的な産業構造を持つ国々と競争するとき、受動的革命は、伝統的支配階級の指導のもとで産業の生産諸力を発展させるための唯一の解決策になりうるだろう。[14]

　たしかに、このようなファシズム認識は一定の真実性を有しているし、とりわけイタリア・ファシズムに限定すればよりそう言うことができるのだが、それでもやはり一面的である。グラムシはファシズムをかなり長期的な体制と考えていたふしがある。だからこそ20世紀という単位で、ファシズムを受動的革命の主要形態とみなしたのであろう。だが実際には、ファシズムはそのような長期的体制ではなかったし、イタリアでも真に全体主

義的な独裁政権となってからは十数年続いただけであった。それは基本的には、反動的諸階級からする永続的反革命の形態であり、その主たる機能は、根本的な危機に陥った自国のブルジョア体制をプロレタリア革命の危険性から救い出すために、市民社会における労働者の自立的な階級的・組織的陣地を「下からの陣地戦＝内戦」を通じて解体し、労働者を原子化して、ファシズム団体を通じてブルジョア国家の側に再統合することである。この体制が一時的に生産諸力の発展をもたらしたとしても、すぐにそれは行き詰ったし、結局、永続的な戦争という形態でしか危機を打開することができなかった。

　ファシズムそのものは永続革命の現われでもなければ受動的革命の現われでもなかった。それはブルジョア社会の危機の中で、勝利寸前まで行って挫折した永続革命的過程からブルジョア社会を（たとえそのかなりの部分を破壊してでも）救い出すための臨時的・例外的体制であった。したがってそれは、より安定した長期的な受動的革命の過程を準備するためにプロレタリア革命の諸要素に戦争を仕掛け、それを根絶するための政治的内戦体制であった。実はグラムシはもともとはこのようにファシズムを見ていたのだが、その後、ムッソリーニの独裁が長引き、世界各地でもファシズムが広がりつつあるのを見て、ファシズムを19世紀の自由主義に匹敵する20世紀の「受動的革命」の形態だとみなすようになったのだろう。

　以上、きわめてスケッチ的ながらトロツキーの永続革命論とグラムシの受動的革命論に見られる歴史分析上の共通性を探り、両者の議論がより深いレベルではつながっているという仮説を提出した。すなわち、革命的ブロックにおける内的ずれと不均衡に対するすぐれた洞察と、そうした「ずれ」によって生じうる階級的ダイナミズムの具体的分析という点で、両者の議論はかなり共通している。そして、歴史的課題がより進歩的でより下層に近い別の階級ないし階級分派によって代行された場合には「永続革命」として現象し、より保守的でより上層に近い別の階級ないし階級分派によって代行された場合には「受動的革命」として現象することを考えれば、受動的革命は永続革命のいわばネガであり、永続革命論と受動的革命論とはまさに相互補完的な位置関係にあるとみなすことができるだろう。

【注】

(1) この種の誤解のいくつかについてはすでに、以下の諸文献で批判的に取り上げているので、それらを参照していただきたい。西島栄「トロツキーと『永続革命論』」、『トロツキー研究』第 49 号、2006 年。同「1905 年革命におけるレーニンとトロツキーの見解に対する無知と誤解」、『ニューズ・レター』第 45 号、2007 年。森田成也「永続革命としてのロシア革命―― 100 年目の総括と展望」、トロツキー『ロシア革命とは何か』光文社古典新訳文庫、2017 年。

(2) これが本当にトロツキーの永続革命論を念頭に置いたものなのか、それとも、「永続革命」という暗号のもとに実はスターリンの当時の極左路線を念頭に置いたものなのか、それとも、「獄中ノート」が異端呼ばわりされないためのアリバイなのか、という問題は別途存在するが、ここでは取り上げない。

(3) トロツキー「われわれの意見の相違―― 1905 年、反動および革命の展望」、『わが第一革命』、現代思潮社、1970 年、427 頁。

(4) 同前、433 頁。

(5) 『グラムシ・リーダー』御茶の水書房、1995 年、311 頁。

(6) グラムシ「『資本論』に反する革命」、『グラムシ政治論文選集』第 2 巻、五月社、17 〜 18 頁。

(7) 同前、19 頁。

(8) 前掲『グラムシ・リーダー』、279 頁。

(9) 同前、274 頁。

(10) 『グラムシ・リーダー』、307 頁。

(11) 同前、310 頁。

(12) 同前、308 頁。

(13) 同前、324 頁。

(14) 同前、326 〜 327 頁。

第5章 ロシア・マルクス主義とヘゲモニーの系譜学
──ある神話への批判

【解題】本稿はもともと『情況』2017年秋号に掲載されたものである。執筆自体は2017年3月頃だったが、『情況』のロシア革命特集号に掲載したほうがいいということで、半年ほど待たされることになった。マルクス主義におけるヘゲモニーの系譜について論じた本章は、第1章の補完的な意味を持っている。今回収録するにあたって全体として若干の加筆をしている。

　私はこれまでさまざまな機会に、マルクス主義世界における「ヘゲモニー」概念の起源と普及に関して論文を書いてきた[1]。その中で私は、1970年代以降の欧米（主として英語圏の文献）の研究をも紹介しながら、ヘゲモニー概念の起源と普及に関して、それを基本的にレーニンとスターリンに求める従来の見解が成り立たないこと、それが古臭いスターリン主義的枠組みにもとづくものであることを明らかにした。しかしながら、きわめてマイナーな雑誌に発表したこともあって、そこで示した知見がグラムシ研究者のあいだで共有されているとは、とうてい言いがたい。
　最近そのことを痛感する出来事があったので、それを一つの手がかりとして、この問題について改めて簡単に論じておきたい。本章で示した諸事実が、グラムシ研究者のあいだでも最低限の共通了解になり、またそれにもとづいていっそうの理論的発展が探求されることを望んでやまない。

1. グラムシ『革命論集』におけるある訳注をめぐって

　その出来事とは、ロシア革命100周年でありグラムシ没後80周年でもある2017年に、グラムシの投獄以前の政治論文を集めた『革命論集』という翻訳が出版されたことである[2]。
　その中に収録されているグラムシの1925年の政治報告「わが党の内部状況と来るべき大会の諸任務」に登場する「プロレタリアートのヘゲモ

ニー」という用語に編者であり訳者でもある上村忠男氏が次のような解説的訳注をつけている。

　　ここでグラムシが「プロレタリアートのヘゲモニー」の問題と呼んでいるのは、共産主義インターナショナル第 3 回大会でレーニンが提起したプロレタリアートと農民や都市の小ブルジョアジーとの同盟ないし「統一戦線」の結成と、そのなかにあってのプロレタリアートの指導性の確保にかかわる問題を指す。このような意味での「ヘゲモニー」という語の使用は、スターリンが 1924 年、レーニンが死去した直後に出した『レーニン主義の基礎について』で強調して以来、共産党関係者のあいだで一般化したと言われる。[3]

　「～と言われる」とあるように、どこかで誰かが言っていたということなのだろう。この記述が何にもとづくものであるのかについて、すぐ後でわかるのだが、ひとまずこの文章の内容を見ていこう。これによると、1925 年のグラムシの政治報告に登場する「プロレタリアートのヘゲモニー」という概念が、「共産主義インターナショナル第 3 回大会でレーニンが提起したプロレタリアートと農民や都市の小ブルジョアジーとの同盟ないし『統一戦線』の結成と、そのなかにあってのプロレタリアートの指導性の確保にかかわる問題を指す」とある。しかし、労農同盟における「プロレタリアートのヘゲモニー」と、第 3 回世界大会で打ち出された統一戦線戦術とのあいだには、直接的な因果関係はない。というのも、コミンテルン第 3 回大会が提起した統一戦線戦術はあくまでも政党同士の統一戦線であって、プロレタリアートと農民とが（前者の指導のもとで）階級同盟を結ばなければ革命に勝利できないということは、1921 年のコミンテルン第 3 回大会を待たずとも、いわばボリシェヴィキにとって革命以前からの基本原則であり、したがってまたボリシェヴィキが指導していたコミンテルンにとっても最初から基本原則だったからである。

　さらに疑問に感じたのは、この「プロレタリアートのヘゲモニー」という概念が共産党関係者のあいだで「一般化した」のは、1924 年に発表されたスターリンの『レーニン主義の基礎について』においてそれが強調されたからだと言われていることである。つまり、大雑把に言うと、「プロレタリアートのヘゲモニー」概念の起源は（コミンテルン第 3 回大会に

204

おける）レーニンであり、それを普及し一般化したのは 1924 年のスターリンの著作であり、1925 年にグラムシはそれを受け継ぎ、（『獄中ノート』で）このヘゲモニー概念を発展させ完成させたということになる。つまり、「レーニン－スターリン－グラムシ」という古い正統主義の系譜学がここで確認されているわけである。

　ところで、ここで「〜言われている」とあるのだから、上村氏は自分でこの系譜学の是非を確認したわけでなく、誰かがどこかで言っていたことをそのままここで紹介したということであろう。こういう系譜を上村氏に示唆したのは誰なのか？　これは上村氏の直近の著作を確認したらすぐにわかった。2005 年に出版された上村忠男氏の『グラムシ獄舎の思想』に、「石堂〔清倫〕氏の証言によれば、『ヘゲモニー』という語が共産党関係者のあいだで一般に使用されるようになるのはスターリンが『レーニン主義の基礎について』（1924 年）において強調してからであるとのことである」とある [4]。つまり、石堂清倫氏が上村氏にこのような系譜を示唆したということである。だがそれははたして正しい示唆だったのか？

　私がこの短い論考で明らかにしようと思うのは、まず第 1 に、マルクス主義の世界における「ヘゲモニー」概念の、より限定的には「プロレタリアートのヘゲモニー」という概念の起源は誰ないし何であるのか、第 2 に、この概念を「共産党関係者」（これをコミンテルン指導下の各国共産党の関係者と理解しよう）のあいだで一般化する上で決定的な貢献をしたのは誰ないし何であるのか、である。この二つの大論点と並んで、上村氏のみならず他のグラムシ研究者にも散見されるいくつかの事実誤認についても、行論の中で明らかにしておきたい。

2. マルクス主義世界における「ヘゲモニー」概念の起源

　まずもって、マルクス主義の世界でこの概念が普及する以前から、この概念が少なくとも 19 世紀半ばにはすでに国際関係を論じるときに用いられていたことは、今日ではすでによく知られている。ドイツ諸邦におけるプロイセンのヘゲモニーとか、ギリシャの都市国家群におけるアテネのヘゲモニーといった使い方である。このような国際的ないし地政学的用法の事例についてはすでに、多くの研究者によって確認されている [5]。実を言

うと、マルクスとエンゲルスもこのような意味で「ヘゲモニー」という概念を何度も用いている（本書の補論1を参照）。「プロシアのヘゲモニー」とか「ロシアのヘゲモニー」等々である。しかしこの概念は、1880年代半ば以降にロシア・マルクス主義の世界においてしだいに、このような地政学的概念から、「社会民主主義派のヘゲモニー」や「自由主義者のヘゲモニー」というように、国内における政治党派的ないし階級政治的な概念に変換され、さらには、革命闘争における「プロレタリアートのヘゲモニー」というように階級的指導性を表わす特殊な概念へと発展して、広く普及するようになる。では、この概念をマルクス主義の世界に適用しはじめたのはいったい誰なのだろうか？

　1976/77年に発表されたペリー・アンダーソンの論文「グラムシのアンチノミー」がすでに明らかにしているように、マルクス主義の文脈における「ヘゲモニー」ないし「プロレタリアートのヘゲモニー」という概念の起源は、（少なくとも）ロシア・マルクス主義の第一世代であるプレハーノフとアクセリロートにまでさかのぼることができる[6]。

　アンダーソンは次のように述べている。ヘゲモニーは「1890年代から1917年まで、ロシアの社会民主主義運動において最も中心的な政治的スローガンの一つだった」[7]。この認識は基本的に正しい[8]。しかし、より正確に言うと、プレハーノフはすでに1890年代以前からこの概念を用いている。少なくとも、私が確認しえたかぎりでは、プレハーノフは1884年7月22日の日付がある「ラヴロフへの手紙」（ラヴロフは著名なナロードニキ理論家）の中ですでに政治的な主体的概念として「ヘゲモニー」という用語を用いている（『われわれの意見の相違』の序文）。その後、初期の代表作である『史的一元論』（1895年）でもプレハーノフは、この概念を何度も用いており（本書の第1章参照）、さらに、1901年4月の論文「社会主義と政治闘争・再論」（『ザリャー』第1号掲載）では、より明快な形でヘゲモニー概念を用いている。

　　いささかも自殺への傾向を有していないわが党は、絶対主義との闘争のイニシアチブを自らに引き受けるし、したがってまたこの闘争におけるヘゲモニーを引き受ける。闘争の方法が多くなり多様になればなるほど、それだけますます、現存の政治秩序に対する真摯な敵にとって、すなわちその心中において政治的自由への愛が労働者の搾取への志向を上

回っているすべての者たちにとって、自分自身の大義のためにわが党を支持しなければならないことがますます明白になる。[9]

　この論文〔1883年の「社会主義と政治闘争」〕の中で私によって擁護された戦術は、ロシア社会民主党——ロシア労働者階級のこの先進部隊——に、同じく不可避的にツァーリズムとの解放闘争における政治的ヘゲモニーを付与するだろう。[10]

　このようにプレハーノフは絶対主義との闘争に置いてロシア社会民主党がヘゲモニーの役割を引き受けると明確に述べている。それと同時に、そこには、後にレーニンとのあいだで先鋭な対立点となる意見の相違の萌芽も示されている。というのも、プレハーノフは一方では社会民主党が絶対主義との闘争においてヘゲモニーを引き受けると言いながら、他方では、「政治的自由への愛が労働者の搾取への志向を上回っているすべての者たち」、つまり自由主義ブルジョアジーが「自分自身の大義のためにわが党を支持しなければならない」として、この自由主義ブルジョアジーへの期待を述べているからである。レーニンやトロツキーは逆に、労働者の闘争が活発になればなるほど自由主義ブルジョアジーは反動化して、「自分自身の大義」を裏切るだろうと考えていた。この点の意見の相違こそが、1905年革命およびそれ以降において、ボリシェヴィキ＋トロツキー派とメンシェヴィキ＋プレハーノフ派との政治的分岐を決定的にしたポイントであった。

　以上はプレハーノフの事例だが、アンダーソンは、プレハーノフと同じくロシア・マルクス主義の第一世代に属するアクセリロートのかなり早い時期のヘゲモニー使用例も紹介している。その他にも、アンダーソンはメンシェヴィキの指導的理論家であったマルトフやポトレソフの使用例を例示している[11]。また、トロツキーも1903年出版の小冊子『シベリア代表団の報告』の中で「解放闘争における社会民主党のヘゲモニー」という表現を用いている[12]。その他、メンシェヴィキの主要理論家の一人であったマルトゥイノフの文献にも1905年前後にすでに少なからぬ使用例が見られる（本書の第1章参照）。

　以上の例だけでもすでに、マルクス主義世界におけるヘゲモニー概念の起源をけっしてレーニンに限定することができないのは明らかであろう。

それはすでに 1905 年革命以前からボリシェヴィキ、メンシェヴィキ問わず、ロシア・マルクス主義者の中でかなり普遍的に用いられていたのである。

3. レーニンにおけるヘゲモニー概念の使用をめぐる誤認

　以上で第 1 の問題はおおむね解決がついた。第 2 の問題に入る前に、レーニンとヘゲモニー概念について少しだけ触れておこう。すでに引用した先の上村氏の文章（石堂氏について述べた文章）の直前で、上村氏は、レーニンが実際に「ヘゲモン（ロシア語読みではゲゲモン）」という用語を用いていた例として、『民主主義革命における社会民主党の二つの戦術』（1905 年）の序文を引用しつつ、次のように述べている。

> 　レーニンの『民主主義革命における社会民主党の二つの戦術』（1905 年）からうかがうに、それは——ロシアの現実にあっては社会主義革命への前段階としてまずもっては「民主主義革命」の実現が要請されるとの情勢分析のもとで——その「民主主義革命」においては必要不可欠な条件であると認識された「隣接諸階級との同盟関係」のなかにあっての「プロレタリアートの指導性」を指していわれていたもののようである。そのパンフレットの序文でレーニンは問いかけている。《労働者階級は、専制にたいする攻撃力においては強力であるが政治的には無力なまま、ブルジョアジーの補助者としての役割を果たすにとどまるのか、それとも、人民革命におけるゲゲモン（指導者）としての役割を果たすのか。革命の成否はここにかかっている》と。[13]

　この文章を読むと、実際に『民主主義革命における社会民主党の二つの戦術』の序文にロシア語で「ゲゲモン（гегемон）」という単語が使われているかのようだが、実際にはその箇所のロシア語は「гегемон」ではなく、「指導者」を意味する最も普通のロシア語「руководителя」なのだ[14]。『レーニン全集』のロシア語版をチェックすればすぐにわかることだが、上村氏はそれを怠ったのだろう。それにしてもなぜ上村氏はここで「ゲゲモン」が使われていると思ったのだろうか？

　調べてみたところ、この事実誤認の起源はどうやら、1964 年に出版されたイタリア語の著作『グラムシの 2000 ページ』に付された序文にある

ようだ[15]。この事実誤認については、ノルベルト・ボッビオの1969年の論文「グラムシにおける市民社会」の注の中ですでに指摘されている。この論文の日本語訳は2000年に出版されたボッビオ『グラムシ思想の再検討』に収録されているので、誰でも簡単に確認することができる[16]。

ところで、ボッビオがレーニンの『民主主義革命における二つの戦術』の序文に実際には「ヘゲモン（ゲゲモン）」は登場していないことを指摘した点は正当なのだが、レーニンにおける「ヘゲモニー」の使用頻度に関しては、次のように非常に一面的な言明をしている。

> だが、概して、「ヘゲモニー」という用語がレーニンの通常用いる語法に属しているのではなく、これを公認したスターリンによって通常用いられた語法であることは指摘されていない。[17]

しかし、ちょっと『レーニン全集』を調べただけで、大量の「ヘゲモニー」「ヘゲモン」という「語法」が登場することがわかる。レーニンが最初に「ヘゲモニー」という用語を用いたのは、1899年に書かれた書評（パルヴスの著作『世界市場と農業恐慌』に対する書評）においてであり、そこでは「イギリスの工業上のヘゲモニー（промышленной гегемонии Англии）」という表現が用いられている[18]。さらに1901年1月30日付けのプレハーノフへの手紙の中で「社会民主主義派の評判の『ヘゲモニー』」という表現が用いられており、すでにこの1901年1月の時点で、「ヘゲモニー」という用語が「評判の」と言われるほどロシアの社会民主主義派のあいだで用いられていたことがわかる。

さらに、先に紹介したプレハーノフの1901年4月の論文での表現をなぞるかのように、レーニンは1901年の9月21日に「ロシア社会民主労働党在外諸組織の合同大会での演説」の中で、「社会民主党は民主主義のための闘争におけるヘゲモニー（гегемонию в борьбе за демократию）を引き受けなければならない」[19]と述べている。この時期はまだ時おり使われる程度だが、1906～1907年以降になると、それこそ山のように「ヘゲモニー」ないし「ヘゲモン」が登場するようになる。とくに反動期（1908～1912年）が極端に多く、逆に1917年以降はほとんど登場しなくなる（本書の補論2参照）。

4. コミンテルンで「ヘゲモニー」概念を普及したのは誰か？

　さて、次に第2の問題に移ろう。この概念を「共産党関係者」のあいだで一般化する上で決定的な貢献をしたのは誰ないし何であるのか、である。この問題に確定的な答えを出すことは難しい。不特定多数に対する用語上の影響を証明することははなはだ困難であるし、特定の影響元が存在するともかぎらないからだ。また、ペリー・アンダーソンも指摘しているように、コミンテルンの種々の決議にはかなり早い時期から普通に「ヘゲモニー」という用語が用いられていた[20]。したがって、特定の人物を挙げるのはかなり困難である。しかし、少なくとも、スターリンの『レーニン主義の基礎について』が出版された1924年以前に、そして、当時にあってはコミンテルン内でスターリンよりもはるかに権威のあった複数の人物が、「ヘゲモニー」という用語を頻繁に使用していたことはわかっている。その一人はトロツキーだが、しかし、トロツキーは、後にスターリン主義においても受け継がれるヘゲモニーの系譜学、すなわち、レーニン主義ないしボリシェヴィズムの真髄は「プロレタリアートのヘゲモニー」であり、レーニンこそがその創始者であるという系譜学を吹聴したわけではない。それもそのはずである。レーニンがこの「プロレタリアートのヘゲモニー」という概念をブルジョア民主主義革命の枠内にとどめておこうとしていた時期にすでにトロツキーは、この概念をレーニンその人よりもはるかに徹底し、民主主義革命から社会主義革命への直接的な移行（つまり西方での社会主義革命を待つのではなく）という問題を提起していたのだから。それゆえ、グラムシが1925年の政治報告で「プロレタリアートのヘゲモニー」を「ボリシェヴィズムの特徴をなす二つの政治原則」の一つに数えるというような発想の起源は別に求めなければならない。

　当時から比較的よくヘゲモニーという用語を使っていた人物としてはブハーリンもいるが、それ以上に注目されるのが、当時におけるコミンテルン議長であり、レーニンが1923年初頭に病気で政治の表舞台から退場した後に、一時的にソ連共産党とコミンテルンの両者における事実上の最高指導者の地位に就いた人物、ジノヴィエフである。グラムシが「プロレタリアートのヘゲモニー」について語った1925年7月時点ではジノヴィエ

フはまだコミンテルンの議長であり、その赫々たる最高指導者であった。

　ジノヴィエフは、グラムシがイタリア共産党の代表としてロシアに赴いた翌年、すなわち 1923 年にロシア共産党の歴史をテーマとした連続講座を行なっている。これはその年のうちに『ロシア共産党史』としてロシア語で出版され、30 回も版を重ねるベストセラーとなっている。さらに同じ年にドイツ語にも翻訳されてコミンテルン指導下の各党にも普及している。

　この著作を一読すれば明らかなように、ジノヴィエフは何よりもボリシェヴィズムの理論的・実践的核心を「プロレタリアートのヘゲモニー」という概念に求めており、ボリシェヴィキの歴史はこの「プロレタリアートのヘゲモニー」のための闘いに他ならないとの「歴史観」を最も体系的な形で示している。たとえば次のごとしである。

　　　ここでわれわれはまず第 1 に、プロレタリアートのヘゲモニーの問題を吟味しなければならない。なぜなら、この基本的な中心問題が、わが党のその後のボリシェヴィズムとメンシェヴィズムとの闘争……を規定するからである。[21]

　　　レーニンは、労働者階級が……革命のテコを握る基本的な階級、先導するヘゲモニー階級、指導階級になるであろうということを証明した。プロレタリアートのヘゲモニーの思想は将来のすべての論争の根本的な分水嶺である。[22]

　　　プロレタリアートのヘゲモニーの思想は、ボリシェヴィズムの基本的な思想的根底である。それはボリシェヴィキ党が拠って立つ柱石の一つである。共産主義の自覚的支持者はすべて、わが党の歴史を理解しようとするならば、このことを考えなければならない。[23]

　ここにあるように、ジノヴィエフは「プロレタリアートのヘゲモニー」という概念をボリシェヴィキとメンシェヴィキとの論争の中心点、分水嶺であり、「ボリシェヴィキ党が拠って立つ柱石の一つ」とまで述べている。こうした一般的認識に基づいて、ジノヴィエフは『ロシア共産党史』の中で、「プロレタリアートのヘゲモニー」を基準にして、ボリシェヴィキの歴史におけるさまざまな論争や諸事件への評価を与えている。そしてジノ

ヴィエフはこの段階ではまだその後一般化する歴史修正主義には陥っておらず（あるいは部分的にしか陥っておらず）、「プロレタリアートのヘゲモニー」の思想をレーニンにのみ帰すのではなく、レーニンとプレハーノフの両者に帰している[24]。実際にはアクセリロートなども重要な役割を果たしたので、レーニン以外にプレハーノフだけを挙げるのは一面的なのだが、それでも後の歴史修正主義に比べればはるかに公正な態度である。

　「プロレタリアートのヘゲモニー」をここまでボリシェヴィズムないし革命的マルクス主義の根本的で最高の基準にしたものは、おそらくそれ以前にはなかったのではなかろうか？　この著作は、コミンテルン下の共産党関係者に「プロレタリアートのヘゲモニー」という概念がボリシェヴィズムにとって中核をなす概念として普及する上で決定的な役割を果たしたと思われる[25]。

5. スターリンの『レーニン主義の基礎について』の独自の役割

　では、1924年に発表されたスターリンの『レーニン主義の基礎について』は「プロレタリアートのヘゲモニー」論の普及と一般化に、より正確にはその独特の仕方での一般化に何の独自の役割も果たさなかったのだろうか？　いやそうではない。そこにはいくつかの重要な独自性があり、しかもきわめて歴史修正主義的な独自性がある。

　まず第1に、ジノヴィエフにあっては（少なくとも1923年の段階では）、「プロレタリアートのヘゲモニー」の思想は「ボリシェヴィズム」というより普遍的な名称ないし潮流に結びつけられていたのに対して、スターリンのこの著作にあっては「レーニン主義」という個人名をつけた特定の「主義」に結びつけられている。

　第2に、「プロレタリアートのヘゲモニー」論の確立に貢献した人物として、ジノヴィエフの著作では一定重視されていたプレハーノフがスターリンの著作ではまったく無視され、レーニンに一元化されている[26]。ここにすでにスターリン時代特有の歴史修正主義が現われているが、より根本的な歴史修正は、レーニンがすでに1917年以前から、もっと言えば1905年からすでにロシアにおける民主主義革命から社会主義革命への連続革命の立場に立っていたのだとし、それゆえ1917年になってから初め

てその立場に立ったと考えている同志たち（つまり、スターリン以外のすべてのボリシェヴィキ）を攻撃していることである。

このことから、第3に、スターリンのこの著作は、何よりもレーニンの「プロレタリアートのヘゲモニー」論をトロツキーの永続革命論に対立するものとして提示している。このような形での「プロレタリアートのヘゲモニー」論こそまさに、その後のスターリン主義的正統理論にとって本質的なものであった。

この点はジノヴィエフの『ロシア共産党史』とはまったく対照的である。たしかに、ジノヴィエフの著作でも、ここかしこでトロツキーは批判されている。トロツキーが1903年の党分裂時にメンシェヴィキに与したり、その後もメンシェヴィズムとボリシェヴィズムとのあいだを動揺していたことや、トロツキーが農民を軽視したという批判である。しかしそれらの批判の程度は弱く、叙述上のバランスをそれほど失したものではない。そしてこれらの批判は基本的には、1917年以前にレーニンがトロツキーに対して向けていた批判の枠内に収まるものである。「プロレタリアートのヘゲモニー」という思想にトロツキーが敵対したというような話はまったく出てこない。

他方でジノヴィエフは、1917年以前のボリシェヴィキの革命論には一定の弱点（西方で社会主義革命が起こるまではロシアではブルジョア革命に限定されるとみなしたこと）があったことも率直に認めている。この点の認識こそまさに、1924年に起こる大規模な歴史偽造の、以前と以後とを分かつ決定的なポイントなのである。たとえばジノヴィエフは、ボリシェヴィキの革命の展望には「不明瞭なところがあったことを認めないわけにはいかない」として、次のように述べている。

> 1905年以来、われわれはロシアがプロレタリアートと農民の独裁に向かって進むと考え、そこで次のように問題を提起した。すなわち、われわれの革命が大勝利を収め、ツァーリ専制のアウギアスの畜舎（積弊）を決定的に一掃するならば、また革命が西ヨーロッパで始まる〔社会主義〕革命と時期を同じくするならば、それは民主主義革命にとどまらず、社会主義革命の端緒となるであろうと考えていた。[27]

ジノヴィエフはこのように述べて、西ヨーロッパでプロレタリア革命が

起こらないかぎり、そもそもロシアではプロレタリア革命ないし社会主義
革命に移行できないという展望の非現実性（晩年のマルクス＆エンゲルス
のロシア革命論以来の伝統に基づいた一面性）を、かなり曖昧な言い方な
がら認めている。またトロツキーの永続革命論に関しても、その農民軽視
という（誤った）批判をしつつも、「この潮流〔トロツキーとパルヴスの潮流〕
には多くの魅力がある」(28) とし、次のようにも述べている。

　　『ナチャーロ』〔トロツキーとパルヴスが 1905 年秋に編集発行してい
　た新聞〕は 1905 年革命が、世界プロレタリアートの完全な勝利をもっ
　て初めて終了する革命の時代を切り開いたと主張した。同紙は、ロシア
　革命が国際革命の一部分であり、したがって国際的勝利の条件が整うと
　きに初めて完全な勝利が可能であると強調した。(29)

　さらにジノヴィエフは、トロツキーとパルヴスが『ナチャーロ』を自分
たちの指導下に置くことで、「この新聞にいちじるしくボリシェヴィキ的
な性格を与えた」（同前）とまで評価している。つまり、ジノヴィエフは、
トロツキーの立場にはいろいろ欠点があったとしても、それはけっして「プ
ロレタリアートのヘゲモニー」をめぐってではないこと、それどころかそ
の点に関しては「いちじるしくボリシェヴィキ的」であったことを認めて
いたわけである。
　これは、ジノヴィエフがとくに良心的であったからではなく、当時にあっ
ては、こうした認識がある程度常識的なものだったからである。この常識
を覆して、決定的な歴史修正主義に着手したのが、1924 年に発表された
スターリンの『レーニン主義の基礎について』だった。スターリンは次の
ように述べている。

　　一部の同志は次のように考えているらしい。すなわちレーニンは、やっ
　と 1916 年になってこの思想〔ロシアにおける連続革命の思想〕にゆき
　ついたのであって、そのときまで彼は、ロシアの革命がブルジョア革命
　の範囲内にとどまるであろう ... と考えていたと。……私はこの主張が
　全然まちがっていて、まったく事実と一致していないと言わなければな
　らない。(30)

　ここでスターリンは「1916 年」と言っているが、実際にはレーニンは

1917年になってから、必ずしも西欧社会主義革命を前提条件にすることのない連続革命の立場に移行したのだが、いずれにせよ、スターリンはこのように得々と述べて、その後にその「論証」に取りかかっている。そこで用いられている種々のペテン的手法についてはいちいち説明しないでおこう。重要なのは、このようなまったく新しい立場にもとづいて、スターリンが「永続革命の思想」に対する攻撃を開始していることである。

> だがもしそうだとすれば〔つまりレーニンが最初から連続革命の思想に立っていたとすれば〕、なぜレーニンは「永続（連続）革命」の思想と戦ったのか、とわれわれに言うものがあるだろう。[31]

こうスターリンは述べて、レーニンが永続革命論者に反対した理由を列挙する。第1に、永続革命論者（つまりトロツキー）が農民を過小評価したこと、第2に、永続革命論者たちが「いきなりプロレタリアートの権力から始めようと考え」ていたことである[32]。そして、スターリンは総括的に次のように述べている。

> したがって、レーニン自身が連続革命の見地に立っていたのだから、レーニンが連続性の問題について「永続」革命の支持者らと闘ったのではなく、彼らがプロレタリアートの最大の予備軍である農民の役割を過小評価したために、彼らがプロレタリアートのヘゲモニーの思想を理解しなかったために彼らと闘ったのである。[33]

こうして、「プロレタリアートのヘゲモニー」論は何よりも永続革命論に（つまりはトロツキズムに）対立するものとして提示されるようになった。そして、スターリンがロシア共産党とコミンテルンの最高指導者に上りつめるにしたがって、この新しい教義は「共産党関係者」に絶対的なものとして「一般化」するようになったのである[34]。「大胆に中傷せよ、さすれば何かが残るだろう」（ベーコン）！

以上、「プロレタリアートのヘゲモニー」という概念に関して、レーニンを起源とし、スターリンによって一般化され、グラムシによって発展ないし完成させられたという系譜学がまさにスターリニズムの神話に属するものであるのは明らかであろう。ロシア革命から100年、グラムシ没後から80年も経っている今日、そろそろこのような神話から脱するべきとき

である。

【注】

(1) 本書の第1章、および以下の文献を参照。西島栄「トロツキー、レーニン、グラムシにおけるヘゲモニー概念の継承関係」上下、『ニューズレター』第53・54合併号、55号、2012年。

(2) アントニオ・グラムシ『革命論集』講談社学術文庫、2017年。

(3) 同前、475頁。傍点はすべて引用者。以下同じ。

(4) 上村忠男『グラムシ獄舎の思想』青土社、2005年、88頁。

(5) たとえば以下の文献。Lars T. Lih, *Lenin Rediscovered: What Is to Be Done? in Context*, Haymarket Books, 2005.

(6) Perry Anderson, The Antinomies of Antonio Gramsci, *New Left Review*, vol.100, 1976/77. アンダーソンのこの重要論文はその後、新版序文を付した上で著作としてヴァーソから出版された。Perry Anderson, *The Antinomies of Antonio Gramsci (with a new preface)*, London & New York, 2017. 引用の頁数はこの新版から行なう。

(7) Anderson, *The Antinomies of Antonio Gramsci*, p. 44.

(8) この点を明らかにしたアンダーソンの功績は不滅だが、アンダーソンは、1917年以降はロシア・マルクス主義者のあいだで「ヘゲモニー」という用語はあまり使われなくなったと述べている点に関しては訂正が必要である。なぜなら、たしかにレーニン自身は1917年以降、この用語をあまり使わなくなるのだが（補論2参照）、レーニン以外のロシア・マルクス主義者は繰り返しこの概念を用いているからである。この点については すでに、いくつかの欧米文献で指摘されている。たとえば以下を参照。Derek Boothman, Hegemony: Political and Linguistic Sources for Gramsci's Concept of Hegemony, in Richard Howson & Kylie Smith eds., *Hegemony: Studies in Consensus and Coercion*, Routledge, 2008; Graig Brandist, *The Dimensions of Hegemony: Language, Culture and Politics in Revolutionary Russia*, Haymarket Books, 2015.

(9) Г. В. Плеханов, *Сочинения*, Том XII, Изд. 2-е, Москва-Ленинград, 1924, с. 101. ペリー・アンダーソンは2017年に、ヘゲモニー概念の変遷を古代ギリシャから現代まで追った『Hワード──ヘゲモニーの変遷』という著作を出版しており、その中では、この1901年のプレハーノフ論文におけるヘゲモニー登場箇所を紹介しているが（Perry, Anderson, *The H-Word: The Peripeteia of Hegemony*, London & New York, 2017, p. 13）、この著作でも1880年代におけるプレハーノフのヘゲモニー使用例は紹介されていない。

(10) Плеханов, *Сочинения*, Том XII, c. 102.

(11) Anderson, *The Antinomies of Antonio Gramsci*, pp. 45-46.

(12) トロツキー「シベリア代表団の報告」『トロツキー研究』第 16 号、1995 年、57 頁。

(13) 前掲上村『グラムシ獄舎の思想』、88 頁。

(14) *В.И.Ленин Полное собрание сочинений (ПСС)*, fifth edition, vol.11, Москва, 1960, c. 5.

(15) G. Perrata, N. Gallo eds., *Duemila pagine di Gramsci*, Milano, 1964, vol. 1, p.96.

(16) ボッビオ『グラムシ思想の再検討』御茶の水書房、2000 年、89 頁。

(17) 同前、75 頁。

(18) 邦訳『レーニン全集』第 4 巻、大月書店、1954 年、64 頁。

(19) 邦訳『レーニン全集』第 5 巻、大月書店、1954 年、230 頁

(20) Anderson, *The Antinomies of Antonio Gramsci*, pp. 49-50.

(21) ジノヴィエフ『ロシア共産党史』新泉社、1979 年、67 頁。

(22) 同前、68 頁。

(23) 同前、94 頁。

(24) 同前、67、70 頁。

(25) 注 8 で紹介したブランディストは、ジノヴィエフのこの著作だけでなく、前年のソ連共産党第 11 回党大会、および 1923 年の第 12 回党大会における演説でも、ジノヴィエフが「ヘゲモニー」という用語を何度も用いていたことをロシア語の一次資料にもとづいて指摘している（Brandist, *The Dimensions of Hegemony*, pp. 101-102）。

(26) 1930 年代の有名なソ連共産党史『小教程』では、プレハーノフが「プロレタリアートのヘゲモニー」を主張していたことそれ自体が否定されている（荒又重雄「プレハーノフとプロレタリアートのヘゲモニーの思想」『スラブ研究』第 4 号、1960 年）。この問題にかぎらず、ロシア・マルクス主義の歴史におけるプレハーノフの貢献をできるだけ過小評価ないし否定することは、トロツキーへの誹謗中傷と並んでスターリニズムにおける歴史修正主義の一特徴である（田中真晴『ロシア経済思想史の研究——プレハーノフとロシア資本主義論史』ミネルヴァ書房、1967 年、139 頁）。

(27) 前掲ジノヴィエフ『ロシア共産党の歴史』、219 ～ 220 頁。

(28) 同前、171 ～ 172 頁。

(29) 同前、171 頁。

(30) 邦訳『スターリン全集』第 6 巻、大月書店、1954 年、115 頁。

(31) 同前、117 ～ 118 頁。

(32) 同前、118 頁。

(33) 同前。

(34) 単にトロツキーを規律違反者として非難するだけでなく、トロツキーの理論そのもの（後に「トロツキズム」と国際的に一般化されるもの）

が根本的にレーニン主義ないしボリシェヴィズムとあいいれないもので
あるという理論が主流派によって系統的に提示されたこの 1924 年こそ、
ボリシェヴィキ党史における転換点であり、これは 1924 年末のいわゆる
「文献論争」によって決定的で不可逆的なものになるのだが、この「1924
年の転換」は、ジノヴィエフの『ロシア共産党史』そのものにも悪影響
を及ぼしている。ジノヴィエフは 1924 年出版の第 2 版において、わざわ
ざトロツキーとトロツキズムに関する新たな長い注を追加して、より系
統的なトロツキズム攻撃をしている（前掲ジノヴィエフ『ロシア共産党
史』、269 ～ 271 頁）。しかし、日本語版の『ロシア共産党史』の訳者は、
トロツキズムに関するこの長い注が 1924 年の第 2 版で初めて追加され
た事実に何ら言及していない。以下の英語版ではそのことがはっきりと
指摘されている。Grigorii Zinoviev, *History of the Bolshevik Party: From the
Beginnings to February 1917*, New Park Publications, 1973, pp. 133, 222.

第6章　ホブズボームのグラムシ論を批判的に読む
——補助線としてのトロツキーとロシア革命

【解題】2018年2月19日、私はルネサンス研究会に招かれて、前年に翻訳が出版されたホブズボームの『いかに世界を変革するか——マルクスとマルクス主義の200年』（作品社、2017年）に関する報告をすることになった。そこでは、この膨大な著作の中から二つの論点を抽出し、それぞれについて報告を行なった。一つは、マルクス、エンゲルスによるロシア革命の本格的な議論がいつ始まったのかについてであり（この部分は、トロツキー研究所発行の『ニューズ・レター』第64・65合併号、2018年に「マルクス・エンゲルスのロシア革命論の変遷」と題して掲載）、もう一つはホブズボームのグラムシ論についてである。本稿はこの二番目の報告についてのみ文章化したものである。文章化する過程で、いつものように大幅に内容が拡充された。この論文は『葦牙』第44号（最終号）に掲載された。本書に収録するにあたって、さらにいくつか部分的な修正をほどこした。

　ホブズボームは世界で最も著名なマルクス主義歴史家の一人であり、その「長い19世紀」の一連のシリーズ（『二重革命の時代』『資本の時代』『帝国の時代』）は19世紀ヨーロッパ史の金字塔となっている。そのホブズボームが生前最後に出したのが、『いかに世界を変革するか』である。しかし、彼はこの著作において、マルクス死後のマルクス主義の歴史を理解する上で決定的なロシア・マルクス主義を、レーニンその人を除いてはほとんど無視しており、言及する場合も基本的に否定的な文脈でしか言及していない。それに対して、イタリア・マルクス主義についてはトリアッティに関してもグラムシに関しても基本的に肯定的文脈でのみ取り上げており、とくにグラムシに関しては二つもの章も当て、ほとんど絶賛とも言える態度で接しており、歴史家としての落ち着いた客観的な評価には程遠い[1]。

　このグラムシの突出ぶりは、ロシア・マルクス主義のほとんど完全な無視と好一対をなしており、本書におけるホブズボームの基本姿勢をよく示している。そもそもプレハーノフを嚆矢とするロシア・マルクス主義の発展なしにはロシア革命は存在せず、したがってグラムシのいわゆる「創造

的な」理論も構築されえなかったというのに、である。

　それだけでなく、グラムシの独創性と考えられているものの多くは実は
ロシア・マルクス主義から、とくにトロツキーから引き継いだものであっ
て、グラムシの本当の意義を理解する上で、このロシア・マルクス主義お
よびトロツキーとの関係を無視することは絶対にできない。ホブズボーム
は、ほとんどのスターリニスト理論家と同じく、この継承関係をほぼ完全
に無視している。

　たとえば、ホブズボームは「ヘゲモニー」という概念について「典型的
なグラムシ用語」と述べているが（ホブズボーム『いかに世界を変革する
か』作品社、2017 年、409 頁。以下頁数のみ記載。また訳文は既訳に必ず
しも従っていない。他の引用も同じ）、この「ヘゲモニー」をマルクス主
義の文脈の中で最初に用いたのは、1880 年代のプレハーノフであり、そ
れをマルクス主義世界の中で定着させたのはアクセリロート、レーニン、
トロツキー、マルトフ、マルティノフらのロシア・マルクス主義者たちで
あり、それをグラムシのようなイタリア共産党の理論家たちにまで普及し
たのは、レーニン、トロツキー、ジノヴィエフ、ブハーリン、スターリン
（彼らはみなこの用語を頻繁に用いていた）を指導者とするコミンテルン
であった。この一点だけからしても、ロシア・マルクス主義との密接な関
係なしに、ホブズボームの言うグラムシの思想の「まったくの独創性」（410
頁）について正確に語ることはできないのである。

　本稿では、『いかに世界を変革するか』に収録されているグラムシに関
する二つの論文のうち、グラムシの理論について包括的に述べた第 1 論文
（第 12 章）だけを扱う [2]。

1. グラムシ思想のイタリア的起源

イタリア社会の複合性

　ホブズボームは、グラムシのような独創的理論家が生まれた理由をイタ
リアの歴史的・地理的特殊性に求めている。それ自体は正当なのだが、イ
タリアの特殊性と言われるものの多くが実はロシアの特殊性と共通してお
り、むしろそのミニチュア版であることを無視している。ロシアおよびロ
シア・マルクス主義の特殊性との比較（共通性とともに相違）という「補

助線」を入れて初めて、イタリア社会とイタリア・マルクス主義の特殊性を正しく理解できるのである。

　たとえばホブズボームはイタリアの歴史的特殊性の一つ目としてイタリア社会の複合性について言及し、次のように述べている。

　　イタリアは一国のうちに、本国と植民地、先進地域と後進地域の双方を含んでいるがゆえに、世界資本主義のいわばミクロ宇宙であった。グラムシの出身であるサルデーニャ島は、イタリアの……後進的で半植民地的な部分である。トリノ〔北部イタリアの大都市〕は、……今と同じように当時から、すでに工業資本主義の最も発達した段階と、〔南部から〕移住してきた農民たちが労働者へと大規模に姿を変えていくという特徴を表わしていた。言いかえれば、この知的なイタリア・マルクス主義者は、発達した資本主義世界と「第三世界」のどちらか一方に完全に属している国々出身のマルクス主義者とは違って、その双方の性格および両者の相互関係を把握できるという非常に恵まれた位置にいた。(411 頁)

　しかし、このような社会の複合的特徴（トロッキーが言うところの先進性と後進性との「複合発展」）は、はるかに大きな程度で帝政ロシアに当てはまるのは明らかである。イタリアにおける後進地域といってもしょせんはヨーロッパの枠内の話であって、帝政ロシアの東方地域やシベリア地域のような、場合によっては 100 年以上前からほとんど変わらない生活様式が存在するのとはまったくレベルが違う。また、帝政ロシアは文字通り国内植民地を多数抱えていたのであり、この場合の「植民地」は単なる比喩ではない。今日、当時のイタリア本国から独立して独自の民族国家を作っている事例はないが（帰属が変わった事例はあっても）、革命前の旧帝政ロシアに属していて現在は独立した民族国家を作っている国は軽く 10 を超えている。当時はフィンランドやポーランドでさえ帝政ロシアの一部だったのだ。

　この一文の中でホブズボームは、北部のトリノにおけるような先進的大工場における先進的労働者と南部から移住してきた遅れた元農民との同居ないし結合について述べているが、これもまた典型的にロシアの特徴であった。たとえば、サンクトペテルブルクにおけるプチロフ工場は当時におけるヨーロッパの大工場に匹敵する巨大工場であった。トロッキーはまさにこのような帝政ロシアの先進性と後進性との独特の結合から永続革命

の理論を作り出したのである。

　もしホブズボームがこのロシア的特殊性との共通性に着目していたなら、そして、このような先鋭な複合的発展の歴史を持つ国から、イタリアのグラムシ（後進的なサルディーニャ島出身）やロシアのトロツキー（ウクライナの農村出身）のような独創的理論家が生み出されてきたことに着目していたなら、グラムシを唯一独創的な理論家として例外主義的に捉えるのではなく、グラムシの歴史的位置をより法則的に、したがってよりマルクス主義的に捉えることができただろう（このことは、より小さな程度でだが、ポーランド出身のローザ・ルクセンブルクや中国出身の陳独秀にもあてはまる）。そしてこのことは、いささかもグラムシの価値を低めるものではない。

　むしろイタリアの特殊性は、このような複合性一般にあるのではなく、このような複合性にもかかわらず、旧帝政ロシアと比べるならば、全体として先進的・西欧的要素が支配的であり、そのことがグラムシをプレハーノフやレーニンやトロツキーのようなロシア・マルクス主義者たちと比べてより西欧的な理論家にしたということがわかったはずである。ホブズボームはグラムシを「単に『西欧共産主義』の理論家とみなす」ことに反対しているが（411頁）（それは彼の「南部問題に関する覚書」やサバルタン論を念頭に置いているのだろう）、それは、たとえばカウツキーやオットー・バウアーなどとの比較では正しいが、ロシア・マルクス主義者との比較では必ずしも正しくない。

　この点は、ホブズボームが指摘しているイタリア社会の第2の特殊性からも裏づけられる。彼は次のように述べている。

　　　イタリアの歴史的特殊性のうちで重要な結果の一つは、1914年以前でさえも、イタリアの労働運動は、工業的であると同時に農業的であること、プロレタリア的であると同時に農業労働者に基礎を置いていたことである。……共産党の非常に強力な影響下にあった諸地方（エミリア地方、トスカーナ地方、ウンブリア地方）は工業地帯ではない。そして、戦後イタリア労働組合運動の偉大な指導者であったディ・ヴィットリオは南部イタリア出身者であり、農業労働者であった。（411〜412頁）

　以上の引用文は、ロシアの農村と比較してのイタリア農村の相対的進歩

性をはっきりと示している。前者では、ロシアの農民は古くからの農村共同体に強く固執していたナロードニキのイデオロギーが支配的であった。しかし、イタリアでは農村における階級分化がかなり進行していたので、イタリアの労働運動は農場労働者にも依拠することができたのである。

ブルジョア革命の未達成

ホブズボームはイタリア史の第3の特性として、イタリアのブルジョアジーが自らの革命的使命を達成することに失敗し、それゆえ、グラムシのようなイタリアの社会主義者は自らをイタリアの（潜在的な）国民的指導者（ヘゲモン）と考えるようになったと書いている。

> イタリアのブルジョアジーは、ある意味ではイタリア国民を創出するという自らの英雄的な使命を果たすことに失敗——あるいは部分的に失敗——したのである。イタリアの革命は未完成であり、それゆえグラムシのようなイタリアの社会主義者たちは、自分たちの運動がネーションの潜在的指導者として、国民的な歴史の担い手としての役割を担う可能性についてとりわけ自覚的だったと思われる。（412頁）

だがこのような特徴もまたイタリアのみの特殊性ではなく、後発資本主義国一般の、とりわけロシアの特徴でもあり、だからこそ、ブルジョア民主主義革命を達成するというブルジョアジーの歴史的使命は労働者階級と労働者政党にゆだねられたのであり、これが後発資本主義社会に強力な永続革命的ドライブをもたらしたのである。

イタリアの特殊性はむしろ、そうした後発資本主義国の中では、比較的、下からの革命（ガリバルディ！）がかなりの程度遂行され、カヴールによる「上からの革命」とガリバルディによる「下からの革命」とが相互に補完しつつも、前者のヘゲモニーと後者の挫折によって近代統一国家としてのイタリア国家が建設されたこと、つまり「受動的」であるとはいえブルジョア革命をそれなりに経験していたことにある。

この点についてはホブズボームも先に引用した文章の直前で少し触れてはいるが、それがロシアとの関係で特別な意味を持つことを指摘していない。ブルジョア革命の未達成は、イギリスやフランスに対してはイタリア的特殊性であるが、ロシアに比べてはむしろその相対的な達成こそがイタ

リア的特殊性なのである。ホブズボームは先の引用文で、イタリアをフランスとドイツから均等に区別しているが、ロシアを比較対象に入れてくるなら、これらの国はむしろ三つのカテゴリーに分類される。「下からのブルジョア革命」が達成された先発国たるフランスおよびイギリスと、下からの革命は失敗したが、「上からの革命」ないし「受動的革命」を通じて多かれ少なかれブルジョア革命を遂行しえた中進国たるドイツおよびイタリアと、いかなる意味でもブルジョア革命が達成されなかった後進国ロシア、である。

イタリアとドイツとの間には、たしかにホブズボームが指摘するような若干の相違が存在するが、英仏やロシアというもっと異なる国家との対比では、両国は同じカテゴリーに分類されるのである。ドイツと共通するこのイタリアの特殊性こそが、イタリアにおける第1次世界大戦終了直後の工場評議会運動＝「労働者革命」(1919 ～ 20年)が勝利することなく終わった最も重要な理由の一つである。イタリアでは一定程度ブルジョア民主主義革命が達成されていたので、イタリアでは、ロシアにおけるほど永続革命的ダイナミズムは強力ではなかったのである。

カトリック教会と国家との独自の関係

ホブズボームはイタリア社会の第4の特性として、カトリック教会が単なる一宗教施設という水準を超えて、イタリアにおいて、国家から分離し独立しながらも独自の民衆統合装置として（国家のように！）機能していることに注目し、このことがグラムシにおける「市民社会のヘゲモニー」という周知の議論の背景になっていることを指摘している。

> イタリアは、他の多くの国々のような単なるカトリックの国ではなく、カトリック教会が独自にイタリア的な機構であり、教会が国家装置なしに国家装置から分離して支配階級が自らの支配を維持する一つの様式をなしているような国であった（そして今もそうだ）。……したがって、イタリアのマルクス主義者たるグラムシが、自らが「ヘゲモニー」と呼んだもの、すなわち、単に強制力に依拠しているわけではない形で権威が維持される仕方について、他国のマルクス主義者よりも自覚的であった。(413頁)

以上の認識はおおむね正しいが、実はここでも、ロシア社会におけるロシア正教会の役割との相違という補助線を入れることで、イタリアの特殊性も本当の意味でわかるし、そしてここからグラムシが「市民社会のヘゲモニー」という議論を発展させた知的源泉も明らかになるのである。

グラムシは1918年に、トロツキーのマサリク論（1914年にオーストリア社会民主党の機関紙『カンプ』に掲載された「マサリク教授のロシア論」）を自らイタリア語訳して、『グリード・デル・ポポロ』という新聞に紹介文つきで発表し、その後、1920年6月には今度は「ロシア文明の精神」という表題で『オルディネ・ヌォーヴォ』に掲載している。さらにグラムシはその「獄中ノート」でも、ノート7の「宗教改革とルネッサンス」と題した部分と、ノート14の「イタリア文化についての覚書」と題した部分において、この論文に二度も言及している[3]。そして、実はこのトロツキー論文こそ、グラムシの「西方・東方」論や「市民社会のヘゲモニー」論の決定的な理論的源泉なのであり、また「獄中ノート」では何よりも「知的・道徳的改革」論との関連で触れられていることからして、この「知的・道徳的改革」論とも深く関わっているのである。

マサリクは後にチェコ大統領となるすぐれた知識人であるが、同時にマルクス主義の批判者であり、またロシア通として、ロシアに関する分厚い著作『ロシアとヨーロッパ』も出している[4]。トロツキーはこの『ロシアとヨーロッパ』を批判する論文を1914年に『カンプ』に掲載した。この論文の中でトロツキーはとりわけ、ロシアを「神政国家」ないし「神権政治」として規定しているマサリクの議論を批判しており、ロシアにおいて正教会はヨーロッパにおけるカトリック教会のような独立した地位を持っていないこと、むしろそれは国家に従属するものであり、ツァーリ国家の補完物にすぎないことを指摘している。そしてその中でトロツキーは西方と東方との違いについて力説している。この論文を偏見なしに読むなら、誰しもこれがまさにグラムシの「西方・東方」論や「市民社会のヘゲモニー」論の原型をなすものであることを理解するだろう。以下に主要な部分を引用しておく。

　　　……ロシアとヨーロッパとの対立はいったいどこに存在するのか？それは、単にヨーロッパが……議会体制への途上において、ロシアより

はるかに先を行っているという点にあるのだろうか？　言いかえれば、ロシアは単に後進国だということだろうか？　しかし、このような一般論にたどり着くために、これほどの膨大な理論的エネルギーを費やす必要はまるでなかろう。ところが、ロシアとヨーロッパとのあいだには――しかもまさに教会と国家との相互関係……といった問題において――、年代的な相違や発展テンポの違いといったものにとどまらない相違が存在しているのである。[5]

　このように、トロツキーはまずここで、ロシアとヨーロッパとの相違をロシアの単なる後進性に見出すのではなく、何よりも教会と国家との関係における両者（ロシアとヨーロッパ）の違いに見出そうとしている。ではその違いとは何か。

　　マサリクにあっては神権政治という概念は、政治的および歴史的な内容を欠いている。彼は、この概念を心理学的に規定しているにすぎず、何らかの宗教意識にもとづいている国家はすべて、彼にとっては神権政治なのである。しかしわれわれは、この神権政治という概念をむしろ、国家に対する教会ヒエラルキーの直接的な支配として理解したい。たとえば、ローマ法王による国家的支配は神権政治であった。カトリック教は、あらゆる諸国において、ローマにその一端がつながっている自らの自立した組織を国家に対抗させて作り上げた。それに対して、東方正教会 ... にあっては、聖職者階級は神権政治にまで高まることができなかった。彼らは国家権力に順応し、その宗教的権威で国家権力を覆い、その見返りとして、さまざまな物質的恩恵を国家から受け取った。[6]

　このようにトロツキーは、西方とロシアとの相違を、前者においてはカトリック教会が国家に対抗して自立した組織を作り出し、支配的な影響力（ヘゲモニー！）を行使しえたのに対して、ロシアにおいては正教会が専制国家に従属したことのうちに見出している。トロツキーは、国家と教会との関係におけるこのような相違は、西方と東方とのより一般的な歴史的相違にもとづいているとして、ずっと後に『ロシア革命史』においても繰り返すことになる議論を展開している。

　　東方と西方との発展過程における基本的な相違は、東方の物質的および文化的な諸条件が比較にならないほど不利であったという点にある。

海岸線、土壌、気候など、これらすべての条件が、西方でははるかに恵まれていた。さらに西方では、ローマ文化の貴重な物質的遺産と思想的伝統が脈々と受け継がれ、それは蛮族〔ローマ人が外国人を呼ぶときに用いた呼称〕の発展に強力な刺激を与えた。それに対し、東方の大平原では、誰も、われわれの祖先にとって遺産となるようなものを準備してくれなかった。さらに、自然はわれわれの祖先を北極からの風やアジア遊牧民族の侵入にさらした。それゆえ、貧しく苛酷なモスクワを中心とするこの広大な空間に、アジア的東方とヨーロッパ的西方の両者に対抗しうる国家をつくり上げるためには、住民の物質的諸力を極端に張りつめることが必要だったのである。このような条件ゆえに、教会は自立的な組織として発展することができなかった。そのための養分が国内には欠如していたからである。教会はただちに国家に従属し、単に国家の思想的支柱となっただけでなく、その直接的な行政的道具となった。[7]

　西方に比べての東方の地理的・歴史的条件の過酷さと貧弱さとが、西方と東方における思想的・文化的伝統の厚みの決定的差を作り出し、それが国家と教会との関係をも規定した。ロシアにおいて教会は市民社会において自律的存在となるような経済的・政治的余裕を持つことはなく、国家の行政的道具と化したのである。このことはさらに、西方と東方における市民社会そのものの豊かさの相違、したがってまたその社会的イデオロギーの支配力の相違と直接に結びついている。

　　経済発展が緩慢で、しかも経済的後退によって長期にわたって発展が中断されたことは、教会の組織的貧弱さの原因になっただけでなく、「神話」を含む社会的イデオロギー全体の貧弱さをもたらした。イデオロギーの発展には、物質的な余剰が必要なのである。……中世におけるイデオロギー的創造のかまどとなったのは、現在と同じく都市であった。しかし、中世のロシアはあまりに貧しく、複雑な内的結晶物——同業組合、自治体、大学——を伴うヨーロッパ的な都市を自己のうちからつくり出すことはできなかった。西方では、カトリック教会に対する憤激は、人民大衆のあいだで宗派的運動の性格を帯び、都市とその精神文化——神学的・スコラ的文化と人文主義文化（ルネッサンス！）——の助けを借りてのみ、宗教改革へといたることができた。ロシアでは、たしかに教会の分裂は起こったが、宗教改革は起こらなかった。[8]

　このように、公認の教会イデオロギーは宗教改革の余地を与えないほ

ど原初的で可塑性に欠けるものであったが、まさにそのことが将来にお
いて、新しい社会階級が教会とラディカルに決別することを準備したの
である。[9]

　このようにトロツキーはまさに、西方と東方との違いを正しく認識し、
その核心に国家と教会との関係の対照的とも言える違いを置いており、そ
れが基本的に西方と東方における国家と市民社会との関係の相違にもとづ
いていることを明らかにしている。ホブズボームは、カトリック教会の独
自に支配的な役割をイタリアのみの特殊性とみなしているが、それは、市
民革命や宗教改革を経た他のヨーロッパ諸国（イギリス、ドイツ、フラン
ス、オランダなど）と比べてのイタリアの特殊性ではあるが、そもそも最
初からロシア正教会が国家に従属しその行政的手段となっていたロシアと
比較するなら、むしろカトリック教会の相対的自立性は、イタリアのみな
らずヨーロッパに普遍的な特徴なのである。ここでもロシアという補助線
を入れてこそ、イタリアの本当の特殊性が明らかになるのだ。
　さらにトロツキーはそれとの関係で、西方においては、都市における同
業組合や自治体や大学などの複雑な内的結晶物（市民社会におけるヘゲモ
ニー装置！）が存在し、それが西方における豊かな市民社会の基盤となっ
たのに対して、ロシアにはそういうものは存在しなかったこと、しかし、
このような市民社会の脆弱さゆえに、かえって、ロシアの民衆は教会イデ
オロギーからラディカルに手を切ることができたのだと指摘している。
　以上の一連の叙述には、グラムシが「獄中ノート」で考察した「独創的な」
思想の紛れもない原型、その豊かな材料があるのは明らかだろう。グラム
シがこの論文に感銘を受けてわざわざイタリア語に翻訳して 2 回も出版し
たのも無理はない。同論文がイタリア社会におけるカトリック教会の独自
の統合力を、したがってまたロシアと異なる西方の市民社会の独自の重み
をグラムシに理解させる決定的な役割を果たしたのは明らかである[10]。

2. グラムシの理論的オリジナリティ

　ホブズボームはさらにいくつかの特殊性（イタリアにおける政治学の伝
統とイタリア革命の失敗による新しい戦術・戦略の探求の必要性）につい

て述べているが、これは直接に次のテーマ、すなわちマルクス主義における グラムシの独自の貢献という問題にただちに結びつくので、次にこの テーマに話を移そう。

政治と国家

ホブズボームは、マルクス主義に対するグラムシの主たる貢献を「マル クス主義政治理論を開拓したこと」にあると述べている（414頁）。これ は正しい。しかし、ホブズボームは、その先行業績として何ゆえか、エン ゲルスの『家族・私有財産・国家の起源』とレーニンの『国家と革命』を 挙げている。しかし、これだと国家理論と区別される政治理論が問題になっ ているのではなく、あたかも国家理論の単なる言いかえである政治理論が 問題になっているかのようである。

ここでの重要なポイントは、グラムシは「マルクス主義国家論」を開拓 したのではなく（よくそう誤解されているのだが）、あくまでもそれとは 区別される「マルクス主義政治理論」を開拓した点にある。グラムシ以前 にマルクス主義的な国家論を構築しようとした人はエンゲルスやレーニン だけでなくマックス・アドラーやカウツキーやブハーリンなどもいたが、 それらの人々と違ってグラムシの真の独創性は、政治理論と国家論とが区 別され、前者が後者とは独立した理論的・実践的な探求領域をなすことを 発見したことにある。

たとえば、先ほど述べた、カトリック教会の独自の支配力ないし統合力 は国家論という枠組みでは説明できない。「グラムシにおける国家の拡張」 というよく言われる主張はそれ自体としては間違っていないが、それを文 字通りの意味にとって、国家があたかも市民社会やそこでの諸装置をも直 接に自己の構成部分としているものとして解釈するならば、あるいはそれ らをグラムシが文字通りに国家の一部とみなしていると解釈するならば、 グラムシの主張の理論的オリジナリティの決定的な部分が誤解されてしま うことになる。

周知のようにグラムシは1931年の有名な手紙の中で国家について次の ように述べている。

国家は通常、政治社会（すなわち、所与の時代の生産様式と経済に人

民大衆を適応させるための独裁または強制装置）として理解されていて、政治社会と市民社会（すなわち、教会、組合、学校、等々の、いわゆる私的諸組織を通じて国民社会全体に対して行使される一社会グループのヘゲモニー）との均衡としては理解されていません。しかも、まさにこの市民社会の中でこそとくに知識人は働いているのです。[11]

　ここでは「国家」はあくまでも「政治社会と市民社会」との「均衡」として理解されているのであって、市民社会の諸装置――「教会、組合、学校、等々」（トロツキーがマサリク批判の論文で列挙したものと重なることに注意）――がそれ自体として国家の概念に直接含まれると言っているのではない。

　ビュシ＝グリュックスマンは『グラムシと国家』という大著の中で、グラムシにおける国家を市民社会の諸装置を包含するものとして規定したり[12]、プーランツァスやアルチュセールは学校や教会や政党などを「国家イデオロギー装置」と命名したが（明らかにグラムシに触発されて）、これらはすべてこの種の誤解に基づくものである。ホブズボーム自身も、本書で「強制的諸制度とヘゲモニー的諸制度との均衡」を「こちらのほうがお好みであれば両者の統一体」（419頁）と言いかえているが、このような言いかえはいささかミスリーディングである。「均衡」（関係）と「統一体」（実体）とはまったく異なる。

　グラムシは、国家と有機的に連関しつつも国家とは異なる「政治」の領域を国家と市民社会との有機的関係（均衡）の構築ないしその破壊のうちに見出したのであり、国家を単純に（つまり制度的ないし領域的に）「拡張」したのではない。たしかに、グラムシには「国家＝政治社会＋市民社会、すなわち、強制の鎧を身に着けたヘゲモニー」という「有名な」表現もあるが、これも「政治社会と市民社会との均衡（＝有機的関係）」をより簡潔に言いかえたものであって、市民社会への国家の浸透を表現するものであっても、市民社会が文字通り国家のうちに包摂されているという意味ではありえない。もしそうなら、西方も「国家がすべて」ということになり、東方との対比は意味をなさなくなるだろうし[13]、さらに次のようなグラムシの文言も意味をなさないことになるだろう。

　　西方では、国家と市民社会とのあいだには適正な関係があり、国家が

ぐらつくとたちまち市民社会の頑丈な構造が姿を見せた。国家は第一塹壕であるにすぎず、その背後には要塞と砲台の頑丈な連鎖が控えていた。(14)

　教会や学校や政党やクラブなどは、国家の（イデオロギーであれ何であれ）装置でもなければ、拡張された国家の一部分でもないのであり、そうであるからこそ、そしてむしろそれらが国家から独立し、国家としばしば対立するからこそ、政治的・経済的支配階級の公的支配への民衆の統合という（そう言ってよければ国家的）機能を日常的に果たしうるのであり、したがってまたブルジョア国家が危機に陥ったときには（「ぐらつくと」）、ブルジョア的秩序を守る第2の（より強固で柔軟な）戦線としての役割を果たしうるのである。

　したがって、これらの諸組織は、支配階級のヘゲモニー装置であるとは言えても、国家の（イデオロギーであれ何であれ）装置を構成するのではない。とりわけ教会を（間接的であれ）国家の装置とみなしてしまうとすれば、まさにロシアにおける正教会とイタリアにおけるカトリック教会との間にある決定的な差異を見逃すことになるだろう。

　またファシズムの機能が、通常国家における市民社会のヘゲモニー装置の相対的自立性を奪って、あるいはしばしば解体して、ファシスト国家に直接従属するものに転化させるか、あるいは最初からファシスト国家の直接的な従属機関として再構築することにある点も見逃されることになる。ファシズムを含む例外国家は、政治社会と市民社会との均衡が深刻に破壊され、市民社会における支配層のヘゲモニーが危機に陥ったときに、この均衡の回復を国家への市民社会のより直接的な包摂と支配によって図ろうとする試みである。古典的な軍事独裁がこれを「上からの機動戦」として遂行するのに対して、ファシズムはこの過程を何よりも「下からの陣地戦」として遂行する。とくに、すでに社会民主主義勢力だけでなく共産主義勢力も広く深く市民社会の中に根を張っていて広範な（経済的・政治的・社会的）諸陣地を構築している国の場合には、この「下からの陣地戦」は一種の「分子的内戦」の様相を帯びることになる。それゆえ、ファシストが国家権力を完全に掌握したときには（もちろん彼らは権力を掌握したならば、共産主義・社会主義勢力に対し「上からの機動戦」を発動する）、他のどの例外国家よりも市民社会の諸装置を国家の側に深く包摂ないし溶接

することができるのであり、したがってまた、それだけファシストの政治的支配は「全体主義」的な様相を帯びるようになるのである。

　国家、政治、市民社会に関するグラムシの言説は時に曖昧で矛盾しているように見えるし、実際、グラムシは必ずしも「国家」と「政治」とを明示的には区別していないのだが（そのことが多くの人々をさまざまな解釈に導いた）、トロツキーのマサリク批判論文という補助線を入れて読み解くなら、グラムシの国家認識の「基本線」はまさに以上のように理解されるべきである[15]。

「政治」概念の拡張

　狭い意味での「政治」と区別されるグラムシの独自の「政治」概念の重要性に関して、ホブズボームは次のように述べている。

　　　彼にとって政治とは、社会主義を勝ち取るための戦略の核であるだけでなく、社会主義それ自身の核でもあるのだ。……彼にとって政治は「人間の中心的な活動であり、個別の意識が社会的世界および自然的世界のあらゆる諸形態へともたらされる際の手段」（「獄中ノート」）なのである。つまり、彼にとって政治とは、通常使われる用法よりもはるかに広いのである。（417頁）

　したがって、グラムシにとって特徴的なのは、「国家の拡張」というよりもむしろ「政治の拡張」なのであり、これはかなり独創的な発想である。狭い意味での経済の世界における「労働」に相当するものが、市民社会の世界においては「政治的行為」なのである。このような「政治概念の拡張」は、後に戦後の第2波フェミニズムにおける「個人的なものは政治的である」という発想にもつながるものであり、現代社会科学にとって決定的な意味を持っている。

　ところで、このような「拡張された」政治概念をグラムシはまったく独自に編み出したのだろうか？　それともどこからか学んだのだろうか？　ホブズボームはこの点について何も述べていない。だが、ここでも重要なヒントになるのが、グラムシのロシア滞在中に発表されたロシア革命指導者の文献である。内戦が完全に終了し、新しい経済的・文化的建設の時代に入った1923年中ごろ、トロツキーは集中的に日常生活と文化の問題に

ついて論じた一連の論文を『プラウダ』で発表している（同年、『日常生活の諸問題』という著作として出版）。その最初のものが「人は政治のみで生きるにあらず」であり（『プラウダ』1923 年 7 月 10 日）、その中でトロツキーは「政治の二つの概念」について論じている。それを見てみよう。

> 言うまでもないことだが、ここでは「政治」という言葉が、二つの違った意味に使われている。第 1 には、社会生活の全領域での集団的行動を方向づけているすべての支配的理念、方法、体系の総体を包括する広義の唯物弁証法の意味で使われており、第 2 には、権力闘争と直接に結びつき、経済や文化などの仕事に対置される社会活動の一定部分を特徴づける狭義の特殊な意味で使われている。政治とは集中された経済である、と同志レーニンが書くときには、彼は広く哲学的な意味での政治のことを念頭に置いている。「政治を少なくし、経済を多くせよ」とレーニンが言うときには、彼は政治を狭い特殊な意味にとっている。[16]

ここで語られている政治の第 1 の「広義の」意味、すなわち「社会生活の全領域での集団的行動を方向づけているすべての支配的理念、方法、体系の総体を包括する広義の唯物弁証法的意味」こそ、グラムシがその「獄中ノート」で発展させた「拡張された政治」の概念に他ならない[17]。

革命の戦略と未来社会像

ホブズボームは、グラムシは単に社会主義への移行に向けた戦略を探求しただけでなく、その戦略それ自身のうちに、あるいはそれを可能とする労働者の組織それ自身のうちに未来の社会主義社会の原型を見出そうとしていたと主張している。これも正しい。

> ここで私が強調したいのは、ここでわれわれが政治問題上の二つの異なった論点について論じていることである。すなわち、戦略と社会主義の性格という二つの問題である。グラムシはこの二つを把握しようと努めた。しかし一部の解説者はこのうちの一つ、すなわち戦略のほうだけを過度に強調しているように私には思える。（415 ～ 416 頁）

このような手段と目標との相似性は、グラムシの「陣地戦とヘゲモニー」という戦略的枠組みと有機的な関係を持っていたのは明らかである。その権力掌握過程が「下からの権威主義的陣地戦」として遂行されたファシズ

ムとは対照的に、グラムシは、共産主義勢力による権力掌握を「下からの民主主義的陣地戦」として構想し、党と労働者階級との間の、労働者階級と他の被抑圧階級との間の関係を有機的で民主主義的なヘゲモニー関係（模範、説得、先見性、実体験、等々を通じた自覚的な同意の調達にもとづく指導と被指導の関係）として構想していた。だからこそ、手段ないし「革命の戦略」と、目的ないし「実現されるべき社会像」との間に、有機的な相似関係を想定することができたのである。

　この問題に関連してとくに重要なのは、そしてホブズボームがやはり注目していないのは、グラムシが「獄中ノート」においてトロツキーの「日常生活（ブイト）」論に強い関心を寄せていたことである。この方面に関しては、グラムシがトロツキーの「労働の軍隊化」論を批判した点にばかり研究者の興味がいっており、グラムシとトロツキーとを対立させようとする傾向がしばしば見られるのだが、それよりもはるかに重要なのは、内戦の終了と平和的な経済再建の時代に（そもそも、トロツキーが「労働の軍隊化」を主張したのは完全な軍事的・経済的崩壊のもとでかろうじて経済活動を可能にするためだった）、社会主義建設における日常生活と文化の「分子的変革」の重要性をトロツキーが強調し[18]、そのことにグラムシが強い関心を寄せていたという事実である。

　グラムシは「獄中ノート」においてトロツキーのコミンテルン第４回大会演説を、西欧における共産党の戦略の転換を目指したものだとして注目していたことは比較的よく知られている。その中でトロツキーが言っていたのは、ロシアにおいてはブルジョアジーの社会的・政治的支配力（ヘゲモニー！）の弱さゆえに、その政治的権力を覆すのは容易だったが、その後で内戦や社会の社会主義的変革にとっての長く苦しい戦いが続いたのに対して、西方ヨーロッパではその逆に、ブルジョアジーの社会的・政治的支配力の強さゆえに、その政治権力を獲得する以前に、ブルジョアジーの社会的支配を掘りくずすための長い戦いが先に来るだろうというものだった[19]。この見解は、言うまでもなく、グラムシが「獄中ノート」で模索していた「ヘゲモニーをめざす陣地戦」論と直接結びついているのだが、それだけでなく、ロシア革命の指導者たちが革命後に直面した文化的、日常生活的、技術的、等々の問題のいっさいが西方ヨーロッパでは革命以前にも問題になるし、したがってそれらの問題に関するソヴィエト・ロシア

の指導者たちの考察が、西方では革命のための戦略のヒントとして役に立つということをも意味するのである。

とりわけこの問題に最も熱心に最も早期に取り組んだのは、レーニンよりもむしろトロツキーであり、その際に重視したのは、民衆における「個性の開花」であった。この「個性の開花」なき集団主義は容易に全体主義に堕することになる。スターリニズムの台頭の中で、トロツキーのこの問題意識は極めて大きな意義を持っていた。そして、この、文化と日常生活の民主主義的変革という課題こそ、「革命の戦略」と「あるべき未来社会像」とを結びつける決定的な媒介項の一つなのであり、そこでのトロツキーの考察は長く続く痕跡をグラムシの中にとどめている。ここでも、ロシア革命とトロツキーという補助線がグラムシを理解するうえで決定的なのである。

党とソヴィエト

そして、この、革命戦略と未来社会像との有機的連関という論点において、グラムシはその結節点の位置に「現代の君主」としての前衛党（共産党）を置いたのだが、ここに実はグラムシの独創性とともにその限界も示されている。最後にこの論点について論じておこう。ホブズボームは「党」に関するグラムシの理論について次のように述べている。

> 第3の点は、グラムシの戦略の核心には、永続的に組織される階級運動があるということである。この意味で「党」についての彼の考えは、いわば、組織された階級としての党というマルクス自身の考え、少なくとも晩年のマルクス自身の考えに回帰するものである。ただし、グラムシは、マルクスやエンゲルスよりも、そしてレーニンと比べてさえ、党の形式的組織よりもむしろその政治的指導性とその構造の諸形態に、さらには階級と党との「有機的な」関係と彼が呼んだものの性質に関心を注いだ。（425 頁）

ここにはいくつか問題がある。まず第1に、グラムシの党理論＝「大衆的前衛党」論は、晩年を含めマルクスの考えとはまったく異なる。マルクスは、前期には「共産主義者同盟」に見られるように極少派の秘密結社的な党を構想し（ただし従来の典型的な陰謀組織とは性格を明らかに異にしていた）、晩年には独立した「大衆的労働者政党」の必要性をエンゲルス

とともに主張したが、後者はここでグラムシが考察している前衛党や共産主義政党とはまったく違い、マルクス主義者をその（有力な）一部とする社会主義的大衆政党にすぎない[20]。そして、そのような党を体現するものこそ第2インターナショナルの社会民主主義政党なのであって、あくまでもそれと対立した形で共産主義政党を構築しようとしていたグラムシの考えがマルクスの考えへの回帰であるはずがない。グラムシの党理論はいわば、初期マルクス・エンゲルスにおける共産主義者の結束した堅固な党という考えと晩年のマルクス・エンゲルスにおける労働者階級の独立した大衆政党という考えとを結合したものであったと言えるだろう。この矛盾した二つの要素を結合するための工夫として、指導するものとされるものとの間の弁証法的で有機的な関係に注意を向ける必要があったのである。

第2に、「大衆的前衛党」の持続的建設という発想そのものは、第3インターナショナルの第3、4回大会における転換（レーニンとトロツキーによって主導された、ヨーロッパにおける陣地戦、統一戦線、大衆的共産党の建設という路線）以降にヨーロッパの共産党に与えられた戦術的展望であり、このこと自体にはグラムシの独創性はない。むしろグラムシは、第3回大会の時点ではこのような路線に反対するボルディガ派の一人であり、彼がこのボルディガ主義から決別して大衆的前衛党という発想に立ったのはようやくコミンテルン第4回大会の数ヵ月前にモスクワに直接出向いて、そこでトロツキーやジノヴィエフから説得を受けた結果であった。

第3に、「党と階級との『有機的』関係」についてグラムシが初めて本格的に考察したのは、1923年末から1924年初頭にかけての同志たちへの一連の手紙の中においてであり、1923年末におけるトロツキーの『新路線』にはっきりと影響を受けた結果であった（詳しくは本書の第2章を参照）。だがホブズボームはこの点についても何も言っていない。

第4に、そしてより重要なのは、持続的な階級運動としての「党」に対するグラムシの深い考察にもかかわらず、彼には、その持続的組織たる「党」が、個々の特定の陣地においてだけでなく、全国的なレベルでヘゲモニー勢力になるための、したがって「権力の党」になるための決定的な媒介項である「ソヴィエト」に関する考察が決定的に欠如していることである。

未来の社会主義社会の原型になりうるのは、実は、共産党そのものではなく、それを含むソヴィエトである。そして、グラムシが構想した「下か

らの民主主義的陣地戦」の最も重要な舞台になるのは、ソヴィエトであり、またロシア革命において「階級と党との有機的関係」が真に実現されたのは、このソヴィエトを媒介にしてのことであった。実際、1917年の2月から10月までの、ロシア革命における「陣地戦的局面」において、労働者大衆の間での説得と実践的模範による民主主義的コンセンサスの獲得によってボリシェヴィキが政治的多数派となったのは、このソヴィエトを通じてであった（詳しくは本書の第1章を参照）。

　ところがグラムシは、1919～20年における工場評議会運動に参加しそこにおいて指導的役割を果たしたにもかかわらず、またその時期、国家形態としてのソヴィエトの優位性について大いに論文等で論じていたにもかかわらず、「獄中ノート」では、このソヴィエト（あるいは労働者評議会）についてほとんど何も述べていないし、ホブズボームも何も述べていない。たしかにホブズボームは、「党と階級は歴史的には同一視されてきたが、同一のものではないこと」に注意を喚起し、この問題が社会主義諸国の「官僚化の危険性」や「スターリニスト的発展」の問題と密接に結びついていることを指摘しているが（421頁）、これがまさに党とソヴィエトの有機的関係として実践的に理解されなければならないことについては、何も述べていない。

　グラムシにあっては、党は、革命の戦略を断固追求するだけでなく（そのためにはその組織構造は中央集権的で階層的で、ある程度まで政治的に排他的でなければならない）、未来社会の原型にもなる（そのためにはその組織構造は連合的で多様な政治的潮流を包含するものでなければならない）という矛盾した二重の課題を同時に背負うものとなり、このことがグラムシの変革理論と党の理論の両方を大きく制約したのである。

　もちろん、両課題をもっぱら対立的にとらえる必要はないだろう。両極は、グラムシが「獄中ノート」の中でまさにそう目指ししたように、より接近したものにならなければならない。共産党は、スターリニスト政党や社会民主主義政党のような、上意下達の指令的党でもなければ、単なる議会的・組合的指導者の党でもなく、真に民主主義的で階級と有機的連関を持った党でなければならない。しかし、それでもその許容範囲には大きな制約が当然あるだろう。また、未来社会は極端に連合的で非中央集権的なものとみなす必要もないが、それでもそれは党よりもはるかに多元的で非

階層的なものでなければならないだろう。したがって、この二つの課題を同時に「現代の君主」としての党に均等に求めることはできないのであって、それらは当然にも党とソヴィエトによってそれぞれ別々に担われなければならないのである。そして、この問題は、主として革命の戦略を担う党と、複数の党や潮流を包含する連合的なソヴィエトとの弁証法的な（補完しあうとともに対立しあう）関係として再把握され、今度は両者の潜在的ないし顕在的な矛盾が理論的に考察されるとともに、実践的に解決されなければならない。

　ボリシェヴィキは結局この課題の解決に完全に失敗したし（1921年以降における一党独裁とソヴィエトの形骸化）、グラムシにはその点に関する洞察は見られない。他方、トロツキーは、1930年代の半ば以降、ソヴィエト多党制の復活、そしてソヴィエト民主主義の枠内での政権交代の可能性の容認という観点を提起することで、党とソヴィエトとの有機的関係というプロブレマティックを再設定したのだが、それは十分に深められないまま、スターリンの放った暗殺者によって命を絶たれてしまった。

　1920年代後半以降、共産党系の理論家たちの中でソヴィエトの比重がどんどん下がっていき、やがて姿を消していくのは、スターリニズムの理論的支配と軌を一にした過程なのだが、グラムシもその悪影響をまぬがれていない。しかしパリ・コミューン以来、民衆の下からの大規模な運動が起きたときには必ず、この種の民主主義的自己統治機関が出現している。それは今日における最高度に発達した資本主義社会においても同じである。たとえば、2011年のアメリカにおけるオキュパイ運動でも、そうした現象が見られた[21]。

　革命の一元的ヘゲモニーを握るべく構想された前衛党としての共産党が世界的に姿を消していく中で、評議会やコミューンのような民主主義的で多元的な自己統治機関の潜在的意義は今後ますます増大していくだろう。グラムシの議論を現代に生かすためには、いささか権威主義的な比喩である「現代の君主」としての前衛党から、「現代の寄合」としてのソヴィエトないしコミューンへと、あるいは単一の前衛党とは異なる左派諸潮流の政治的連合体の可能性の探求へと考察対象をシフトさせなければならない。20世紀におけるロシア革命の成功と堕落と崩壊という歴史的経験を踏まえて、バージョンアップされた民主主義的自己統治機関と、バージョ

ンアップされた政治的変革組織（党ないし諸党の連合体）との弁証法的関係を解明することこそ21世紀の課題である。

【注】
(1) しかし、ホブズボームはこの論文とは別の機会に行なわれたインタビューでは、グラムシについてかなり冷たい調子で語っている。参照、E・P・トムスン＆N・Z・デイヴィス他『歴史家たち』名古屋大学出版会、1990年、13頁。

(2) ペリー・アンダーソンは、1976年の論文「グラムシのアンチノミー」を新たに書籍化した際に新版序文をつけており、その中でこの論文を取り上げ、「これまで書かれた中で革命思想家としてのグラムシの最も優れた一般的特徴づけを与えた」と高い評価を与えている。Perry Anderson, *The Antinomies of Antonio Gramsci (with a new preface)*, London & New York, 2017, p. 16.

(3) 「獄中ノート」でトロツキーのこの論文に触れた二つの部分を翻訳したものとして、以下を参照。グラムシ「宗教改革とマサリク——『獄中ノート』の断片」『トロツキー研究』第42・43合併号、2004年。

(4) 邦訳は以下の文献。T・G・マサリク『ロシアとヨーロッパ』全3巻、成文社、2002～05年。

(5) トロツキー「ロシアとヨーロッパ——マサリク教授のロシア論」『ニーチェからスターリンまで——トロツキー人物論集』光文社古典新訳文庫、2010年、194頁。

(6) 同前、194～195頁。

(7) 同前、196頁。

(8) 同前、197～198頁。

(9) 同前、199頁。

(10) トロツキーは『文学と革命』の第2部（ロシア文化と西欧文化に関する1908～1913年の諸論考を集めた部）でも「西方と東方」との違いに着目した議論を展開している。グラムシの「未来派に関する手紙」が収録されたこの『文学と革命』をグラムシが熱心に読んでそこからさまざまな着想を得たことは間違いない。「ロシアでは、東からはアジア系諸民族の襲来、西からはより豊かなヨーロッパの仮借なき圧力、さらには国家というリヴァイアサンによる民衆の労働からの法外な分け前の吸収——これらが、勤労大衆を困窮させたばかりか、支配階級の栄養源をも枯渇させていった。そのため、支配階級の成長も遅々としたものとなり、社会的野蛮状態の処女地への『文化的』諸層の堆積もかろうじて目にとまるほどでしかなかった。ロシアの民衆が貴族階級と教権主義による圧

迫に苦しんでいた程度は、西欧の民衆にけっして劣らない。だが、ヨーロッパで身分による支配——封建主義のゴシック的レース飾り——にもとづいてできあがっていた複雑で完璧な生活様式、そういったものは、生活資材の不足ゆえに、わが国には現われなかった。……文化の型の違いは、各都市の歴史をもとにあとづけた場合に一目瞭然である。ヨーロッパ中世の都市は第 3 身分の石の揺りかごであった。そこでは新しい時代の全体がそっくり用意されていた。同業組合、ギルド、地方自治体、大学などには、彼らの集会や選挙、行列、祝祭、討論があって、貴重な自治の習慣ができあがり、人間的な個性……が成長していた。……第 3 身分は、古い同業組合を窮屈に感じはじめたとき、すでにそこに生まれた新しい関係を国家全体へと移しさえすればよかった。他方、わが国の……都市はどうだろうか。それらは手工業や商業の中心ではなくて、全ロシア村という身体にできた軍事的・貴族的瘤のようなものである。それらの役割は寄生的である」(トロツキー『文学と革命』下、岩波文庫、1993 年、137 〜 139 頁)。

(11) アントニオ・グラムシ『獄中からの手紙——愛よ知よ永遠なれ』第 3 巻、大月書店、1982 年、27 頁。

(12) クリスチーヌ・ビュシ゠グリュックスマン『グラムシと国家』合同出版、1983 年。

(13) もっとも、東方に関しても「国家がすべて」というグラムシの言い方は明らかに誇張であり、ミスリーディングである。かつて革命的ナロードニキはロシアでは「国家がすべて」であり、社会(彼らにとってそれはミールという閉鎖的な農村共同体だった)から完全に遊離しているとみなして、テロでツァーリや高級官僚を殺しさえすれば革命が実現できると考えた。だがそれはまったく誤りであった。第一世代のロシア・マルクス主義者たち(プレハーノフやザスーリチやアクセリロート)はこうした議論を正しく批判し、ロシアにおいても下からの労働者運動の組織された力こそがツァーリズムを倒しうるのだと主張した。

(14) アントニオ・グラムシ『新編 現代の君主』ちくま学芸文庫、2008 年、206 頁。

(15) ペリー・アンダーソンは「グラムシのアンチノミー」の中で、グラムシの「獄中ノート」にはさまざまな国家認識——国家と市民社会とを対立させる認識、市民社会を国家に包摂させる認識、国家＝市民社会とする認識など——が併存していることを指摘し、これらのいずれかにグラムシの国家認識を一元化させて解釈することは誤りだと述べている。たしかに、この主張には首肯できる点もあるが、そうした矛盾した諸認識のうちいずれがグラムシの理論の「基本線」ないし「主旋律」を形成しているかを見極めることは引き続き重要である。これはグラムシの国家認識を一つの解釈に一元化することではない。

(16) レフ・トロツキー『文化革命論』現代思潮社、1970 年、14 頁。

(17) ただしトロツキーが広い意味での「政治」概念の一例として「政治と

は集中された経済である」というレーニンの表現を挙げているのは不適
切であろう。この表現にあっては「政治」の次元の独自性が「経済」に
解消されてしまいかねないからである。重要なのは、狭い意味での「政治」
にも狭い意味での「経済」にも解消されない、独自の社会的次元として
の「政治」である。レーニンの場合、実はその党組織論こそそのような
「政治」の次元の探求であり、グラムシのヘゲモニー論はこの種の「政治」
概念の最も豊かで先駆的な探求であったと言える。

(18) たとえばトロツキーは 1924 年に次のように述べている——「政権転覆
　　は数ヵ月の、時に数週間の事業でさえあるが、文化的向上は、数年、数
　　十年の事業である。なぜなら、それは、社会的基盤全体の改造、その分
　　子的変化を必要とするからである」(Лев Троцкий, *Сочинения*, Том. XXI,
　　Культура переходного переода, Москва-Ленинград, 1927, c.367.）。

(19) トロツキー「ソヴィエト・ロシアの新経済政策と世界革命の展望」『社
　　会主義と市場経済』大村書店、1992 年。

(20) マルクスの党理論については、森田成也『ラディカルに学ぶ「資本論」』
　　（柘植書房新社、2016 年）の第 4 章を参照されたい。

(21) このオキュパイ運動についてはその中心となったグレーバーの以下の
　　著作を参照。デヴィッド・グレーバー『デモクラシー・プロジェクト—
　　—オキュパイ運動・直接民主主義・集合的想像力』航思社、2015 年。

《補論1》
マルクス・エンゲルスにおける「ヘゲモニー」使用例

【解題】本稿はもともと『トロツキー研究』第64号（2014年）に掲載された
ものである。私はずっとマルクスもエンゲルスも「ヘゲモニー」という用語を使っ
ていないものだと思い込んでいたが、ある時、『マルクス・エンゲルス全集』の
ある部分を読んでいて、「ヘゲモニー」という言葉が出てきたのでびっくりした。
そこでドイツ語版『マルクス・エンゲルス全集』（*MEW*）を検索で調べた結果、
かなりの量の「ヘゲモニー」がヒットしたので、その結果を論文として紹介す
ることにした。その後、さらに二つの新たな使用例を発見したので（『全集』補
巻）、今回、本書に収録するにあたって追加しておいた。逆に原文では実際には
使われていない事例も一つだけあったので（全集13、558頁）、それは今回
の一覧から取り除いておいた。
　また、英語版の『マルクス・エンゲルス全集』（*MECW*）がドイツ語の原語
が「Hegemonie」ではないのに英語で「hegemony」と訳している事例がい
くつもあるのを知って、その点についても加筆しておいた。

　マルクスとエンゲルスが「ヘゲモニー」という用語を実際に用いている事
例についてはほとんど知られていないし、その系統的な調査も私が知るかぎ
りではなされていない。そこで今回、マルクスとエンゲルスが実際に「ヘゲ
モニー」という用語をどのような頻度で、どのような文脈で、どのような意
味で用いているのか、そしてそれが日本語でどのように訳されているのかを、
ドイツ語版、日本語版、英語版のそれぞれの全集を用いて調べてみた。
　その結果は「使用例一覧」に示されているが（日本語版の全集にもとづい
て引用）、これを見ると当初予想していたよりもはるかに多くの頻度で用い
られていたことがわかる。ドイツ語版で「Hegemonie」（あるいは原文が英
語版である場合には「hegemony」）という単語は合計で40回以上も登場し
ており、マルクスとエンゲルスのどちらもほぼ同じ頻度で用いている。
　しかし、「使用例一覧」から明らかなように、『ドイツ・イデオロギー』で
登場する以外は、マルクスとエンゲルスの代表的な著作・論文には登場して
おらず、ほとんどの場合、あまり有名ではない論文、手紙類に登場している。
『ドイツ・イデオロギー』にしても、一番有名な「フォイエルバッハ」の章
には登場しておらず、ほとんど誰も読まないであろうずっと後ろの箇所で、
しかもハイネの詩の中で1回登場しているだけである。論文として比較的有

243

名なのはエンゲルスの「歴史における暴力の役割」ぐらいであろうか。これまで、マルクスとエンゲルスにおける「ヘゲモニー」の使用例がほとんど知られていなかったのは、それが主たる理由であると思われる。

　したがって、第2インターナショナル時代のマルクス主義者たち、とりわけイタリアやロシアのマルクス主義者には、このマルクス、エンゲルス自身の「ヘゲモニー」使用例はほとんど知られていなかったと思われる。とくに初期の文献は『ドイツ・イデオロギー』を含めてそもそも当時は公表されておらず、雑誌や新聞に掲載された論文類も読む機会はほとんどなかったろう。

　同じことは日本に関しても言えるが、日本の場合は独自の翻訳の問題がある。以下の「使用例一覧」で明らかなように、原文の「Hegemonie」は日本語版の『マルクス・エンゲルス全集』では必ずしも「ヘゲモニー」とは訳されておらず、半分以上が「主導権」「覇権」「支配／支配権」「指導権」などと訳されている。このような事情は、マルクスとエンゲルスにおける「ヘゲモニー」の使用例が日本でほとんど知られてこなかったさらなる理由であると思われる。

　一覧から明らかなように、マルクスとエンゲルスにおける「ヘゲモニー」の使用例としては、「プロイセンのヘゲモニー」や「ロシアのヘゲモニー」、「オーストリアのヘゲモニー」のように、国際関係における特定の国による支配的地位、あるいは国家内の一定の地域による支配的・指導的地位という地政学的意味で用いられているパターンが圧倒的に多く、全体の9割以上を占める。19世紀半ばにはすでに国際関係における一定の国ないし地域の支配的・指導的な地位・影響力を示す言葉として政治的評論の世界で一般に用いられていた「ヘゲモニー」という用語が、第2インターナショナルのマルクス主義の文脈の中でしだいに階級間や党派間の支配的影響力を指す用語へと変わっていったという仮説は、ここでのマルクスおよびエンゲルスの使用例によっても証明されている。この面でとくに注目すべきなのは、以下の一覧の「6」であり、そこではエンゲルスは、イタリア統一問題を論じて、サルデーニャ王国の「ヘゲモニー」について述べている。これはグラムシとの関連で興味深い用法である。

　しかも、マルクスとエンゲルスの文献では、他の人物の著書ないし発言からの引用にもこの「ヘゲモニー」がたびたび登場している。たとえば、先ほど述べたハイネやバクーニンからの引用文にもその用語が見られる。とくに、『マルクス・エンゲルス全集』の編集者の注によると、1840年代初頭の『ライン新聞』に「プロイセンのヘゲモニー」という表現で何本も論文が掲載

されていたことがわかる。統一した国民国家の形成期であった 19 世紀半ば
において、プロイセンを中心としてドイツの統一を図る必要性がブルジョア
ジーのあいだでも痛感されており、それが「プロイセンのヘゲモニー」とい
う表現が多用されることにつながったのだろう。マルクスとエンゲルスも基
本的にこのような用法を引き継いでいる。

　このような「特定の国や地域によるヘゲモニー」と異なる使い方をされて
いるのは、ごくわずかである。まず、エンゲルスの最初の使用例である「外
国人の精神的ヘゲモニー」と「フランス人のヘゲモニー」の二つは、「特定
の国によるヘゲモニー」の別バージョンと見ていいだろう。「フランスのヘ
ゲモニー」と表現するか、「フランス人のヘゲモニー」と表現するかは、あ
まり本質的な違いではない。それ以外のものとしては、手紙での使用例を除
けば、マルクスの 1855 年の論文「運動の歴史に寄せて」における使用例だ
けである。そこでは、マンチェスター派というブルジョア内階級分派（ブル
ジョアジーの中の大製造業者）とシティ派（ロンドンの金融業者）という別
の階級分派との対立関係において、このマンチェスター派の「ヘゲモニー」
として登場している。階級間ないし階級分派間のヘゲモニーという意味で用
いられているのはここだけだが、そこでは「ヘゲモニー」に括弧がついてい
ることに注目したい。やはり「ヘゲモニー」は基本的に特定の国や地域の支
配的・指導的地位という意味で用いるのが普通だったので、それを階級分派
間の関係に用いるときには括弧に入れたのだろう。しかし、後にこちらの用
法がロシア・マルクス主義や第 2 インターナショナルの中で支配的な使い方
になるのであり（もちろん地政学的用法も受け継がれている）、それがトロ
ツキーやグラムシにも受け継がれるのである。

　なお、以下の一覧において、「全集 41」「全集 40」等々というのは、邦訳
『マルクス・エンゲルス全集』（大月書店）の巻数のことであり、それに続く
頁は日本語版の頁数である。また「⇒」以下は私のコメント。

■『マルクス・エンゲルス全集』における使用例一覧■

1. エンゲルス「エルンスト・モーリツ・アルント」（1841 年 1 月『テレグラフ・
   フェア・ドイチュラント』）……「ドイツの国粋主義者たちは……物質
   的に独立したドイツを外国人の精神的<u>ヘゲモニー</u>からも解放しようと欲
   した。」（全集 41、128 頁）⇒これは、マルクス、エンゲルスの文献で最

初に「ヘゲモニー」が登場する箇所。日本語版でも「ヘゲモニー」と訳されている

2. 同……「彼ら〔フランス人〕のヘゲモニーは外面上はその根拠を、彼らがヨーロッパ文化の形式、つまり文明を他の諸民族のうちで最もやすやすとマスターしているということのうちに有している」（全集41、129頁）

3. マルクス「ライン州知事フォン・シャーパーに宛てて」（1842年11月17日）……「このさい、『ライン新聞』は、その発展が残りのドイツの発展を左右するプロイセンにたえず論及してきました。この傾向の証拠となるものは、アウグスブルク新聞の反プロイセン的努力に対して論争的に立ち向かった『プロイセンのヘゲモニー』に関する論説であります。」（全集40、313頁）⇒日本語版では「主導権」

※『全集』編者注……「『ライン新聞』は、なかんずく『「ドイツにおけるヘゲモニー（Hegemonie）」についての声もまた』（1842年5月15日付の付録所収）、『ドイツにおけるヘゲモニー』（1842年5月26日付の付録所収）、『プロイセンのヘゲモニーについてのその後の討論』（1842年6月21日付の付録所収）、『プロイセンのヘゲモニーについて』（1842年7月14日）を掲載した。」（全集40、600〜601頁）⇒日本語版ではいずれも「主導権」

4. マルクス「内閣判定の告発の評注」（1843年2月12日）……「最後に、全傾向の悪意というのは奇妙な行きすぎである。なぜならば、それによると、

1、関税同盟のためのたたかい、

2、ロシアとの協定問題におけるプロイセンのためのたたかい、

3、プロイセンのヘゲモニーのためのたたかい、……」（全集40、342〜343頁）⇒日本語版では「主導権」

5. マルクス・エンゲルス『ドイツ・イデオロギー』（1845〜46年夏）……「陸のあるじはフランス、ロシア／大海原はイギリス領／ところがおいらの領国は／夢の天界、誰からも指一本も指させはせぬ／ここはおいらのヘゲモニー（Hegemonie）／ここじゃおいらは一枚岩／他国のやつらが伸びたのは／下の平たい土の上」（ハイネ『ドイツ、冬物語』）（全集3、509〜510頁）⇒日本語版では「独壇場」

6. エンゲルス「合併問題」(1848 年 6 月 4 日『新ライン新聞』) ……「北イタリア全土では、一方の側ではサルデーニャ王国への諸小邦の合併を実現し、他方の側ではそれを阻止しようとする策謀が今おこなわれている。それは、ドイツの場合と同様、ヘゲモニー掌握のための策謀である。カルロ・アルベルトは、ニースからトリエステまで、『広汎きわまる基礎のうえに』イタリア版プロイセンを実現しようと努めている。」(全集補巻 2、7 頁)

7. エンゲルス「ヤコービの動議についての討論」(1848 年 7 月 18 日付『新ライン新聞』) ……「『プロイセンはドイツのヘゲモニー (Hegemonie in Deutschland) を握る使命を帯びていたと言ってさしつかえないであろう。』」(プロイセンの国民議会の左派議員ヴァルデックの発言)(全集 5、222 頁)⇒日本語版では「覇権」

8. 同……「残念なことに、関税同盟がドイツに対するプロイセンのヘゲモニー (die preußische Hegemonie über Deutschland) の道を開きつつあったよき日、……完全に崩壊しつつあった連邦議会下のドイツそのものが、プロイセン官僚主義の拘束衣を全ドイツに着せることが結合を維持する最後の手段だと考えることのできたよき日は、過ぎさってしまった!」(同前)⇒日本語版では「ドイツに対するプロイセンのヘゲモニー」が「プロイセンのドイツ制覇」

9. エンゲルス「『ケルン新聞』のイタリア論」(1848 年 8 月 27 日付『新ライン新聞』) ……「土地はフランス人とロシア人のもの／海はイギリス人のもの。／だがわれわれは夢想の天界に／確実な支配をもっている。／そこではわれわれはヘゲモニー (Hegemonie) を振るい、／そこではわれわれは細分されていない。／他の諸国民といえば／地べたで発展してきた。」(全集 5、374 頁)⇒日本語版では「覇権」。「5」と同じハイネの詩だが、訳は異なっている

10. マルクス・エンゲルス「評論、1850 年 5 〜 10 月」(1850 年 11 月 1 日、『新ライン新聞・政治経済評論』) ……「ドイツでは、最近 6 ヶ月間の政治的事件は、プロイセンが自由主義をだまし、またオーストリアがプロイセンをだますという芝居に要約される。1849 年には、ドイツにおけるプロイセンのヘゲモニーが問題であるように見えた。1850 年にはオーストリアとプロイセンとのあいだの権力分割が問題であった。」(全集 7、465 頁)

11. 同……「こうしてオーストリアは今ではもう南ドイツ全体をそのヘゲ

モニーのもとに引き入れており、北ドイツでも最も重要な諸国家はプロイセンの敵である。」（全集7、467頁）

12. マルクス「『評論』のための覚書」（1850年10月）……「ロシアの覇権の公然たる出現。プロイセンとオーストリアのあいだで分割された政治的ヘゲモニー」（全集補巻3、55頁）（MEGA, vol. 10, S. 447）⇒日本語版では「主導権」

13. マルクス「エンゲルスへの手紙」（1851年3月17日）……「ルーゲが『底なしの愚物』として登場した……あの大宴会には、ベルリンやフランクフルトの議員は一人も来ていなかった。彼らはルーゲ＝ストルーヴェ〔急進民主主義者〕のヘゲモニーを望んでいなかったのだ。」（全集27、190頁）⇒日本語版では「指導権」

14. マルクス「運動の歴史に寄せて」（1855年5月10日付『ニューオーダー新聞』）……「これまでブライトとかコブデンとかの連中に率いられたマンチェスター派が、イギリス・ブルジョアジーの運動の先頭に立っていた。マンチェスターの工場主の諸君は今やシティの商業紳士諸君によって押しのけられた。マンチェスター派の通り一遍の戦争反対は、イギリスで一瞬も同じところにとどまっていることのできないブルジョアジーに、マンチェスター派が少なくとも目下のところブルジョアジーを指導する使命を失ったことを確信させた。マンチェスター派の紳士諸君は今では、シティの諸君の上手を行くよりほかには、自分たちの『ヘゲモニー』を維持することができない。」（全集11、200頁）

15. マルクス「プロイセンの事態」（1858年12月27日付『ニューヨーク・デイリー・トリビューン』）……「プロイセンほど、ヨーロッパ戦争の展望を恐れている国はない。だが内輪の小戦争をやること、たとえばシュレスヴィヒ＝ホルシュタインをめぐってデンマークと戦ったり、またはドイツのヘゲモニー（German Hegemonie）をめぐってオーストリアと兄弟殺しの撃ち合いをやったりすることは、きわめて賢明な牽制行動になり、賤民の流血という安い値段で人気を博するものとなりうるだろう。」（全集12、629頁）⇒日本語版では「覇権」。もともと英語で書かれた論文なのに、マルクスは「ドイツのヘゲモニー」の「ヘゲモニー」をわざわざドイツ語で書いている。

16. エンゲルス「ポーとライン」（1859年2〜3月）……「われわれ〔ドイツ〕がイタリアにイタリア自身の問題を処理するようにまかせておけば、われわれに対するイタリア人の憎悪はおのずからなくなり、彼らに

対するわれわれの自然的影響もいずれにせよはるかに大きくなるだろうし、状況しだいでは、真のヘゲモニーにまで高まりうるであろう」（全集13、256頁）

17. マルクス「シュプレー河とミンチョ河」（1859年6月25日付『ダス・フォルク』）……「これによって、最近3年このかたすでに強く感ぜられるようになった、ヨーロッパ大陸に対するロシアとフランスのヘゲモニーが著しく強化されるので、セント・ヘレナ島で宣言されたあの支配権の分割にいつでも移れるようになるだろう。」（全集13、394頁）⇒日本語版では「覇権」

18. マルクス「取り違え」（1859年7月30日付『ダス・フォルク』）……「プロイセンは、神秘的であると同時に慎重なオーストリア救済策を練る一方で、さしあたっては、約束手形で釣ってドイツにおけるヘゲモニーを先取りすることをあてにすることができた。」（全集13、457頁）⇒日本語版では「覇権」

19. 同……「シュライニッツ〔プロイセンの外務大臣〕は、プロイセンを確固とした前提のもとで伸縮自在の意図を持つと言うべきだった。その前提とは、オーストリアがプロイセンにドイツ連邦内の主導権（Initiative）を譲り、ドイツ諸邦の宮廷との個別的条約を断念し、一言でいえば、しばらくのあいだプロイセンにドイツにおけるヘゲモニーを与えるということであった。」（全集13、460頁）⇒日本語版では「覇権」

20. マルクス「政治的概観」（1859年8月20日付『ダス・フォルク』）……「ベルリンについては、プロイセンのヘゲモニーのもとに連邦を改革せよという古びた退屈な決まり文句が述べられ、味気ない煽動が続けられている以外は何もない。」（全集13、490頁）

21. 同……「結成されたドイツの新党〔右派政党のゴータ党〕のために作成された綱領に含まれているのは、もちろん連邦の改革、プロイセンのヘゲモニー、出版に対する連邦議会の決議の廃棄、結社権、等々である。」（全集13、491頁）

22. エンゲルス「サヴォーヤ、ニース、ライン」（1860年2月）……「その政策〔ボナパルトの政策〕が公言してきたのは、統一されたイタリアをフランスはけっして許すことはできないし、許さないであろう、ということであった。この政策は、イタリアの独立と自由なるものを次のように解してきた。すなわち、ボナパルトによる保護のもとでの……一種のイタリア版ライン同盟であるオーストリアのヘゲモニーをフランスの

それに置き換えることと解していた。」（全集13、573頁）⇒日本語版では「覇権」

23. 同……「1815年から1848年まで、ドイツはロシアの直接の<u>ヘゲモニー</u>のもとにあった。」（全集13、605頁）

24. 同……「オーストリアは、ドナウ地域ではロシアに抵抗したが、ライバッハ、トロッパウ、ヴェロナの会議ではヨーロッパ西部におけるロシアのすべての希望を実行した。ロシアのこの<u>ヘゲモニー</u>は、ドイツ連邦規約の直接の結果であった。」（全集13、605頁）

25. マルクス『フォークト君』（1860年）……「『プラハ新聞』は、ヴィラフランカの講和条約締結の数日後に、次のような公式声明を載せた。『この申し立て』（連邦の管理下に連邦軍の総指揮権をにぎろうとするプロイセンの申し立て）『は、プロイセンがドイツにおける<u>ヘゲモニー</u>を、したがってドイツからのオーストリアの締め出しをねらっていることの明瞭な証拠を示している。」（全集14、525頁）⇒日本語版では「指導権」

26. 同……「フランスがイタリア戦争によってサヴォーヤとニースを得、それとともにライン戦争の場合には一軍隊以上の価値のある陣地を得たのちには、12月2日派〔ボナパルト派〕の確率計算では、『プロイセンの<u>ヘゲモニー</u>のもとにおけるドイツの統一』と『ライン河左岸のフランスへの割譲』とは互換性のある〔同じ大きさの〕量になった。」（全集14、525～526頁）⇒日本語版では「指導権」

27. マルクス「北アメリカの内戦」（1861年10月20日付『ディー・プレッセ』）……「周知のように、連邦議会下院における個々の州の代表数は、それぞれの人口に依存している。自由諸州の人口は奴隷諸州とは比較にならぬほど急速に増大するので、北部の下院議員数は、南部のそれをはるかに凌駕して急速に増大せざるをえなかった。そこで南部の政治権力の本来の座は、ますます各州がその人口の大小によらず2人の上院議員を送りこむアメリカの上院へと移行した。上院での影響力を強め、その上院によって合衆国に対する<u>ヘゲモニー</u>を維持するために、南部は次々と新奴隷州の形成を必要としているのである。」（全集15、320頁）

28. 同……「したがって、奴隷制をその旧領域に閉じ込めることは、経済法則によって彼らを漸次的な消滅に導き、奴隷諸州が上院を通じて行使してきた政治的<u>ヘゲモニー</u>を打破し、最後に、彼らが支配する諸州内部においては奴隷所有者的寡頭支配を、『貧乏白人』の側からの脅威的危険にさらすということにならざるをえない。」（同前）

29. マルクス「エンゲルスへの手紙」（1863 年 3 月 24 日）……「言いかえれば、ポーランド問題はただ、ホーエンツォレルン家の親衛国家が存在するかぎりドイツの利益を貫くことは不可能だということを証明する新たなきっかけであるにすぎない。ドイツに対するロシアの<u>ヘゲモニー</u>の没落は、古い男色家〔ホーエンツォレルン家〕の害悪の、その子孫の除去とまったく同義なのだ！」（全集 30、268 頁）⇒日本語版では「支配権」

30. マルクス「在ロンドン・ドイツ人労働者教育協会のポーランドに関する声明」（1863 年 10 月）……「ドイツのブルジョアジーは、ドイツをモスクワの大洪水からなお守ってくれている英雄的民族〔ポーランド人〕が虐殺されるのを、だまって手をこまねいて無関心に傍観している。ブルジョアジーの一部は危険を理解してはいるが、ドイツの利益をドイツの分邦諸国家の利益のために進んで犠牲に供している。これらの分邦国家の存続はドイツの細分状態とロシアの<u>ヘゲモニー</u>の維持とを条件としているからである。」（全集 15、549 頁）

31. マルクス「バクーニン『国家制と無政府』摘要」（1874 ～ 1875 年）……「新しいドイツ帝国は好戦的である。それは征服するか征服されるかのどちらかでなければならない（17、18 ページ）。それは『世界国家であろうとする抑えがたい志向を有している』（18 ページ）。<u>ヘゲモニー</u>、それはこの志向の控えめな現われにすぎない。そのための条件は、できるだけ多くの周辺諸国家の弱さと服属である。」（全集 18、599 ～ 600 頁）

32. 同……「『マントイフェルは、プロイセンにとってきわめて屈辱的なオルミュッツ会議のすべての条件に調印するために、ついにはプロイセンと全ドイツをオーストリアの<u>ヘゲモニー</u>に服させるために、1850 年 11 月に首相となった。それがニコライの意志だった。』」（全集 18、639 頁）

33. マルクス＆エンゲルス「1830 年のポーランド革命 50 周年を記念して開催されたジュネーブの集会へ」（1880 年 11 月 27 日）……「他方から見れば、ポーランド分割は神聖同盟を、ヨーロッパのあらゆる政府に対するツァーリの<u>ヘゲモニー</u>を覆い隠すこの仮面を強化した。」（全集 19、236 頁）⇒日本語版では「主導権」

34. エンゲルス「カウツキーへの手紙」（1882 年 2 月 7 日）……「〔もし汎スラブ主義の戦争が起これば〕われわれは、最善の場合でも、3 ～ 10 年の時間を失うことになり、そのさい最も起こりうる可能性のあることは、ドイツにおける、おそらくはまたロシアにおける立憲的な『新時代』

の到来の遅延、ドイツの<u>ヘゲモニー</u>下にある小ポーランド、フランスとの報復戦争、新たな民族的煽動、結局は新しい神聖同盟でしょう。」（全集35、227頁）⇒日本語版では「覇権」

35. エンゲルス「ベーベルへの手紙」（1886年10月23日）……「ビスマルクが何よりも恐れているのは、このロシア革命なのである。ロシアのツァーリズムとともにプロイセン＝ビスマルクの支配（Wirtschaft）も倒れる。だから、ビスマルクはこの崩壊を引き止めるためには、どんなことでもやらなければならない。彼は、オーストリアを無視する。激怒するドイツのブルジョアたちをも無視する。さらに彼は、そうすることによって結局は、ヨーロッパに対するドイツの<u>ヘゲモニー</u>を基盤とする自己の体制の墓穴をも掘り崩すにいたるということを知りながら、また老ヴィルヘルムが死んだ暁には、ロシアやフランスはいずれ態度を豹変させるだろうことを承知しながら、にもかかわらず彼は、ありとあらゆることをやるのである。」（全集36、486頁）⇒日本語版では「ヨーロッパに対するドイツのヘゲモニー（der deutschen Hegemonie über Europa）」は「ドイツのヨーロッパ支配」

36. 同……「というのも、戦争か平和かで沸き立っているここ数ヶ月、ドイツの<u>ヘゲモニー</u>はぶっこわれ、ドイツはまたもやロシアの従順な下僕に成り下がったからだ。」（全集36、487頁）⇒日本語版では「支配権」

37. エンゲルス「歴史における暴力の役割」（1887年12月〜1888年3月、1895〜96年号の『ノイエ・ツァイト』掲載）……「革命前と同じく革命後も、オーストリアは、ドイツのうちでやはり最も反動的な、近代的潮流に最もいやいやながら追随した国だった。そのうえまだ残っている唯一のとくにカトリック的な強国だった。3月革命後の政府が旧来の僧侶的・イエズス会的統治を復活しようとつとめればつとめるほど、ますますこの政府には3分の2を占めるプロテスタント系国土に対して<u>ヘゲモニー</u>をとることは不可能となった。」（全集21、420頁）

38. 同……「1842年の『ライン新聞』は、この立場からプロイセンの<u>ヘゲモニー</u>の問題を論じた。ゲルヴィヌスは、すでに1843年の夏、オーステンデで私にこう言った。プロイセンはドイツの先頭に立たなければならない。」（全集21、422頁）⇒日本語版では「覇権」

39. 同……「要するに、ドイツのブルジョアたちは、プロイセンの親切については何ら幻想を抱いていなかった。1840年以来、プロイセンの<u>ヘゲモニー</u>が彼らのあいだで声威を得るようになったが、そうなったのは、

ただプロイセンのブルジョアジーが、そのより急速な経済的発展の結果
として経済的および政治的にドイツのブルジョアジーの先頭に立ったと
いう理由によるものであり、またその程度に応じてであ……った。」（全
集 21、423 〜 424 頁）⇒日本語版では「覇権」

40. エンゲルス「ロシア・ツァーリズムの対外政策」(1890 年 5 月付『ノイエ・
ツァイト』)……「ところで、ロシア外交団にとって重要だったのは、
獲得したヨーロッパに対する<u>ヘゲモニー</u>を利用してツァーリグラート
（コンスタンチノープル）へ一歩近づくことであった。」（全集 22、30 頁）
⇒「ヨーロッパに対するヘゲモニー（Hegemonie über Europa)」は日本
語版では「ヨーロッパの覇権」、英語版では「supremacy」

41. 同……「ニコライは自己の軍隊をハンガリーに侵入させ、優勢な兵力
でハンガリー軍を鎮圧し、そのことによってヨーロッパ革命の敗北を決
定づけた。そしてプロイセンが、革命を利用してドイツ連邦をばらばら
にし、少なくとも北ドイツ諸邦をプロイセンの<u>ヘゲモニー</u>（preußischer
Hegemonie）のもとに従属させようと、あいかわらず企てていたとき、
ニコライは、プロイセンとオーストリアをワルシャワの自己の法廷に召
喚して、オーストリアに有利な決定をくだした。」（全集 22、36 頁）⇒
日本語版では「覇権」、英語版では「supremacy」

　以上で、マルクス、エンゲルスの「ヘゲモニー」使用例のすべてである。

　最後に、英語版の『マルクス・エンゲルス全集』（*MECW*）におい
て、ドイツ語原文が別に「Hegemonie」ではないのに、英訳者が勝手に
「hegemony」と訳している箇所の一覧を見ておこう（下線部は英語版が
「ヘゲモニー」と訳している箇所）。日本人の研究者にとっては不要かも
しれないが、グラムシに関する英語文献を読んだときに、間違って以下
の箇所をマルクス、エンゲルスにおける「ヘゲモニー」使用例だと論じ
ている文献に出会うかもしれないので（すでに私はいくつかその事例を
見ている）、参考までに追加しておいた。

■英語版が恣意的に「hegemony」と訳している例■

1. マルクス＆エンゲルス『ドイツ・イデオロギー』（1844 ～ 45 年）……「彼らはこの思想の支配（Gedankenherrschaft）を信じる点で一致する」（全集 3、12 頁）（*MEW*, Band.3, S.14);

　英：'they agree in their belief in the *hegemony* of ideas' (*MECW*, vol. 5, p. 24)

2. 同……「歴史のなかに精神の主権（Oberherrlichkeit）… を証拠だてようとする芸当のすべて」（全集 3、45 頁）（*MEW*, Band 3, S.49)

　英：'The whole trick of proving the *hegemony* of the spirit in history' (*MECW*, vol. 5, p. 62)

3. エンゲルス「ドイツ国憲法戦役」（1849-50 年）……「小ブルジョアジーの手に支配権（Herrschaft）を保たせておく」（全集 7、134 頁）(*MEW*, Bd. 7, p. 137)

　英：'uphold *hegemony* of the petty bourgeoisie' (*MECW*, vol. 10, p. 176)

4. マルクス＆エンゲルス「評論：1850 年 5 月～ 10 月」……「オーストリアの支配（Herrschaft）に対するプロイセンの抵抗」（全集 7、468 頁）(*MEW*, vol. 7, S. 458).

　英：'Prussia's opposition to Austrian *hegemony*' (*MECW*, vol. 10, p. 528)

5. エンゲルス「イギリス論」（1852 年 1 月 30 日）……「力強い足どりで自分たちの覇権（Oberherrschaft）が政治的承認を受けることをねらって進んでいるあの階級」（全集 8、215 頁）（*MEW*, vol.8, S. 218)

　英：'is making giant strides towards the political recognition of its *hegemony*' (*MECW*, vol. 11, p. 208)

6. マルクスからエンゲルスへの手紙（1854 年 10 月 17 日）……「イギリスは 50 年にわたって制海権とアジアにおける最も文明化された部分における単独支配（Alleinherrschaft）とを再び確保することになるだろう。」（全集 26、320 頁）（*MEW*, Bd. 26, c. 398）

　英：'England would have ensured her supremacy at sea and her *hegemony* over the most cultivated part of Asia for another 50 years.' (*MECW*, vol. 39, p. 487)

7. マルクスからフィリップへの手紙（1864 年 6 月 25 日）……「ロシアがカフカースによってアジア支配（Herrschaft）を確立するというのに」（全集 30、537 頁）（*MEW*, Bd. 30, S. 666）

　英：'the fact that possession of the Caucasus assures Russian *hegemony* in Asia'

(*MECW*, vol. 41, p. 543)

8. エンゲルス「プロイセンの軍事問題とドイツ労働者党」（1865 年 1 ～ 2 月）……「そこで彼らは、マントィフェルの没落とともにブルジョアの千年王国がやってきており、ブルジョア独裁（Alleinherrschaft）の豊かな実りを、びた一文払わずに取り入れることしか、もう問題ではなくなっていると思いこんだ。」（全集 16、55 頁）（*MEW*, Bd. 16, p. 59）。

英：'it imagined that with the fall of Manteuffel the millennium had arrived for the bourgeoisie and that all that was left to do was to reap the ripe harvest of bourgeois *hegemony*, without paying a penny for it.' (*MECW*, vol. 20, p. 59)

9. 同……「ドイツのプロレタリアートは、帝国憲法やプロイセンの先頭的地位（Spitzen）や 3 分方式やこれと同種のものには、これらを一掃する目的のため以外には、断じてかかわりは持たないであろう」（全集 16、63 頁）（*MEW*, Bd. 16, S. 66）

英 'The German proletariat will never have any truck with Imperial Constitutions, Prussian *hegemonies*, tripartite systems and the like, like, unless it be to sweep them away.' (*MECW*, vol. 20, p. 67). ただし p. 460 でドイツ語原語が「Spitze」であることを記している。

10. マルクスからエンゲルスへ（1867 年 5 月 7 日）……「軍刀による支配（Säbelregiment）」（全集 31、249 頁）（*MEW*, Bd. 31, S. 298）

英：'the *hegemony* of the sword' (*MECW*, vol. 42, p. 372)

11. マルクス「バクーニン『国家と無政府』摘要」（1874 ～ 1875 年）……「ドイツ人は後者で支配権を握りたがっている（Die Deutschen wollen im letzten vorherrschen）」（全集 18、607 頁）（*MEW*, Bd. 18, S. 606）

英：'The Germans wish for *hegemony* in the latter.' (*MECW*, vol. 24, p. 495)

12. エンゲルスからカウツキーへの手紙（1872 年 2 月 7 日）……「しかし、現実には汎スラヴ主義は、実際には存在しないスラヴ民族性という仮面をつけた世界支配の妄想（Weltherrschaftsschwindel）なのであって」（全集 35、227 頁）（*MEW*, Bd. 35, S. 271）

英：'a bid for world *hegemony* under the cloak of a non-existent Slav nationality' (*MECW*, vol. 46, p. 193)

13. 同……「汎スラヴ主義的な世界支配志向（Weltherrschaftstendenzen）」（全集 35、228 頁）（*MEW*, Bd. 35, S.272）

英：'pan-Slav *hegemonic* tendencies' (*MECW*, vol.46, p. 194)

《補論2》
レーニンにおける「ヘゲモニー」使用例

【解題】この論考はもともと、本書の第5章に収録した論文の一部として書き始めたものだが、あまりにも膨大になったため割愛し、今回、補論2として収録することにした。今回、収録するにあたって、以前私が『ニューズ・レター』に発表した「トロツキー、レーニン、グラムシにおけるヘゲモニー概念の継承関係」(『ニューズ・レター』第53 & 54号、55号、2012年)の内容も部分的に生かすことにした。

　この「補論2」はレーニンにおける「ヘゲモニー」使用例を『レーニン全集』の第4版および第5版(日本語版の『レーニン全集』は基本的に第4版に依拠しているが、第5版に新たに公開されたものを追加の巻に収録している)、さらにはそのいずれにも収録されなかったものから抽出して列挙したものである(カッコ内の数字は登場回数)。レーニンは結局、私が調べたかぎりでは合計で239回、「ヘゲモニー」ないし「ヘゲモン」という用語を用いている(邦訳の『レーニン全集』全体で235回、それ以外で4回)。イタリアの思想家ボッビオは、あたかもレーニンがあまり「ヘゲモニー」という用語を使わなかったかのように述べているが、本稿を見れば、それがまったくの誤った臆断であることがわかる。

　なお、私が以前に書いた論考「トロツキー、レーニン、グラムシにおけるヘゲモニー概念の継承関係」(『ニューズ・レター』第53 & 54号、55号、2012年)でもレーニンの「ヘゲモニー」使用例を抜き出して紹介・解説したが、その時にはなおいくつかの使用例を見逃していた。ここでは、ロシア語第5版に基づいてより完全を期している。以下を見れば明らかなように、レーニンはいわゆる反動期に最も頻繁に「ヘゲモニー」という用語を用いている。また1917年以降は、この用語を使わなくなったわけではないが、使う頻度が極端に少なくなっていることがわかる。

　また、英語版『レーニン全集』では、原文が「гегемония(ヘゲモニー)」ないし「гегемон(ヘゲモン)」であるにもかかわらず、「hegemony」ないし「hegemon」と訳していない事例がかなりあるので、それについてもそれぞれの箇所で指摘しておいた。

257

なお以下の一覧では、基本的に邦訳『レーニン全集』にもとづいているので、巻数と頁数はいずれも日本語版にもとづいている。『レーニン全集』に入っていないものについては、最後の方で別途紹介している。⇒以下は私のコメント。

★4版収録の論文・著作（計216）

1．初期〜1905年1月9日まで（5）

『レーニン全集』**1**（1893-1894）（0）、『レーニン全集』**2**（1895-1897）（0）、
『レーニン全集』**3**（1895-1896）（0）

⇒ここまでは1箇所も登場しない。ただし、2巻に、編集者の注に1箇所登場する。それはレーニンが言及した自由主義的ナロードニキの著作の表題であり、それは『19世紀におけるヘゲモニーの諸問題』（1885年）というもので、この事実から、「ヘゲモニー」という用語が、ロシアにおいて、1885年の時点ですでに用いられていた（しかもナロードニキによって）ことがわかる。この注はなぜか日本語版には見当たらない。

『レーニン全集』**4**（1898-1901）（1）

・「書評：パルヴス『世界市場と農業恐慌』」（1899年2月）……「イギリスの工業上の<u>ヘゲモニー</u>（промышленной гегемонии Англии）」（64頁）⇒レーニンの文章で初めて「ヘゲモニー」が登場。日本語版では「主導権」

『レーニン全集』**5**（1901-1902）（3）

・「ロシア社会民主労働党在外諸組織の合同大会での演説」（1901年9月21日）（2）……「社会民主主義派は民主主義のための闘争における<u>ヘゲモニー</u>（гегемонию в борьбе за демократию）を自らに引き受けなけなければならない」（230頁）⇒日本語版では「主導権〔ヘゲモニー〕」と表記、「ドイツには、政治闘争における<u>ヘゲモニー</u>（гегемония в политической борьбе）が属している単一の社会民主党が存在している」（232頁）⇒英語版ではこの2箇所は「leadership」

・「政治的煽動と階級的見地」（1902年2月1日）……「結局はブルジョア民主主義の先導者にすぎない分子に政治闘争の<u>ヘゲモニー</u>（гегемонию политической борьбы）を譲り渡すものである」（356頁）⇒日本語版では「主導権」に「ヘゲモニー」とルビ

『レーニン全集』**6**（1902-1903）（1）

・「ロシア社会民主労働党諸委員会の会議（協議会）に対する『イスクラ』

編集局の報告」（1902 年 3 月 5 日）……「政治闘争のヘゲモニーを握ろ
うとする社会民主党の希望」（90 頁）

『レーニン全集』7 **（1903-1904）**（0）

⇒この巻には登場しない。ただし、1904 年 11 月 20 日付『イスクラ』に
ポトレソフ（筆名はスタロヴェル）が「自由主義とヘゲモニーについて」
（第 78 号）という論文を執筆

2. 1905 年革命（1905 〜 1906 年前半）（9）

『レーニン全集』8 **（1905）**（8）

・「労働者民主主義派とブルジョア民主主義派」（1905 年 1 月）（5）……「『ヘ
ゲモニーの思想は棄てさったほうが賢明だ』という発見は、なおいっ
そう批判に耐えない」（67 頁）、「ヘゲモニーの思想は、最後まで首尾一
貫した唯一の民主主義派であるプロレタリアート……によって実現され
る」（67 頁）、「ヘゲモニーに対する小ブルジョア的、小商人的な理解だ
けが、協定や相互承認や口先の条件をヘゲモニーの核心だと見る。プロ
レタリアの見地からすれば、闘争におけるヘゲモニーは、誰よりも精力
的に闘う者、……したがってあらゆる中途半端さを批判する民主主義派
の思想的指導者である者に属する」（67 頁）⇒さらにメンシェヴィキの
スタロヴェル（ポトレソフ）の論文名（「自由主義とヘゲモニーについて」）
として編者の割注に登場している（64 頁）

・「社会民主党と臨時革命政府」（1905 年 3 月〜 4 月）……「プロレタリアー
トが自由のための闘争においてそのヘゲモニーを最も偉大な形で実現し
たもの」（278 頁）

・「ロシア社会民主労働党第 3 回大会」（1905 年 4 月 16 日）（2）……「〔蜂
起にプロレタリアートが〕もっと精力的に参加しても、それだけではヘ
ゲモニーを握るということにはならない。……同志ミハイロフの案では、
ヘゲモニーが強調されており、しかも具体的な形で強調されている」（372
頁）

『レーニン全集』9 **（1905）**（0）

⇒この巻には登場しない。

『レーニン全集』10 **（1905-1906）**（1）

・「革命と決議」（1906 年 5 月 16 日）……「カデットのヘゲモニーの黄金
時代は過ぎ去った」（412 頁）

3．革命の退潮期（1906 年後半〜1907 年 6 月 3 日）(47)

『レーニン全集』11 (1906-1907) (11)

・「嵐を前にして」（1906 年 8 月 21 日）(2) ……「国会の解散は……自由
　主義の<u>ヘゲモニー</u>の終わりである」（125 頁）、「臆病なカデットの<u>ヘゲ
　モニー</u>はわれわれにはもうたくさんだ」（127 頁）

・「カデット大会の総括によせて」（1906 年 10 月 29 日）……「そこではカ
　デットのブルジョアジー・<u>ヘゲモニー</u>が存在する余地はない」（239 頁）

・「社会民主党と選挙協定」（1906 年 10 月末）……「農民に対する自由主
　義的ブルジョアジーの<u>ヘゲモニー</u>」（295 頁）

・「カデットとのブロック」（1906 年 11 月 23 日）……「流行の論拠の第 2
　の誤りは、社会民主主義者が、民主主義闘争における<u>ヘゲモニー</u>をカデッ
　トに暗黙のうちに譲り渡していること」（316 頁）

・「プレハーノフとヴァシリーエフ」（1907 年 1 月 7 日）……「革命はカデッ
　トの<u>ヘゲモニー</u>のもとでは灰燼に帰しかねない。革命は、ボリシェヴィ
　キ的社会民主党の<u>ヘゲモニー</u>のもとでのみ勝利することができるのであ
　る」（442 頁）

・「ペテルブルクにおける労働者党の選挙協定」（1907 年 1 月 14 日）……「全
　ロシアの注意がむけられている中心地で、カデットの<u>ヘゲモニー</u>を打ち
　破るために全力をつくすという任務」（444 頁）⇒日本語版では「主導権」

・「ペテルブルクにおける労働者党の選挙カンパニア」（1907 年 1 月 14 日）
　……「このカデットの<u>ヘゲモニー</u>を打ち破るという課題を無視すること
　はできない」（446 頁）

・「『愚者の裁きを聞くだろう……』：社会主義的政論家の覚書」（1907 年 1 月）
　(2) ……「カデットの思想的・政治的<u>ヘゲモニー</u>」（491 頁）、「小ブルジョ
　アジーに対する社会民主党の<u>ヘゲモニー</u>」（491 頁）

『レーニン全集』12 (1907) (36)

・「ペテルブルクにおける社会民主党の選挙カンパニア」（1907 年 1 月 21 日）
　(3) ……「遅れた勤労大衆に対するカデットの<u>ヘゲモニー</u>をロシアの首
　都で打ち破る」（6 頁）、「社会民主党の思想的・政治的<u>ヘゲモニー</u>」（7 頁）、
　「カデットの完全な思想的・政治的<u>ヘゲモニー</u>」（11 頁）

・「ペテルブルクの選挙と 31 名のメンシェヴィキの偽善」（1907 年 1 月 20
　日）(3) ……「首都でカデットの<u>ヘゲモニー</u>を掘りくずす任務」（34 頁）、
　「民主主義的小ブルジョアジーに対してプロレタリアートが<u>ヘゲモニー</u>

を握るという有益で責任ある役割」（35頁）、「この自由主義ブルジョア
は……自己のヘゲモニーを強化し永遠のものにしようと全力を挙げてい
る」（35頁）

・「ペテルブルクの選挙と日和見主義の危機」（1907年1月25日）（2）……「カ
デットのヘゲモニーを掘りくずし」（50頁）、「社会民主党の一部〔メン
シェヴィキ〕はブルジョア・イデオローグのヘゲモニーのもとに入った」
（52頁）

・「ペテルブルクの選挙の意義」（1907年2月4日）（3）……「（3）ロシア
の解放運動におけるカデットのヘゲモニー、……（7）解放運動におけ
るプロレタリアートのヘゲモニー」（97頁）、「革命的プロレタリアート
のヘゲモニーは事実となった」（100頁）

・「第2国会と革命の第2の波」（1907年2月7日）（3）……「彼ら〔カデット〕
のヘゲモニーであるかのように見せかけた」（114頁）、「革命は、カデッ
トがヘゲモニーを握っているかぎり灰燼に帰すだけである。革命は、ボ
リシェヴィキ的社会民主党がヘゲモニーを握ってはじめて勝利すること
ができる」（115頁）

・「ペテルブルク選挙の結果」（1907年2月9日）……「都市貧民に対する
裏切者カデットのヘゲモニー」（123頁）⇒英語版では「influence」

・「ペテルブルク組織の会議における国会カンパニアと国会戦術の問題に
関する報告」（1907年3月4日）……「都市の小ブルジョア民主主義派
に対するカデットのヘゲモニー」（128頁）

・「ロシア社会民主労働党第5回大会のための決議草案」（1907年2月15
〜17日）（3）……「民主主義的小ブルジョアジーに対するこれらの党
のヘゲモニーと容赦なく戦わなければならない」（134〜135頁）、「自
由主義者のヘゲモニー」（135頁）、「解放運動におけるカデットのヘゲ
モニーと不断に闘い」（138頁）

・「選挙カンパニア期におけるロシア社会民主労働党の戦術」（1907年4月
4日）……「プロレタリアートのヘゲモニーという原則」（145頁）

・「第2国会の開始」（1907年2月20日）……「民主主義派の残りの分子
を自由主義者のヘゲモニーのもとから奪い取り」（152頁）

・「重大な一歩」（1907年2月21日）……「革命的社会主義派がカデット
のヘゲモニーを支持することは許されない」（158頁）

・「小ブルジョア的戦術」（1907年2月23日）（3）……「メンシェヴィ
キもカデットのヘゲモニーを支持している」（163頁）⇒英語版では

「leadership」、「自由主義的ブルジョアの思想的・政治的ヘゲモニー」（163頁）、「民主主義者に対する自由主義者のヘゲモニーを断固として粉砕し」（164頁）

・「将来の分裂を語る分裂組織者」（1907年2月23日）……「国会の全左翼部分に対するわが国家議員団のヘゲモニー」（166頁）

・「ボリシェヴィキと小ブルジョアジー」（1907年2月25日）（4）……「われわれの社会民主主義的任務はこれとは違って、カデットのヘゲモニーのもとから大衆を解放する過程を早めることである。このヘゲモニーを支持しているのは、伝統、古い結びつき、自由主義者の影響、小ブルジョアに対する自由主義者の経済的ヘゲモニー、……等々である」（176頁）、「ロシアでは農民が自由主義者の政治的ヘゲモニーを脱しなければ、ブルジョア民主主義革命の勝利は不可能」（177頁）⇒英語版では4箇所とも「sway」

・「国会選挙とロシア社会民主党の戦術」（1907年3月27日）（3）……「労働者階級を自由主義者のヘゲモニーに従わせること」（201頁）、「ロシア社会民主党の両翼のあいだの論争の本質は、自由主義者のヘゲモニーを認めるべきか、それともブルジョア革命における労働者階級のヘゲモニーを目指すべきか」（201頁）

・「革命的社会民主主義派の政綱」（1907年3月4-25日）……「民主主義的小ブルジョアジーをカデットの影響とヘゲモニーから解放する闘争」（213頁）

・「決議案をどう書いてはならないか」（1907年3月19日）（2）……「自由主義者のヘゲモニーに従うか……それとも地主的土地所有と農奴制国家に対して断固として闘うか」（218頁）、「カデット党のヘゲモニーと影響のもとから革命的小ブルジョアジーを解放し」（237頁）⇒英語版ではどちらも「leadership」

・「メンシェヴィキの戦術綱領」（1907年3月後半）（2）……「プロレタリアートを自由主義者のヘゲモニーに従属させる政策」（255頁）、「都市の小ブルジョア貧民大衆に対する民主主義的ヘゲモニーをめぐる社会主義者と自由主義者との闘争」（256頁）⇒英語版では「leadership」

4．反動期（1907年6月3日〜1914年8月1日）（144）

『レーニン全集』13（1907-1908）（10）

・「ボイコットに反対する」（1907年6月26日）……「カデットの諸君が

民主主義運動の<u>ヘゲモニー</u>を握っていた時期」(、34 頁)

・「革命と反革命」(1907 年 10 月 20 日)(4)……「わが国の革命における
プロレタリアートの指導的役割、<u>ヘゲモニー</u>」(105 頁)。⇒日本語版で
は「プロレタリアートの指導的役割、ヘゲモニー(руководящую роль,
гегемонию пролетариата)」という同格表現が「指導的役割とヘゲモニー」
というように訳されていて、あたかも「指導的役割」とは別の意味が「ヘ
ゲモニー」にあるかのようになっている、「カデット的戦術と解放闘争
におけるカデットの<u>ヘゲモニー</u>」(107 頁)、「二つの国会の時期におけ
る自由主義者の<u>ヘゲモニー</u>」(107 頁)、「民主主義のための闘争の<u>ヘゲ
モニー</u>を自分の手に握ろうとする自由主義者の試み」(108 頁)

・「第三国会」(1907 年 10 月 29 日)(2)……「社会民主党は民主主義的大
衆に対する<u>ヘゲモニー</u>……をめざして全力を挙げなければならない」、
「革命におけるプロレタリアートの<u>ヘゲモニー</u>」(118 頁)

・「1905 ～ 1907 年の革命におけるロシア社会民主党の農業綱領」(1907 年
10 ～ 11 月)……「革命的社会民主主義派が絶えずプロレタリアートに
帰してきた<u>ヘゲモン</u>の役割、もっと正確に言えば、農民を自己に従える
指導者(вождя)の役割」(290 頁)⇒日本語版では「主導者」。英語版
では「ヘゲモンの役割」が「hegemony」と表記

・「政治的覚書」(1908 年 2 月 26 日)(2)……「ブルジョア自由主義の<u>ヘ
ゲモニー</u>」(456 頁)、「二つの国会の崩壊、すなわち立憲的幻想とカデッ
トの<u>ヘゲモニー</u>の崩壊」(457 頁)

『レーニン全集』14(唯物論と経験批判論)(0)

⇒この巻には登場しない

『レーニン全集』15(1908-1909)(4)

・「わが革命におけるプロレタリアートの闘争目標」(1909 年 3 月 9 日、21
日)……「マルトフおよびポトレソフは……革命におけるプロレタリアー
トの<u>ヘゲモニー</u>の思想を清算した」(355 頁)

・「解党主義の清算」(1909 年 7 月 11 日)(2)……「メンシェヴィキの解
党主義は……わが国のブルジョア民主主義革命におけるプロレタリアー
トの<u>ヘゲモニー</u>を否定することにある」(443 頁)、「ポトレソフは……
ロシア革命におけるプロレタリアートの<u>ヘゲモニー</u>の思想を清算した」
(443 頁)

・「カプリ党学校の聴講者―同志ユーリー、ヴァーニャ、サヴェリー、イヴァ
ン、ヴラヂーミル、スタニスラフ、フォーマへの手紙」(1909 年 8 月 30

日）……「『学校にたいするヘゲモニーなどは考えられない』」（462 頁）

『レーニン全集』16（1909-1910）（8）

・「解党派のやり口とボリシェヴィキの党的任務」（1909 年 11 月 28 日）
……「『ヘゲモニーの思想』を諸君は何も弁駁しなかった」（100 頁）

・「コペンハーゲンの国際社会主義者大会における協同組合問題」（1910 年
9 月 25 日）……「総じてドイツ人は、国際大会で一貫した原則的な方
針を守っていく能力がなく、インターナショナルのヘゲモニーはときど
き彼らの手からすべりおちてしまう」（301 頁）

・「ロシアにおける党内闘争の歴史的意味」（1910 年 9 月末〜 11 月）（3）
……「ボリシェヴィズムとメンシェヴィズムとの闘争は、自由主義者を
支持すべきかどうか、農民に対する自由主義者のヘゲモニーを打倒すべ
きかどうかをめぐる闘争」（399 頁）⇒日本語版では「主導権」。ちなみ
に、日本語版ではこの論文は 1910 年末の執筆になっている。ロシア語
版の 5 版に基づいて修正、「〔解党派の立場は〕労働者党は、『解放闘争
におけるヘゲモンとなるべきではなくて、階級党となるべきだ』という
ことである」（401 頁）⇒日本語版では「主導者」、英語版では「leader」、
「民主主義のための闘争におけるヘゲモンの役割を自らの側に闘いとっ
た」（409 頁）⇒日本語版では「主導者」、英語版では「ヘゲモンの役割」
が「hegemony」と表記

・「ムロムツェフの死にあたっての示威について」（1910 年 11 月 16 日）（3）
……「民主主義者のあいだでの自己のヘゲモニーを強化する期待で有頂
天になっていたカデット」（335 頁）、「自由主義派がロシアの解放運動
のヘゲモニーを握っていること」（335 頁）、「プロレタリアのヘゲモニー
だけが、革命に勝利を与えたのであるし、今後も与えることができる」
（336 頁）

⇒なお、この巻の本文では「ヘゲモニー」の登場箇所は以上の 4 箇所だけ
だが、編集者注に次のような記述がある。「ポトレソフに反対する論文
の筆者……論文「メンシェヴィキ的ロシア革命史におけるプロレタリ
アートのヘゲモニーの解消（ア・ポトレソフはどのようにして同志プレ
ハーノフと「イスクラ」を一掃したか）』の筆者カーメネフのこと」（484
頁）

『レーニン全集』17（1910-1912）（99）

・「マルクス主義の歴史的発展の若干の特質について」（1910 年 12 月 23 日）
……「『ヒエラルキー』とか『ヘゲモニー』等といった用語法だけであり」

《補論2》レーニンにおける「ヘゲモニー」使用例

（30頁）

・「マルクス主義と『ナーシャ・ザリャー』」（1911年4月22日）（17）……「解党主義が、またそれと関連してヘゲモニーの問題の評価が今日、マルクス主義者のあいだで関心の的となっている」（41頁）、「『ナーシャ・ザリャー』4月号でバザーロフは……『悪名高いヘゲモニー問題』を、文字通り『最大の、最もくだらない誤解の一つ』と宣言した」（43頁）、「『ヘゲモニーのことなど忘れさられるだろう』と言ったバザーロフ氏の言明は、事実上、ヘゲモニーの思想をまったく理解しないもの」（43頁）、「バザーロフが予想した『気分』を民族主義から一掃することこそ、『ヘゲモン』の仕事」（43頁）⇒日本語版では「主導者」に「ヘゲモーン」とルビ、英語版では「leader」、「マルクス主義は一般的には解党主義的潮流、とくにヘゲモニーの否定と和解しがたい矛盾のうちにある」（44頁）、「全国民的闘争のヘゲモンであったが」（44頁）⇒日本語版では「主導者」に「ヘゲモーン」とルビ、英語版では「leadership」、「レヴィツキー氏がヘゲモニーを階級政党に対置しているのは理論的に間違っている」（44頁）、「マルクス主義の見地から見れば、ヘゲモニーの概念を否定するかそれを理解しないような階級は、階級ではない」（44頁）、「過去には、（この潮流の支持者にとって）『ヘゲモニー』があったが」（45頁）、「1911年の夏にはまさしく過去のヘゲモニーから」（45頁）、「過去にはヘゲモニーがあったが」（45頁）、「解党主義とヘゲモニーの放棄との結びつき」（45頁）、「過去に『ヘゲモニー』があったから」（45頁）、「他ならぬヘゲモニーの思想を自覚することこそ」（45頁）、「ヘゲモニーは過去に存在していた。だからマルクス主義者は……現在も将来も、ヘゲモニーの思想を守り通す義務を有している」（46頁）

・「わが解散論者たち（ポトレソフ氏とヴェ・バザーロフについて）」（1911年1月および2月）（19）……「私が今すぐそれに移ろうとしているヘゲモニーの問題」（60頁）、「悪名高い『ヘゲモニー』の問題〔バザーロフからの引用〕」（66頁）、「ヘゲモニーの思想と直接、間接のたたかいをおこなっている」（66頁）、「『5年まえには、ヘゲモニーは事実であった。現在、このヘゲモニーは、まったく明白な理由によって消滅しただけでなく、その完全な対立物に転化した』」（67頁）、「しかし、『ヘゲモニー』は1906年には「事実」ではなかったか？」（67頁）、「ヘゲモニーがいまでも事実である」（67頁）、「労働者階級のヘゲモニー」（67頁）、「『マルクス主義のヘゲモニー』」（68頁）、「『ヘゲモニーのことなどまったく

265

忘れさられてしまう』」(68 頁)、「ヘゲモンの仕事ではないのか」(68 頁)、
「こうした性質との闘争こそ『ヘゲモン』の仕事なのである」(68 頁)、「『ヘ
ゲモン』の任務は変わらない」(69 頁)、「プロレタリアだけでなく、半
プロレタリアおよび小ブルジョア大衆をも含む陣営における『ヘゲモン』
の任務」⇒日本語版ではこの 4 箇所とも「主導者」と訳して「ヘゲモー
ン」とルビ、「チュコフスキーらは……とりもなおさず『ヘゲモニーは
消滅した』のであり、『ヘゲモニーの問題は、もっともくだらない誤解
となった』と考えている」(69 頁)、「君らにはヘゲモニーではなくて階
級政党が必要であると説くポトレソフやレヴィツキーの一派」(69 頁)、
「ヘゲモニーの問題をめぐる重大な動揺のごくかすかなきざし」(69 頁)、
「いろいろな特定の時機に、『ヘゲモン』がどう行動すべきであった」(69
頁)⇒日本語版では「主導者」と訳して「ヘゲモーン」とルビ、英語版
では「leading classes ("hegemons")」、「ヘゲモニーの問題を『もっともく
だらない誤解』と考えているような人々との闘争」(69 頁)

・「記念祭について」(1911 年 2 月)……「『ヘゲモン』としてのマルクス
　主義者の任務の一つ」(108 頁)⇒日本語版では「主導者」で「ヘゲモー
　ン」とルビ、英語版は「in their capacity of "leaders"」

・「『農民改革』とプロレタリア・農民革命」(1911 年 3 月 11 日)……「プ
　ロレタリアートのヘゲモニー」(118 頁)

・「権力の社会的構成、見通しおよび解党主義について」(1911 年 3 月)(3)
　……「レヴィツキーの有名な定式『ヘゲモニーではなく、階級政党だ』
　(『ナーシャ・ザリャー』第七号)」(158 頁)、「ポトレソフが、プレハー
　ノフの最後通牒の影響をうけて、ヘゲモニー反対の論文を訂正し書きか
　え」(158 頁)、「ヘゲモニーの観念と解党主義の問題との関連を理解で
　きないようなふりをしているマルトフ」(158 頁)

・「合法主義者と解党主義反対者との対談」(1911 年 4 月 19 日)(2)……「ヘ
　ゲモニーの拒否は、私が断固として非難している日和見主義である」(184
　頁)、「革命否認の思想、ヘゲモニー拒否の思想を抱いている日和見主義
　分子」(187 頁)

・「古いが永久に新しい真理について」(1911 年 6 月 11 日)(6)……「自
　分の『ヘゲモニー』思想の否定」(214 頁)、「これらの『下層民』は、
　自分たちがヘゲモニーを握った短い期間に」(214-215 頁)、「一国民の
　歴史の手決定的瞬間に、ヘゲモニーがブルジョアにではなく、『下層民』
　に……移る程度に応じて」(215 頁)、「このヘゲモニーの思想こそ、マ

ルクス主義の根本命題の一つをなす」（215 頁）、「決定的な瞬間にヘゲモニーがブルジョアジーの手に握られるか、それともその正反対の人の手に握られるか」（215 頁）、「彼の有名な定式はこうである。『ヘゲモニーではなくて、階級政党』だ」（216 頁）

・「党内事情についてのロシア社会民主労働党。パリ第 2 グループの決議」（1911 年 6 月 18 日）……「社会主義および民主主義革命のための闘争における労働者階級のヘゲモニーの承認」（219 頁）

・「ロシア社会民主党内の改良主義」（1911 年 9 月 14 日）（11）……「プロレタリアートは、完全な民主主義的変革のための全人民の闘争、抑圧者と搾取者に対するすべての勤労者と被搾取者の指導者となり、ヘゲモンとならなければならない。プロレタリアートはこのヘゲモニーの思想を自覚し、それを実行するかぎりでのみ、革命的なのである。……自分の階級のヘゲモニーの思想を自覚しないか、あるいはこの目標を断念するプロレタリアは、自分の奴隷としての状態を理解しない奴隷である」（235 頁）⇒ここに登場する「ヘゲモン」は日本語版では「主導者」と表記して「ヘゲモーン」とルビ、「レヴィツキー氏が、ロシアの社会民主党は『ヘゲモニーではなくて階級政党』でなければならないと声明した」（235 頁）、『ヘゲモニーではなくて、階級政党』だと語ることは、ブルジョアジーの味方に移ること」（215 頁）、「労働者に向かって、君たちに必要なのは『ヘゲモニーではなく階級政党』であると説くことは、プロレタリアートの事業を自由主義者に売りわたすこと」（236 頁）、「ヘゲモニーの思想を放棄することは、ロシア社会民主党内の改良主義の最も粗雑な形態」（236 頁）、「ヘゲモニーの放棄と解党主義とのあいだには結びつきがある」（236 頁）、「ヘゲモニー（すなわち自由主義者の意向に逆らって大衆を革命に引き入れること）」（240 頁）、「ヘゲモニーの任務を理解している革命的社会民主党」（241 頁）、「ブルジョアジーのヘゲモニーから離脱する大衆の自主的な歴史的行動は『立憲的』危機を革命に転化させる」（243 頁）

・「ストルイピンと革命」（1911 年 10 月 18 日）（2）……「新しいロシアの組織とその統治におけるヘゲモニー」（255 頁）、「ブルジョアジーに対する連合貴族評議会のヘゲモニー」（256 頁）

・「選挙カンパニアと選挙綱領について」（1911 年 10 月 18 日）……「解放闘争におけるプロレタリアートのヘゲモニーという任務からの逃避」（288 頁）

・「ストルイピン『労働者』党の陣営から」（1911 年 10 月 18 日）（2）……「マルトフは『ヘゲモニーではなく階級政党』というレヴィツキーの定式の焼き直しを与えた」（296 頁）、「労働者が全人民運動の中でヘゲモニーを勝ち取ること」（298 頁）

・「自由主義的労働者党の宣言」（1911 年 12 月 3 日）（5）……「ロ――コフは、『労働者は民主主義体制のための闘争で政治的ヘゲモニーを握る任務を引き受けなければならない』と言明しているが、彼がその宣言であれだけのことを書いた後であってみれば、これはまったく奇妙なことである。それはロ――コフが労働者のヘゲモニーを認める認証をブルジョアジーから取りつけながら、労働者はヘゲモニーの内容をなす任務を放棄するという詔書を自分でブルジョアジーに与えることを意味する！　ロ――コフはこの内容からきれいに中身を取り去り、その後で空虚な言葉を素朴に繰り返している。ロ――コフはまずはじめに現情勢の評価を行なっていて、その評価は彼にとっては自由主義者のヘゲモニーが完成した動かしえない抵抗しがたい事実であることがわかるのであるが、ついで彼は、労働者階級のヘゲモニーを自分は承認するとわれわれに請けあうのだ！」（330 頁）

・「スローガンと、国会内外における社会民主党の活動について」（1911 年 12 月 8 日）（2）……「あたかも一時社会民主党のヘゲモニーを認めるかのように」（344 頁）、「勝利の革命でヘゲモンの役割を果たす」（345 頁）⇒英語版では「leader」

・「ストルイピン『労働者』党の陣営から」（1911 年 12 月 8 日）（6）……「プロコポヴィチらがその中でヘゲモニーを握っている場合でさえ」（368 頁）、「ロ――コフは書いている。労働者は『民主主義体制のための闘争で政治的ヘゲモニーを握る任務を引き受けなければならない』と。ロ――コフは、ヘゲモニーの全内容を抜き去って空にしてから、ヘゲモニーを認める」（369 頁）、「ロ――コフは言う。労働者諸君、諸君は『不可避的な』妥協と闘ってはならないが、しかしヘゲモンを自称しなければならない、と」（369 頁）⇒日本語版では「主導者」に「ヘゲモーン」とルビ、英語版は「leaders」、「ヘゲモンになるということ」（369 頁）⇒日本語版では単に「主導者」、英語版では「leader」

・「第 4 国会の選挙カンパニア」（1911 年 12 月 10 日）（4）……「一般に解放運動のあらゆる前進に欠くことのできない条件の一つである労働者民主主義派のヘゲモニー」（386 頁）、「労働者民主主義派のヘゲモニーを

強化するように努め ...」（396 頁）、「カデットの<u>ヘゲモニー</u>に消極的に
屈服すること」（399 頁）、「農民に対する、また一般的にブルジョア民
主主義派に対するカデットの<u>ヘゲモニー</u>に反対して闘うこと」（399 頁）

・「選挙カンパニアの原則的諸問題」（1911 年 12 月および 1912 年 1 月）（12）
……「第 3 の者は、労働者階級の<u>ヘゲモニー</u>という思想は古臭くなって
いる、マルクス主義がめざすべきものは『<u>ヘゲモニー</u>ではなく階級政党』
であると言った、等々」（412 頁）、「プリシケヴィッチの<u>ヘゲモニー</u>」（423
頁）、「だからマルトフの引用文からは……自由主義者に<u>ヘゲモニー</u>を任
せなければならないということが出てくる」（424 頁）、「『<u>ヘゲモニー</u>で
はなく階級政党』（レヴィツキー）」（425 頁）、「両者にあっては、ロシ
アのブルジョア的改革の範囲だけでなく、その型をも規定するための『<u>ヘ
ゲモン</u>』の活動が舞台から消えうせている」（425 頁）⇒日本語版では「主
導者」として「ヘゲモーン」とルビ、英語版では「leader」、「地主はブ
ルジョア革命の時期には終始<u>ヘゲモニー</u>を手ばなさなかった」（426 頁）、
「フランスでは、ブルジョア革命の 80 年の全期間にプロレタリアートは、
小ブルジョアジーの『左翼ブロック』分子といろいろな仕方で結合して、
あのように 4 度も<u>ヘゲモニー</u>をたたかいとった。」（426 頁）、「ロシアに
おける政治思想のすべての進歩的潮流は、……自由主義の<u>ヘゲモニー</u>に
従うか、それとも、農民の最良の分子を率いていく労働者階級の<u>ヘゲモ
ニー</u>に従うかに応じて、不可避的に二つの基本的なタイプに分かれるだ
ろう」（431 頁）、「労働者階級の『<u>ヘゲモニー</u>』の思想」（437 頁）、「『<u>ヘ
ゲモニー</u>ではなく階級政党』（437 頁）

・「『フォアヴェルツ』の匿名氏とロシア社会民主労働党内の事情」（1912
年 3 月）……「1905 年のわが国のブルジョア革命の<u>ヘゲモン</u>としての
プロレタリアート」（551 頁）⇒日本語版では「主導者」に「ヘゲモーン」
のルビ、英語版は「leader」

・「自由主義的労働者政治の拙劣な擁護」（1912 年 4 月 1 日）（2）……「労
働者政治には二つの方針がある。自由主義的方針は、何よりも極反動の
当選を恐れよ、したがって闘わずに自由主義者に<u>ヘゲモニー</u>を渡せ、で
ある」（573 頁）、「自由主義者は、自分が<u>ヘゲモニー</u>を確保し ...」（574 頁）

『レーニン全集』18（1912-1913）（11）

・「第 4 国会の選挙カンパニアと革命的社会民主主義者の任務」（1912 年 5
月 8 日）（2）……「ロシアの解放運動で自由主義者が<u>ヘゲモニー</u>を握る
と、常にこの運動の敗北になったし、また今後常にそういうことになる

だろう」（4頁）⇒日本語版では「ヘゲモニー」の後に「〔主導権〕」、「解
党派の<u>ヘゲモニー</u>」（10頁）

・「ロシアの諸政党」（1912年5月10日）……「労働者の<u>ヘゲモニー</u>を拒否し」
（45頁）

・「選挙前の動員の若干の決算」（1912年5月22日）……「反政府運動『全
体』の<u>ヘゲモニー</u>を自分の手に握ることをめざしている」（72頁）⇒日
本語版では「ヘゲモニー」の後に「〔主導権〕」

・「経済的ストライキと政治的ストライキ」（1912年5月31日）……「プ
ロレタリアートは、こういう場合〔ストライキ〕には……<u>ヘゲモン</u>、す
なわち指導者、先進者、首領の役割を果たすのである」（78頁）⇒日本
語版では「主導者」と表記した上で「ヘゲモーン」とルビ、英語版では
そもそも訳されていない（"the role of guide, vanguard, leader"）

・「ペテルブルク選挙の意義」（1912年7月1日）……「ペテルブルクの選
挙闘争は、ロシアの全解放運動の<u>ヘゲモニー</u>をめぐる自由主義者と労働
者民主主義派との闘争である」（142頁）

・「政治方針について」（1912年9月16日）……「労働者階級は、真
の首尾一貫した献身的な民主主義派の<u>ヘゲモン</u>、すなわち指導者
（руководителя）という役割から、自由主義者の雑役夫の役割へと引き
下げられるのである」（354頁）⇒英語版では「ヘゲモン、すなわち指
導者」の箇所が「leadership」の一語で訳されている

・「労働者議員の若干の発言の問題によせて」（1912年11月）……「プロ
レタリアートの<u>ヘゲモニー</u>である。彼らの指導的役割、彼らの指導者と
しての役割」（449頁）

・「選挙の総括」（1913年1月）……「『国会を反動の手からもぎ取れ』と
いうことは……客観的には自由主義者に<u>ヘゲモニー</u>を引き渡すことを意
味する完全な政策体系である」（542頁）

・「ストライキについて一言」（1913年2月2日）……「プロレタリアート
が<u>ヘゲモン</u>（指導者）として自由主義者の反民主主義的気分に対抗し
て登場したこと、これこそわが国のストライキの最も重大な歴史的特質
である」（582頁）⇒日本語版では「ヘゲモン（指導者）」は「ヘゲモー
ン（主導者）」と訳されているが、ロシア語版の原文では「гегемона
(руководителя)」、英語版では単に「leader」

・「協定か分裂か？」（1913年3月15日）……「解放運動における労働者
階級の<u>ヘゲモニー</u>に反対する等々の『ルーチ』」（646頁）

『レーニン全集』19（1913）（6）

・「ヨゼフ・ディーツゲン死去20周年によせて」（1913年5月5日）……「別の人々はプロレタリアートのヘゲモニーという思想を解消させようとし（ポトレソフ、コリツォフその他）、……等々」（69頁）

・「アウグスト・ベーベル」（1913年8月8日）（3）……「プロレタリアートが指導して全ドイツ共和国をつくる革命の道によるのか、それとも統一ドイツにおけるプロシア地主のヘゲモニーを固めるようなプロシア王朝戦争の道によるのか」（308頁）、「ユンカー・ビスマルクのヘゲモニー」（308頁）、「ベーベルとリープクネヒトは二つの労働者党を統一して、単一の党内にマルクス主義のヘゲモニーを確立することができた」（309頁）

・「ヴェ・ザスーリチはどのようにして解党主義を葬るのか」（1913年9月）……「彼ら〔プロレタリアート〕はその手から人民大衆に対するヘゲモニーを奪い取られていた」（424頁）⇒日本語版では「主導権」に「ヘゲモニー」のルビ

・「ロシア社会民主労働党中央委員会と党活動家との会議の諸決議」（1913年9月）……「自由主義者のヘゲモニーへの服従」（457頁）⇒日本語版では「主導権」に「ヘゲモニー」のルビ

『レーニン全集』20（1913-1914）（6）

・「オーストリアとロシアにおける民族綱領の歴史によせて」（1914年2月5日）……「『政治的自治ではなくて、文化的自治を語るカフカースの同志たちは、自分が愚かにもブントのヘゲモニーに屈している事実を証明したにすぎない』とプレハーノフは書いている」（95頁）

・「論集『マルクス主義と解党主義』の序文」（1914年2月）……「解党派の主要な『労作』（『社会運動』）に対する批判と関連して、プロレタリアートのヘゲモニーの問題が検討されている」（128頁）

・「論集『マルクス主義と解党主義』結語」（1914年4月）（2）……「ヘゲモニーの思想とマルクス主義を放棄するポトレソフ氏やユシケヴィチ氏の一派」（281頁）、「あるいは『公然の党』だとか、ヘゲモニーの放棄だとか……」（287頁）

・「民族自決権について」（1914年2〜5月）（2）……「オーストリア系ドイツ人は、ドイツ民族全体のなかでヘゲモニーを勝ちとろうという野望をもっていた」（434頁）、「あらゆる民族運動のはじめに、当然のこととしてこの運動のヘゲモン（指導者）として登場するブルジョアジー」

（436 頁）⇒「ヘゲモン（指導者）」はロシア語原文では「гегемоном
(руководителем)」、英語版では「leadership」

5．戦争と革命期（1914 年 8 月～晩年）(11)

『レーニン全集』21 (1914-1915) (2)

・「戦争についての一ドイツ人の声」（1914 年 12 月 5 日）……「『われわれ
は、地上における<u>ヘゲモニー</u>をめざす剥き出しの帝国主義的闘争に際会
している』」⇒レーニン自身の文書ではなく、チューリヒの一僧侶の声
を紹介したもの。英語版では「mastery」

・「イタリアにおける帝国主義と社会主義（覚書）」（1915 年）……「『ヨー
ロッパの鉄の<u>ヘゲモニー</u>』」（370 頁）⇒引用はアルトゥーロ・ラブリオー
ラの論文「トリポリ戦争」（1912 年）から

『レーニン全集』22 (1915-1916) (5)

・「日和見主義と第 2 インターナショナルの崩壊」（1916 年 1 月）……「『バ
ルカンでの<u>ヘゲモニー</u>』をめぐるロシアとオーストリの紛争」（120 頁）
⇒日本語版では「覇権」

・『帝国主義論』（1916 年 1 月～ 6 月）(4) ……「ベルリンにおける二つの
最も大きな銀行であるドイッチェ・バンクとディスコント・ゲゼルシャ
フトとの<u>ヘゲモニー</u>をめぐる闘争のエピソードの一つ」（247 頁）、「こ
の<u>ヘゲモニー</u>をめぐる闘争と歩調を合わせて」（247 頁）⇒日本語版で
はこの 2 箇所における「ヘゲモニーをめぐる戦い」がどちらも「争覇戦」、
「帝国主義にとっては、<u>ヘゲモニー</u>を獲得しようと努力している、すな
わち、直接に自分のためにではなく、むしろ相手を弱めその<u>ヘゲモニー</u>
を覆すために土地を占拠しようと努力している、いくつかの強国の競争
が本質的だからである」（310 頁）

『レーニン全集』23 (1916-1917) (0)、『レーニン全集』24 (1917) (0)、『レー ニン全集』25 (1917) (0)、『レーニン全集』26 (1917-1918) (0)、『レー ニン全集』27 (1918) (0)

⇒この五つの巻には登場しない

『レーニン全集』28 (1918-1919) (1)

・「アメリカ労働者への手紙」（1918 年 8 月）……「イギリスとドイツの帝
国主義者は、『自らの』事業のため、つまり世界的<u>ヘゲモニー</u>を勝ちと
るために」（57 頁）⇒日本語版では「支配権」

『レーニン全集』29 (1919) (3)

・「第3インターナショナルとその歴史上の地位」(1919年4月15日)……「労働運動のインターナショナルにおけるヘゲモニーは1870年代以降ドイツに移ったが、当時のドイツは経済的にはイギリスにもフランスにも遅れていた。……20世紀初頭にカウツキーが「スラブ人と革命」という論文を書いた。この論文で彼は国際革命運動のヘゲモニーがスラブ人に移る可能性を示す歴史的諸条件を述べた。まさにその通りになった。革命的プロレタリア・インターナショナルのヘゲモニーは……一時的にロシア人に移った」(307〜308頁)⇒日本語版では「主導権」と訳されて「ヘゲモニー」とルビ。英語版では3箇所すべてが「leadership」

『レーニン全集』30(1919-1920)(0)、『レーニン全集』31(1920)(0)、『レーニン全集』32(1920-1921)(0)、『レーニン全集』33(1921-1923)(0)

⇒この四つの巻には登場しない

★4版収録の書簡(4)

『レーニン全集』34(書簡1895-1922)(3)

・「プレハーノフへの手紙」(1901年1月30日)(2)……「評判の社会民主主義派の『ヘゲモニー』は単なる通り文句になりはしないか(46〜47頁)、「『社会民主主義的雑誌の付録』という文句をのぞけば、いったいどこにそれ〔ヘゲモニー〕は現れるのでしょうか?」(47頁)、「もしわれわれが真にヘゲモニーを獲得する運命にあり、またそれが可能であるとすれば、これ〔ヘゲモニー〕はもっぱら政治新聞(学術的機関誌によって補強された)を手段としてのみ達成できる」(47頁)⇒日本語版では4箇所に登場するが、ロシア語原文ではそのうちの半分は代名詞である

・「マルフレスキーへの手紙」(1910年10月7日)……「『ロシア革命におけるプロレタリアートのヘゲモニー』を否定する理論」(485頁)

『レーニン全集』35(書簡1912-1922)(1)

・「新聞『プラウダ』への手紙」(1912年8月)……「ヘゲモニーは『ズヴェズダ』と『プラウダ』が勝ちとっている」(39頁)⇒英語版では「leadership」

★追加の論文と書簡(2)

『レーニン全集』36(論文と書簡1900-1923)(2)

・「ヴェ・エム・カスパロフへの手紙」(1913年6月後半)……「プレハー

ノフの<u>ヘゲモニー</u>擁護論」（284頁）

・「第2回社会主義者会議におけるロシア社会民主労働党中央委員会の提案」（1916年4月）……「この戦争は世界的<u>ヘゲモニー</u>のために……行なわれている」（446頁）⇒ここでは「世界的ヘゲモニー」と訳されているのに、41巻所収のその「最初の案文」の訳では「世界制覇」になっている

『レーニン全集』37（書簡 1893-1922）（0）

⇒この巻には登場しない

★ノート（6）

『レーニン全集』38（哲学ノート）（0）

⇒この巻には登場しない

『レーニン全集』39（帝国主義論ノート）（6）

・ランスブルクの論文からの抜粋……「<u>ヘゲモニー</u>のための闘争」（52頁）⇒日本語版では「争覇戦」

・ヤイデルス『ドイツの大銀行の工業にたいする関係』からの抜粋……「石油産業の一部をその<u>ヘゲモニー</u>のもとで組織しようとする」（136頁）⇒日本語版では「支配」

・「リュードルファー『今日の世界政治の根本特徴』からの抜粋……「<u>ヘゲモニー</u>をめぐるフランスとイタリアの対立」（522頁）⇒日本語版では「覇権」

・ブレイルスフォード『鋼鉄と金の戦争』からの抜粋……「ドイツの《<u>ヘゲモニー</u>》について長い経験」（607頁）

・P. デーン『ドイツの植民政策と世界政策について』からの抜粋……「『ヨーロッパの<u>ヘゲモニー</u>をめぐる闘争 ...』」（637頁）⇒日本語版では「指導権」

・「クヴァードフリーク『1774年から1914年にいたるロシアの膨張政策』からの抜粋……「東アジアで<u>ヘゲモニー</u>を獲得すること」（646頁）⇒日本語版では「指導権」

『レーニン全集』40（農業問題ノート）（0）

⇒この巻には登場しない

★5版に新たに収録された論文と書簡（7）

『レーニン全集』41（1896-1917）（7）

・「ロシア社会民主労働党第2回（「第1回全国」）協議会——第2国会選挙カンパニアにかんする報告」（1906年11月4日）（2）……「カンパニアの基本は、革命闘争と「平和」闘争とを対置し、解放運動におけるカデットのヘゲモニーがどれほど危険であるかを示すことでなければならない」（218頁）、「諸君は、個々のちっぽけな除外例のために、カデットのヘゲモニーを支持して、われわれの原則的立場に違反している」（218頁）

・「ポーランド、ラトヴィア辺区、サンクト・ペテルブルグ、モスクワ、中央工業地帯、沿ヴォルガ地方の社会民主党代議員の名で、ロシア社会民主党全国協議会に提出された少数意見」（1906年11月23日）……「大衆に対する扇動ではカデットのヘゲモニーを承認しかつ支持しながら、あとになって特殊な補足決議でこのヘゲモニーを非難するのは、革命的社会民主党の全戦術と全原則をはなはだしく傷つけることである」（222頁）

・「ロシア社会民主労働党ペテルブルグ組織の会議における第2国会選挙での選挙協定の問題にかんする報告」（1907年1月6日）……「この地の社会民主党の当面している問題は、首都の住民大衆をカデットの思想的ヘゲモニーからどのようにして解放するかということである」（227頁）

・「メンシェヴィキはカデット支持の政策をとる権利をもっているか？」（1907年2月22日）……「［メンシェヴィキは］党の選挙政綱では、第一国会のカデット的多数派とそのカデット的政策を非難しておきながら、現在、左翼的な国会内でことさらにカデットのヘゲモニーが再現するのを助けているのだ。」（230頁）

・「政治情勢に関する報告の適用」（1911年末）……「革命の宣伝は不要（ヘゲモニーではない）」（302頁）

・「小冊子『ヨーロッパ戦争とヨーロッパ社会主義』のプラン」（1914年9〜10月）……「ドイツ社会民主党。主要なもの。インターナショナルにおけるヘゲモニー」（425頁）

・「第2回社会主義者会議におけるロシア社会民主労働党中央委員会の提案の案文」（1916年2月末〜3月）……「この戦争は世界的ヘゲモニー

のために行なわれている」（464 頁）⇒日本語版では「世界的ヘゲモニー」
は「世界制覇」

『レーニン全集』42（1917-1923）（0）、『レーニン全集』43（1893-1917）（0）、
『レーニン全集』44（1917-1920）（0）、『レーニン全集』45（1921-1923）（0）
⇒この四つの巻には登場しない

★日本語版の『全集』以外（4）

・「『プロレタリアートと農民』論文プラン」（1905 年 3 月 10 日以前）……「わ
  が国のある種の反対党——マルトゥイノフ主義——は、革命的民主主義
  とヘゲモニーの課題を、諸階級の歴史的諸矛盾の予測という意味で定義
  している」（ロシア語版『レーニン全集』第 9 巻、410 頁）
・「ロシア社会民主労働党第 6 回全ロシア（パリ）協議会—国際社会主義
  ビューローの活動に関する報告」（1912 年 1 月 20 日）……「ドイツ社
  会民主党のヘゲモニー」（ロシア語版『レーニン全集』第 54 巻、357 頁）
・「ロシア共産党第 8 回党大会秘密会議における演説に関する覚書」（1919
  年 3 月 21 日）……「軍隊における党のヘゲモニー」、「『共産党のヘゲモ
  ニー』（サファロフ）」（『知られざるレーニン』より）

◎著者紹介

森田成也（もりたせいや）大学非常勤講師

・主な著作
『資本主義と性差別』（青木書店 1997 年）、『資本と剰余価値の理論』（作品社 2008 年）、『価値と剰余価値の理論』（作品社 2009 年）、『家事労働とマルクス剰余価値論』（桜井書店 2014 年）、『マルクス経済学・再入門』（同成社 2014 年）、『ラディカルに学ぶ「資本論」』（柘植書房新社 2016 年）、『マルクス剰余価値論形成史』（社会評論社 2018 年）

・主な翻訳書
デヴィッド・ハーヴェイ『新自由主義』『＜資本論＞入門』『資本の＜謎＞』『反乱する都市』『コスモポリタニズム』『＜資本論＞第二巻・第三巻入門』（いずれも作品社、共訳）、トロツキー『わが生涯』上（岩波文庫）『レーニン』『永続革命論』『ニーチェからスターリンへ』『ロシア革命とは何か』、マルクス『賃労働と資本／賃金・価格・利潤』『「資本論」第一部草稿——直接的生産過程の諸結果』（いずれも光文社古典新訳文庫）、他多数。

ヘゲモニーと永続革命——トロツキー、グラムシ、現代
2019 年 2 月 25 日　初版第 1 刷発行

編　著―――― 森田成也
装　幀―――― 右澤康之
発行人―――― 松田健二
発行所―――― 株式会社 社会評論社
　　　　　　　東京都文京区本郷 2-3-10
　　　　　　　電話：03-3814-3861　Fax：03-3818-2808
　　　　　　　http://www.shahyo.com
組　版―――― Luna エディット .LLC
印刷・製本―― 倉敷印刷 株式会社

Printed in japan

立ち上がる夜

＜フランス左翼＞探検記

村上良太 著　　Ａ５判320頁　定価＝本体2600円＋税

　"左翼発祥の地"パリ。フランス革命からおよそ230年間、左翼は脈々とパワーを保ってきた。ところが2017年のＷ選挙で社会党は大敗、マクロンが率いる中道政党が議席の大半をさらって行った。そして社会党は崩壊の危機に陥っている。

　ところがその一方で、混迷の中から新しい左翼も生まれていた。彼らは政党や労組などの既存組織に失望し、夜毎に数千人が共和国広場に集まり自分たちで討論会を開くようになった。

　「立ち上がる夜」と名づけられたこの運動は「隷属することを拒否し、立ち上がろう」というメッセージを持つ。事実、「立ち上がる夜」はとてつもない潜在力を持ち、2017年の大統領選挙でもあと一歩で独自の大統領を生み出す直前にまで至っていたのだ。

　フランス政界はまだまだ大きな変動が今後起きるだろう。その時、鍵を握るのは「立ち上がる夜」に参加した人々に違いない。哲学者、画廊主、映画助監督、公務員、経済学者、ＩＴ起業家、書店主、デザイナー、ジャーナリスト、学生、映像作家など、「立ち上がる夜」に参加したこれらの人々を訪ね歩き、個性的で魅力あふれる一人一人の物語を描き出す。本書は現代フランスを体験したい人々のための新しいガイドブックとなるだろう。

現代における労働者革命の原点を探る

石塚 正英/著

革命職人ヴァイトリング

コミューンからアソシエーションへ

〈主要目次〉

序　論　当該分野の研究史と本研究の目標

第Ⅰ部　前期ヴァイトリング ── 1848年以前・ヨーロッパ

第1章　ドイツ手工業職人の結社運動

第2章　同時時代思想との比較における歴史認識と現状批判

第3章　下層労働者の社会思想

第Ⅱ部　後期ヴァイトリング ── 1848年以後・アメリカ

第4章　コミューン論からアソシアシオン論へ

第5章　アメリカ民主主義に対抗する社会的民主主義

結　論　ヴァイトリング思想の統一的全体像を求めて

●ヴァイトリング略年譜／参考文献

ISBN978-4-7845-1842-5　C0030　定価：本体 5600 円＋税　A 5 判上製　560 頁

- ●新自由主義の展開と破綻 『資本論』による分析と実践課題
  鎌倉孝夫／編著 ———————— A5判 288頁　本体 2200円（税別）

- ●唯物史観と新ＭＥＧＡ版『ドイツ・イデオロギー』
  大村 泉／編著 ———————— A5判 304頁　本体 2800円（税別）

- ●マルクスの「フェティシズム・ノート」を読む 偉大なる、聖なる人間の発見
  石塚正英／著 ———————— A5判 143頁　本体 1800円（税別）

- ●マルクス剰余価値論形成史
  森田成也／著 ———————— A5判 295頁　本体 2800円（税別）

- ●マルクス「資本論」の哲学 物象化論と疎外論の問題構制
  長島 功／著 ———————— A5判 240頁　本体 2600円（税別）

- ●貧困と格差 ピケティとマルクスの対話
  奥山忠信／著 ———————— A5判 152頁　本体 1800円（税別）

- ●『資本論』のシンメトリー
  内田 弘／著 ———————— A5判 410頁　本体 4500円（税別）

- ●マルクスと商品語
  井上 康・崎山政毅／著 ———————— A5判 584頁　本体 6500円（税別）

- ●生産的労働概念の再検討
  安田 均／著 ———————— A5判 210頁　本体 2800円（税別）

- ●周縁のマルクス ナショナリズム、エスニシティおよび非西洋社会について
  ケヴィン・Ｂ・アンダーソン／著　平子友長／監訳
  明石英人・佐々木隆治・斎藤幸平・隅田聡一郎／訳　A5判 432頁　本体 4200円（税別）

- ●マルクスの構想力 疎外論の射程
  岩佐 茂／編著 ———————— 四六判 318頁　本体 2700円（税別）